E 11

Sigrid Früh
Wolfgang Schultze

Nordbadische Märchen, Sagen und Schwänke

Vom Kraichgau bis zum Odenwald

Sigrid Früh
Wolfgang Schultze

Nordbadische Märchen, Sagen und Schwänke

Vom Kraichgau bis zum Odenwald

VERLAG
MORITZ SCHAUENBURG
1996

Die Deutsche Bibliothek – CIP-Einheitsaufnahme

Nordbadische Märchen, Sagen und Schwänke / Sigrid Früh;
Wolfgang Schultze. (Ill.: Ushie Dorner). – Lahr: Schauenburg, 1996
  ISBN 3-7946-0437-7
  NE: Früh, Sigrid [Hrsg.]

1996
© Verlag Moritz Schauenburg GmbH, 77933 Lahr

Idee und Gesamtleitung: Katharina Többen
Illustrationen: Ushie Dorner, Plouray (Frankreich)
Satz und Lithos: Fotosatz Krieg, Lahr
Titelgestaltung: Satzwerkstatt Rosenwald, Baden-Baden
Druck und Verarbeitung: Grafiche SIZ, Verona (Italien)

ISBN 3-7946-0437-7

Inhalt

Märchen

Die Mandelkörbchen	19
Von der schönen Schwanenjungfer	24
Hanns Dudeldee	31
Der wunderliche Spielmann	38
Das Schneiderlein und die drei Hunde	41
Die drei Königssöhne	46
Von den achtzehn Soldaten	56
Die drei Musikanten	63
Grünus Kravalle	71
Das Schloß des Todes	83
Von treuer Freundschaft	86
Der beherzte Flötenspieler	90
Der graue Wackenstein	95
Des kleinen Hirten Glückstraum	100

Geheimnisvolle Brunnen, Seen und ihre Geister

Die Wassermädchen von Höhenfeld	109
Die Wasserfräulein vom Eselsbrunnen	111
Die Wasserfrau im Pfaffenbrunnen	113
Die Wasserfräulein vom Königshöfer Wehr	114
Die Wasserfräulein	116

Die Holderbrunnenfräulein 117
Der Marsbrunnen und die Meerweiblein 120
Die Wasserfräuleins von Aglasterhausen. 121
Sage vom alten See 122
Tiefenau 124
Das Wasserweible und die Bären 126
Der Wolfsbrunnen 127
Die Sage von den Meerwiesen 129
Der wohltätige Wassermann im Neckar bei Binau 130
Der Wassermann vom Königshöfer Wehr 132
Der Wassermann unter der Gamburger Brücke 133
Das Mädchen auf der Eulschirbenmühle 135

Von Hexen, Zauberern und Teufeln

Die schöne Witwe von Königshofen 141
Das behexte Kind in Nußloch 142
Hexentritt 144
Hexe in der Wagenspeiche 145
Die übel belohnte Hexe 146
Der Metzger bei der Hexenversammlung 147
Die Teufelskutsche 148
Der Teufelsbeschwörer 149
Die Hexe und der Mühlknecht 150
Der dreifüßige Hase 152
Der Hexenturm in Weinheim 153
Der Freijäger 154
Doktor Faust 155
Der grüne Jäger 156
Doktor Faust auf dem Boxberg 157
Der Zauberschuster 159
Der Doktor mit den Böcken 160

Unheimliche Gestalten und Geschehen

Der entführte Schneider 165
Ein Gespenst pflügt 166
Gespenst ins Haus gebracht 167
Wandelndes Feuer 168
Feuriger Mann hilft 169
Das helfende Flämmchen 170
Arbeit in der andern Welt 171
Die zwölf silbernen Apostel 172
Das Teufelsloch 173
Der gespenstische Reiter im Rotloch 175
Der Spuk im Mannheimer Schloß 177
Der feurige Mann von Dörlesberg 178
Der wilde Jäger von Schlossau 179
Gespenstischer Hund 180
Der Pudel im Tannenwald 181
Der schwarze Hund am Karfreitag 182
Die feurige Kutsche 183
Die wilde Frau im Knollenberg 184
Der schwarze Pudel 187
Das wilde Heer in Königshofen 188
Die Sage von den Mördergruben 189
Der Fuhrknecht mit dem Fahrsamen 191

Bestrafter Frevel

Der Grenzsteingeist 197
Der Feldschieder im Wiesenloch 198
Der Kornwucherer 199
Das Badersmännle 200
Das Villingertalfräule 201
Ein zweiter Geßler 202

Der Rentamtmann von Messelhausen 203
Der Küfer von Waldenhausen 204
Das wilde Leben im „Hohen Haus". 205
Die meineidige Hochzeit 207
Der Sichelsacker 208
Der Bronnbacher Klosterschatz 209

Von verwünschten und vergrabenen Schätzen

Der Schatzgeist von Wiesloch 213
Vergiß das Beste nicht! 215
Das Vogelnest 216
Die Stiftung von Heiligkreuz 217
Schatzhöhle bei Waldangelloch 221
Schatz in Flehingen 222
Das mildtätige Männlein 223
Der Schatz auf dem Gamburger Feld 224
Von der Burg im Schönert und dem Schatze daselbst 225
Der Schatz beim Bildstock vor Gamburg 229
Der Schatz in Handschuhsheim 230
Der goldene Flachs 231
Der Schatz bei Sinsheim 232
Die weiße Frau 233
Der Schatz im Heiligenberg 234

Von Wallfahrten, Heiligen und Wundern

Nachgeholte Wallfahrt 239
Protestanten geloben Marienwallfahrt 240
Die heilige Hildegunde zu Schönau 242

Die Sage vom Ottilienberg 246
Die Eppinger Glocke 248
Das Gnadenbild zu Waghäusel 249
Der entheiligte Gürtel 250
Die Kapelle zu Waghäusel 251
Die Gründung der Abtei Bronnbach 252
Die Frau von Rosenberg 253
Die Zerstörung des Klosters auf dem Gotthardsberg 254
Die Kölner Wallfahrt nach Walldürn 255
Ursprung der Schneeberger Wallfahrt 256
Die schöne Buche 257
Das Opfer 259
Notburga 260

Von Städten und Dörfern

Der Mannheimer Rosengarten 265
Wie Bruchsal den Eichelberg verlor 267
Das Hündchen von Bretten 269
Ein Kind rettete Ladenburg 271
Die kleine Fürstengruft 272
Das Schulzenkreuz 273
Die schlauen Bauern von Dilsberg 274
Wölchingen 275
Schweigern 276
Windischbuch 277
Der Schwedenhut 278
Die Schlacht bei Seckenheim 279

Burgen, Schlösser und ihre Herren

Die Wettenburg 285
Die weiße Frau zu Guttenberg 287
Belagerung von Burg und Stadt Boxberg 289

Das Täubchen von Sachsenflur 291
Punker von Rohrbach 293
Der Geist des Burgkochs auf Windeck 294
Zwingenberg 296
Die zwei letzen Burgherren 298
Sage vom Minneberg 299
Das Heidenloch 301
Das Wertheimer Bergschloß 303
Das Fräulein auf Stolzeneck 304
Die Ritter von Hirschhorn und Handschuhsheim 309
Das heimliche Gericht 312
Der Ritter von Angeloch 314
Zwerg Perkeo 320
Ritter Landschaden 322
Die schlimme Barbara von Horneck 324

Schwänke

Der Schwabe von Bretten 331
Von einem Pfarrer, der allzu kräftig predigte 332
Wie der Teufel auf der Flöte blies 336
Das Unglaubliche 338

Quellenangaben 341

Vorwort

So vielfältig wie die historisch-politischen Herrschaftsbereiche dieses Gebietes sind, so vielschichtig und interessant sind auch die Märchen und Sagen, die aus dieser Gegend stammen.

Mannheim und Heidelberg standen unter kurpfälzischer Herrschaft. Das an Karlsruhe angrenzende Gebiet gehörte den Markgrafen von Baden. Bruchsal war Fürstbistum. Das badische Frankenland unterstand zum einen dem Fürstbischof von Würzburg, zum andern den zahlreichen dortigen Klöstern. Wie schon in den beiden vorangegangenen Bänden haben wir auch hier die Märchen vorangestellt. Im Märchen „Von der schönen Schwanenjungfer" spielt Frankreich und der Hof des dortigen Königs eine zentrale Rolle. Möglicherweise waren die Erzähler von der Gestalt Lieselottes von der Pfalz beeinflußt, die den Herzog von Orleans, den Bruder König Ludwigs XIV. geheiratet hatte, und immer von Heimweh nach ihrer pfälzischen Heimat erfüllt war. Der Heidelberger Albert Ludwig Grimm (nicht verwandt mit den Brüdern Grimm), der schon vor seinen berühmten Namensvettern Märchen sammelte und schrieb, hat mit seinem „Hanns Dudeldee" eine besonders humorvolle und interessante Variante des Motivs vom „Fischer und siner Fru" aufgezeichnet und 1809 herausgebracht. Auch sein Märchen „Die drei Königssöhne" war eine Vorlage für „Die Bienenkönigin" der Brüder Grimm.

Johann Wilhelm Wolf, der im Odenwald und an der Bergstraße als Sammler tätig war, hat besonders viele Soldatenmärchen aufgezeichnet. Der Text „Von den achtzehn Soldaten" ist ein besonders eindrucksvolles Beispiel dieses Sujets. In seinem „Das Schloß des Todes" wird das alte Bild vom Tod als Gevatter und Begleiter des Märchenhelden beschrieben.

„Des kleinen Hirten Glückstraum" kommt aus Franken und zeigt die uralte Wunschvorstellung, daß jemand aus dem einfachen Volk König werde.

Während die Märchen weder an Zeit noch an Raum gebunden sind, erzählen Sagen von historischen Persönlichkeiten realer Orte und Zeiten. Es schien uns wieder richtig und sinnvoll, die Sagentexte in themenbezogene Kapitel zu unterteilen:

Geheimnisvolle Brunnen, Seen und ihre Geister

Das Wasser als Lebenselixier hat schon immer die Phantasie und Vorstellungskraft der Menschen beflügelt und angeregt. Man war überzeugt, daß im Wasser geheimnisvolle Geister lebten, die freundschaftlichen Kontakt zu den Menschen suchten und dabei oft Undank ernteten. Die Sage „Der Wassermann unter der Gamburger Brücke" schildert eindrucksvoll, daß man nicht zu tief in bestimmte Geheimnisse der Natur eindringen darf. „Das Mädchen auf der Eulschürbenmühle" erzählt das verbreitete Motiv von der gestörten Martenehe (die Verbindung eines Menschen mit einem Elementargeist).

Von Hexen, Zauberern und Teufeln

Diese Sagen stammen meist aus der dunklen Zeit der Hexenverfolgung, die in der Taubergegend besonders schlimme Ausmaße annahm. Der Glaube, daß Hexen sich nicht nur in Katzen, sondern auch in dreibeinige Hasen verwandeln könnten, wird in einigen Texten belegt. Der geheimnisvolle und sagenumwobene Doktor Faust, der im Spätmittelalter die Menschen ungeheuer beeindruckte und zugleich ängstigte, wurde in Knittlingen geboren und hielt sich häufig in der Boxberger Gegend auf. Deshalb ranken sich manche Sagen von dort um seine Person.

Die Gestalt des Teufels übte auf die Menschen immer eine eigenartige Faszination aus. Im Gegensatz zum Märchen, wo er des öfteren überlistet wird, oder sich dem Helden gegenüber sogar als hilfreich erweist, zeigt er sich in der Sage in seiner ganzen, Furcht und Schrecken verbreitenden Bedrohlichkeit.

Unheimliche Gestalten und Geschehen

Von den Stürmen, die besonders im Herbst und Winter tobten, dachten die Menschen früherer Zeiten, daß hier das „wilde Heer" durch die Lüfte brause. Die Gestalten des wilden Heeres haben mythologische Wurzeln. So spiegelt sich im Wilden Jäger der germanische Gott Odin, der mit seinem Gefolge durch die Lüfte jagt. Die Göttin Berchte (Frau Holle) schließt sich ihm an und führt nach altem Volksglauben die Seelen der ungetauften Kinder mit sich.

Bestrafter Frevel

Die Menschen früher waren der Überzeugung, daß ein im Leben begangenes Unrecht auch über den Tod hinaus nicht gesühnt werden kann. Und so hören wir in diesen Sagen von Kornwucherern, hartherzigen Herren und Frauen und geldgierigen Äbten, die als Gespenster umgehen müssen.

Von verwünschten und vergrabenen Schätzen

Die Volksphantasie stellte sich immer wieder verborgene und vergrabene Schätze vor, die man eventuell finden könnte. Diese Vorstellung von unterirdischen Schätzen hat einen realen Hintergrund. Tatsächlich vergrub und versteckte man in Kriegszeiten Geld und Wertgegenstände, damit sie nicht in Feindeshand gerieten. Oft wurden solche „Schätze" dann Generationen später erst entdeckt, nachdem ihre Besitzer den Tod gefunden hatten. Derartige Funde boten Anlaß zu Spekulationen und begünstigten die Entstehung von Sagen.

Von Wallfahrten, Heiligen und Wundern

Das nordbadische Frankenland ist besonders reich an Klöstern und Wallfahrtskirchen, wie zum Beispiel die Abtei Brombach und das Kloster Walldürn. Zahlreiche Sagen ranken sich um diese.

Von Städten und Dörfern

Dieses Kapitel bietet uns viele Gründungs- und Erklärungssagen. Die Sage „Das Schulzenkreuz" erzählt eine erschütternde Geschichte, deren historischer Hintergrund die Hinrichtung von fünf Schulzen durch Albrecht von Rosenberg (1553) war.

„Die Schlacht bei Seckenheim" ist eine Sage, die Gustav Schwab zu seiner Ballade „Das Mahl zu Heidelberg" inspirierte. Die geschichtlichen Wurzeln liegen im Überfall des Grafen Ulrich von Württemberg, Karls I., des Markgrafen von Baden, und seines Bruders Georg, des Bischofs von Metz auf den Pfalzgrafen Friedrich, den Siegreichen. Die drei Angreifer wurden von Friedrich gefangengesetzt und mußten sich durch hohe Summen freikaufen.

Burgen, Schlösser und ihre Herren

In der Gegend um Neckar, Odenwald und Franken stehen heute noch viele Burgruinen. Die Gestalt des „Punkers von Rohrbach" wird im berüchtigten „Malleus maleficerum" („Hexenhammer") erwähnt. Die Übereinstimmung mit der Tellsage ist auffällig, doch ist der Schuß hier noch schwerer, muß doch auf einen Pfennig statt auf einen Apfel gezielt werden. Dies erklärt auch, warum man im „Hexenhammer" den Punker als „Teufelsbündner" aufführte.

Die Sage vom heimlichen Gericht hat Johann Peter Hebel in seinen Kalendergeschichten literarisch verarbeitet.

*Die Arbeit an diesem
Band hat uns viel Freude bereitet.
Wir hoffen, daß er wie seine
Vorgänger viele Freunde und
Liebhaber findet.*

Sigrid Früh und Wolfgang Schultze
Kernen/Achern

Frühjahr 1996

Märchen

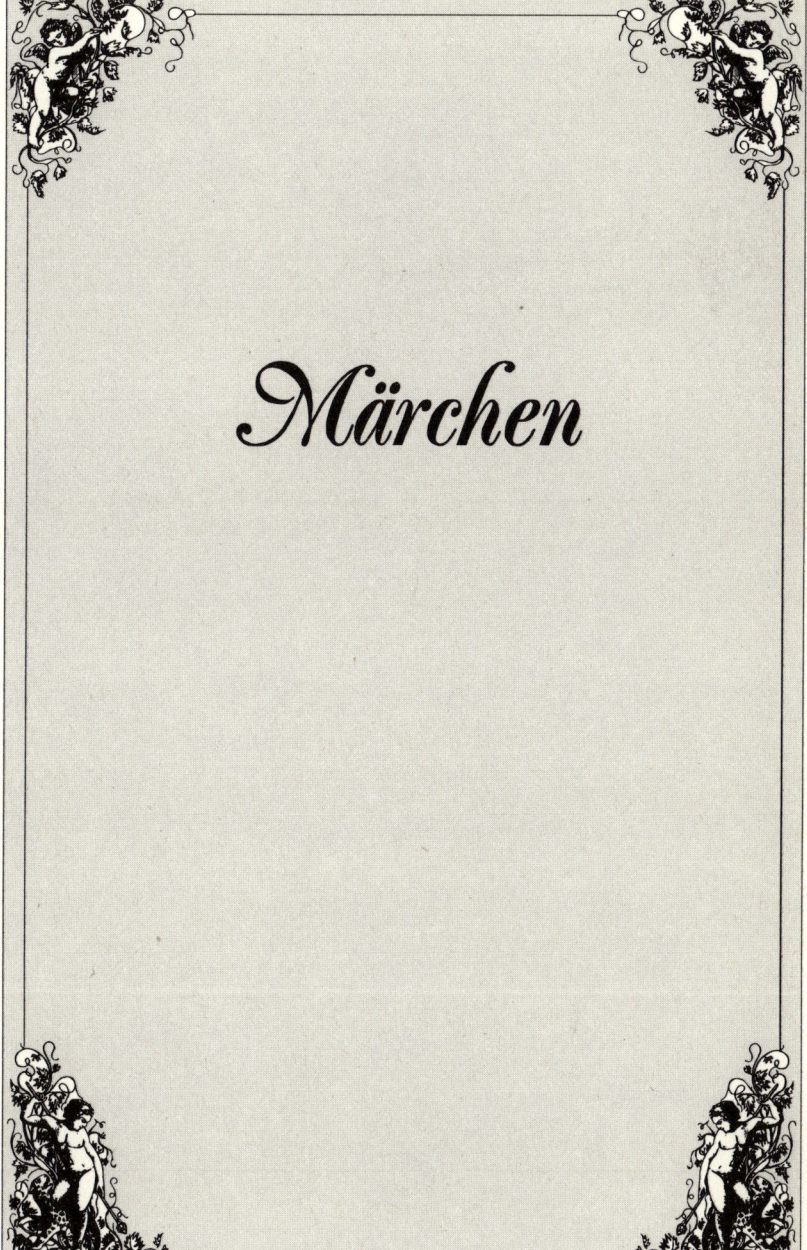

Die Mandelkörbchen

Ein Bauer hatte drei Söhne, die mußten tüchtig arbeiten und ihrem Vater Geld verdienen helfen. Eines Tages schickte er sie in den Wald zum Roden, aber anstatt zu arbeiten, spielten die zwei älteren mit Murmeln. Als es gegen Mittag ging, wollten sie schnell noch ein wenig nachholen, doch da brach dem einen die Hacke und dem andern die Axt. Da standen sie nun und lamentierten, denn sie wußten wohl, daß es Schläge geben werde, wenn sie nach Hause kämen. Als sie so weinten, kam ein Greis daher, der fragte: „Ihr Buben, was fehlt euch?" Da klagten sie ihm ihr Leid, und er sprach: „Ihr könnt drei Wünsche tun, die sollen euch alsobald erfüllt werden, aber gebt acht und seid nicht zu rasch, damit ihr euch das Rechte wünscht."

„Ich wünsche mir eine neue Hacke" rief der Älteste sogleich, und da lag die Hacke vor ihm. „Ich wünsche mir eine schöne Frau", sprach der zweite, und da kam sie schon daher. „Ich wünsche mir ein Schloß mit einem Garten, worin ein Mandelbaum steht; wer von dessen Früchten ißt, der muß sofort gesund werden", sprach der dritte, welcher der Jüngste war, und da stand das Schloß schon da. Jetzt zog die ganze Familie zu dem Jüngsten, der Vater und die zwei Ältesten.

Als sie so eine Zeitlang in dem schönen Schloß gewohnt hatten, wurde des Königs Tochter krank, und kein Arzt konnte sie wieder gesund machen. Da ließ der König ausrufen, wer die Prinzessin vom Tode errette, der solle sie zur Gemahlin haben. Als das der Bauer hörte, dachte er gleich an den Mandelbaum, brach ein Körbchen voll frischer Mandeln ab und gab es seinem ältesten Sohn, daß der es in das Schloß des Königs trage. Der nahm es und ging der Stadt zu. Unterwegs begegnete ihm ein graues Männchen, das frug ihn: „Was hast du in deinem Körbchen?"

„Nichts", sagte der Junge, und das Männchen sprach: „Ist es nichts, dann bleibt es nichts." Der Junge lachte und ging weiter und kam in das Schloß zum König und gab ihm das Körbchen, das mit einem reinen, weißen Tüchlein verdeckt war. „Mein Vater läßt grüßen, und hier wären die Mandeln, um die Königstochter damit gesund zu machen", sprach er, und der König war über die Maßen froh und deckte das Tüchlein auf – aber das Körbchen war leer. Da wurde der König böse, warf den Jungen vor die Tür, und ließ ihm von seinem Kammerdiener fünfundzwanzig überzählen. Damit konnte er nach Hause gehen. Als er aber heimkam, da gab ihm sein Vater noch einmal fünfundzwanzig, so daß er im ganzen fünfzig hatte und die Mandeln und das Männchen und den König in Grund und Boden hinein verwünschte. Das war auch ein schlechter Botenlohn.

Am anderen Morgen sprach der zweite Sohn, er wolle es schon besser machen, und der Vater füllte ihm das Körbchen mit Mandeln, und er zog ab. Nicht weit von der Stadt kam das graue Männchen auch zu ihm und frug: „Was hast du in deinem Körbchen?"

„Nichts!" sagte der Junge unwirsch, und das Männchen sprach: „Gut, dann sollst du auch nichts haben." Der Junge spottete dem Männchen nach und lachte und ging in die Stadt zum König und bot ihm das Körbchen mit dem weißen Tuch verdeckt, indem er sagte: „Einen schönen Gruß vom Vater an den Herrn König, und hier wären die Mandeln, um die Jungfer Prinzessin gesundzumachen."

„Laß einmal sehn", sagte der König und hob das Tüchlein auf – und das Körbchen war leer. „Was?" rief der König, „willst du mich auch zum Narren halten? Wart, du sollst lernen, was frische Mandeln sind!" Und er ließ den Kammerdiener kommen, und der gab dem Jungen fünfzig Mandeln um die Ohren, aber die waren so bitter, daß sie ihm das Wasser in die Augen trieben. „Wie schmeckten die?" frug der König. „Schlecht!" rief der Junge und lief nach Haus, und da kriegte er von seinem Vater noch fünfzig dazu. Das machte zusammen hundert und war ihm mehr als zuviel. Der Jüngste war zwar nicht so schön von Angesicht wie seine zwei Brüder, doch er hatte ein Herz, das war um so viel schöner. Der sprach am andern Morgen, er wolle es auch versuchen mit den Mandeln, vielleicht habe er mehr Glück. „Tu's", sprach der Vater, „aber wenn du wiederkommst wie deine Brüder, dann schlag ich dich butterweich."

„In Gottes Namen", sprach der Jüngste, und der Vater machte ihm ein Körbchen voll Mandeln zurecht und legte ein weißes Tüchlein drauf, und der Junge machte sich auf den Weg. Bald begegnete ihm das Männchen und frug ihn, was er in dem Körbchen habe. „Mandeln, um die Königstochter gesundzumachen", sprach er. „Willst du vielleicht ein paar haben, es kommt nicht darauf an, denn ich habe doch genug."

„Ich danke dir", sprach das graue Männchen. „Weil du aber so gut bist, so will ich dich belohnen. Wenn du mit diesem Pfeifchen pfeifst, dann hast du alles, was dein Herz begehrt."

Mit den Worten überreichte das Männchen ihm ein Pfeifchen, und fort war's.

Der Junge ging jetzt in die Stadt und gerade auf das Schloß zu und zum König. „Einen schönen Gruß vom Vater, und hier wären die Mandeln, womit ich die Prinzessin gesundmachen kann", sprach er und bot dem König sein Körbchen. Der König deckte es auf, und da lagen die schönsten Mandeln darin, die man mit Augen sehen kann, und lachten ihn ordentlich an. Er ging gleich damit zur Prinzessin, und kaum hatte sie eine gegessen, da wurde ihr schon wohler, und als sie drei gegessen hatte, da war sie schon halb gesund. Jetzt wollte der Jüngste sie auch zur Frau haben, aber der König sprach: „Nein, noch nicht, du mußt erst drei Aufgaben erfüllen, wenn du das vollbringst, dann ist die Hochzeit." Das sagte er aber, weil ihm der Jüngling als Schwiegersohn nicht gefiel. Dieser frug, was das sei. Da sprach der König: „Draußen steht ein Maß Hirse, die lasse ich jetzt säen, und du mußt bis morgen alle Körner zusammenlesen, so daß das Maß wieder ganz voll ist."

Das betrübte den Jüngling anfangs, doch er erinnerte sich bald seines Pfeifchens und dachte, das müsse ihn retten. Er ließ die Hirse ruhig säen, setzte sich auf den Acker und pfiff. Da krabbelte ihm etwas am Bein, das war der Ameisenkönig, und der sprach: „Was befiehlst du, das ich tun soll?"

„Sei so gut und lies die Hirse zusammen", sprach der Jüngling, und da erteilte der Ameisenkönig seine Befehle, und ehe es Abend wurde, war das Maß Hirse wieder voll, so daß kein Körnchen daran fehlte.

Das ärgerte den König, darum machte er die zweite Aufgabe viel schwerer. Er ging mit dem Jüngling ans Meer und warf einen Schlüssel hinein, wo es gerade am allertiefsten war. „Den Schlüssel sollst du mir wiederbeschaffen!" sprach er zum Jüngling, „und wenn du das nicht kannst, dann bekommst du meine Tochter nicht."

„Ich will sehn, ob ich's kann", sprach der Jüngling und setzte sich ans Meer, und als es Abend war, da pfiff er auf seinem Pfeifchen. Alsbald regte sich's im Wasser, und ein Fisch mit einer Krone auf dem Kopf schaute aus dem Wasser und sprach: „Ich bin der Fischkönig, was befiehlst du, das ich tun soll?"

„Sei so gut und laß mir den Schlüssel holen, den der König ins Meer geworfen hat", sprach der Jüngling. Da ließ der König alle Fische zusammenkommen und gab ihnen auf, den Schlüssel zu suchen, und wer ihn brächte, der bekame ein gutes Trinkgeld. In einem Augenblick schossen die Fische auseinander, und bald kam einer aus der tiefsten Tiefe herauf und hatte den Schlüssel im Maul und gab ihn dem Fischkönig, und der gab ihn dem Jüngling, welcher sich freundlich dafür bedankte.

Nun ärgerte sich der König erst recht und sann von neuem, um etwas noch viel Schwereres auszusinnen. Es dauerte auch nicht lange, da hatte er's gefunden. Er ließ den Jüngling kommen und sprach: „Wenn du nun auch hundert Schafe einen Monat lang auf einem Fleck weidest, ohne daß sie magerer oder fetter werden und ohne daß du eines von ihnen verlierst oder daß ihrer mehr werden, dann bekommst du meine Tochter ganz gewiß." Der Fleck war aber so klein, daß die hundert Schafe kaum darauf stehen, vielweniger ordentlich darauf weiden konnten, und außerdem war das Gras sehr dünn gesät. Doch das ängstigte den Jüngling nicht; er trieb die Schafe hinaus und abends herein und pfiff lustig dazu, ließ sie gar übers Stadttor springen, wenn es geschlossen war, und im Schloßhof aufmarschieren, wie ein halbes Bataillon Soldaten, so daß jedermann seine Freude daran hatte. Mitunter verlief sich wohl eins, oder es starb eins, doch das tat nichts, denn sobald er pfiff, warf ein anderes ein Junges, welches alsbald wuchs und so groß ward wie die andern. Kurz, der Jüngling brachte auch diese Aufgabe zustande, und da konnte der König, wie sehr er sich auch ärgerte, doch nichts weiter einwenden und mußte ihm seine Tochter zur Frau geben. Die Heirat aber wurde sehr prächtig gefeiert, und der Jüngling war glücklich für sein Leben lang. Als er später König wurde, machte er seinen Vater zum Minister und gab auch seinen Brüdern hohe Stellen, so daß sie alle gut versorgt waren.

Von der schönen Schwanenjungfer

In Frankreich war ein junger Jägerbursche, der war der beste Schütze weit und breit. Aber an einem Tage ging er bis zum Abend im Wald umher und konnte nicht zum Schuß kommen. So kam er endlich mitten in der Wildnis an einen großen, schönen See, darauf schwamm ein Schwan, blank und silberweiß, wie er noch keinen gesehen hatte. Er legte rasch seine Armbrust an und zielte auf den Vogel. Da rief eine Stimme:

„Schieß nicht, sonst kostet es dich dein Leben!"

Er erschrak und setzte ab, besann sich aber kurz und legte wieder an. Doch zum anderen Mal rief es:

„Schieß nicht, sonst kostet es dich das Leben!"

Er ließ nochmals die Armbrust sinken, legte aber zum dritten Male an und dachte:

„Diesmal schieße ich darauf, mag rufen, wer da will."

Aber noch ehe er geschossen hatte, schwamm auf einmal statt des Schwanes eine wunderschöne Jungfrau auf dem Wasser, die sprach zu ihm:

„Du wirst mich erlösen und wirst glücklich sein, wenn du ein Jahr lang alle Sonntage ein Vaterunser für mich betest und nie von meiner Schönheit sprichst."

So sprach sie und verschwand. Der Jägerbursche aber ging verwundert nach Hause und sprach von dem Tag an alle Sonntage ein Vaterunser für die Schwanenjungfer.

Als nun das Jahr fast verstrichen war, trug es sich zu, daß der König von Frankreich ein großes Vogelschießen ansagen und dabei verkünden ließ, daß der beste Schütze seine eigene Tochter als Preis bekommen solle. Alle Jäger im ganzen Land kamen natürlich herbei und unser Jägerbursche auch. Der schoß aber dem Vogel mitten ins Herz hinein, und weil keiner ihm den Schuß nachtun konnte, war er Schützenkönig und sollte die Königstochter von Frankreich heiraten. Nun kam er in große Not, weil er der Schwanenjungfrau in Treue gedachte und von keiner anderen etwas wissen wollte.

„Ich will das Glück einem anderen zukommen lassen", sprach er.

Als aber der König heftig in ihn drang, warum er so hohe Ehre verschmähe, da vergaß er sich und sagte, er habe eine Braut, die sei wohl noch tausendmal schöner als die Königstochter von Frankreich. Die Rede war ihm kaum entfahren, so stand auch schon die Schwanenjungfrau vor ihm, schaute ihn traurig an und sprach:

„Hättest du meine Schönheit nicht gesagt, so hättest du mich erlöst. Jetzt mußt du mich suchen im gläsernen Berg."

Da fiel ihm sein Leichtsinn schwer aufs Herz. Er schnürte sein Bündel und zog aus, um den gläsernen Berg zu finden. Lange, lange schon war er unterwegs, als er eines Tages in einen dunklen Wald gelangte, dort wanderte er drei Tage und drei Nächte lang umher, bis er am vierten Morgen vor einer einsamen Waldmühle stand. Aus der Mühle aber trat alsbald ein Mann und fragte ihn, was er da wolle. Er sei der Müller vom gläsernen Berg und hätte jetzt schon seit 700 Jahren keinen Menschen in dem Walde gesehen.

Da sprach der Jägerbursch:

„Wenn du der Müller vom gläsernen Berg bist, so mußt du mir auch sagen können, wie ich hineingelangen mag?"

„Dahin kannst du nicht kommen", erwiderte der Müller. Als ihm aber der Jäger mit Bitten keine Ruhe ließ, versprach er endlich, ihm dazu behilflich zu sein. Er ging in die Mühle, holte einen gesattelten Geißbock heraus und hieß ihn aufsitzen, denn nur so könne er zum gläsernen Berg gelangen. Da stieg der Jägerbursche dem Tier auf den Rücken – der Bock hatte aber kaum die Last verspürt, als er anfing, auf und davon zu springen, durch Wald und Hang, über Stock und Stein, schneller, als das beste Roß, daß dem Reiter Hören und Sehen verging. So lief er bis dicht vor den gläsernen Berg, da warf er den Jäger ab und machte sich sporstreichs wieder nach Hause, auf dem Weg, den er gekommen war.

Vor dem gläsernen Berg aber, da war eine schöne, frische Quelle. Und weil der Jägerbursche von dem langen Ritt Durst bekommen hatte, so dachte er:

„Du kannst erst einmal trinken, ehe du in den Berg hineingehst."

Er bückte sich zu dem klaren Wasser und wollte davon schöpfen mit seinem Trinkhorn, da rief eine Stimme:

„Trink nicht, oder es kostet dich dein Leben!"

Er hielt erschrocken inne und sah sich um. Weil aber niemand kam und zu sehen war und der Durst ihn immer mehr quälte, so schöpfte er dennoch und trank von dem klaren Wasser. Da fiel er mit einmal um und schlief ein, als wenn er nimmer erwachen wollte. Als er nun so dalag, stand plötzlich die schöne Schwanenjungfer neben ihm. Sie war sehr zornig über seinen großen Ungehorsam, zog den Hirschfänger aus seinem Wams und wollte ihn totstechen. Sie hatte ihm die kalte Spitze schon auf das Herz gesetzt, da hielt sie wieder ein, denn Mitleid und Liebe kamen über sie, und sie dachte in ihrem Sinn:

„Er kann mich doch vielleicht noch erlösen."

Also verschwand sie wieder, und er war für dieses Mal gerettet. Doch ehe die Jungfrau ihn verließ, hatte sie mit dem Finger auf die Scheide seines Hirschfängers etwas geschrieben. Und als er erwachte, las er die Worte:

„Hättest du nicht von dem Wasser getrunken, so hättest du mich erlösen können. Jetzt mußt du mich suchen in der finsteren Welt."

Von dem gläsernen Berg aber war weit und breit nichts mehr zu sehen und zu hören. Da stand er nun und wünschte sich das Leben nicht mehr und verfluchte seinen Leichtsinn ein über das andere Mal. Doch was wollte er anderes tun, als die finstere Welt zu suchen? Er machte sich frisch auf den Weg und wollte nicht ruhen noch rasten, bis er die finstere Welt gefunden hätte.

Noch länger als das erste Mal mußte er umherwandern bergab und bergauf, da kam er endlich wieder in einen großen, dunklen Wald. Als er drei Tage darin umhergegangen war, fand er wieder wie das erste Mal eine einsame Waldmühle, in der ein Mann lebte, der erzählte, daß er der Müller von der finsteren Welt sei und nun seit 700 Jahren keinen Menschen zu sehen bekommen hätte.

„Wenn du der Müller von der finsteren Welt bist", sprach der Jäger, „so mußt du mir auch sagen können, wie ich hineingelangen mag."

„In die finstere Welt gelangst du nimmermehr", erwiderte der Müller.

Doch da der Jäger gar zu dringend bat, versprach er ihm endlich, ihn hineinzuschaffen.

„Morgen kommt der Vogel Greif", sprach er, „und holt ein Faß voll Mehl ab für die finstere Welt. Der muß dich mitnehmen."

Da blieb der Jägerbursche in der Mühle über Nacht, des anderen Tages aber hieß ihn der Müller in ein großes Faß kriechen und das andere abzuwarten. Nicht lange, so rauschte es in der Luft, der Vogel Greif kam herangeflogen, packte das Faß mit den Klauen und führte es mitsamt dem Jäger fort. Als er eine gute Zeitlang geflogen war, hielt er an und stellte seine Last nieder, denn er war angekommen in der finsteren Welt. Der Jäger merkte, daß es nicht mehr weiter ging, schnitt mit seinem Hirschfänger ein Loch in die Faßwand und kroch vorsichtig heraus. Nun war es um ihn herum so dunkel wie in einem Sack. In der Nähe aber hörte er das Rauschen eines Wassers. Da kroch er auf Händen und Füßen dem Geräusch nach und fand endlich eine Brücke, die über das rauschende Wasser führte, und als er auf der anderen Seite war, sah er in der Ferne ein Licht und ging darauf zu.

Er hatte weit zu gehen, bis er endlich dem Licht so nahe war, daß er sehen konnte, was es eigentlich war. Er gelangte nämlich in ein dunkles Tal, wo zwei Frauen umherwandelten, von denen eine das Licht in der Hand trug. Und als er näher an sie herankam, so sah er wahrhaftig die Schwanenkönigstochter, die mit einer Kammerjungfer umherging und dürres Reisig zusammenlas.

Als sie den Jägerburschen erblickte, hieß sie ihn freudig willkommen und bat ihn, mit ihr zu gehen, so er den Mut und Willen hätte, sie wieder zu erlösen aus der finsteren Welt, in die sie wegen seines Ungehorsams verwünscht worden war. Das versprach er gern und ließ sich von ihr führen bis in ihre Schlafkammer, wo sie ihn unter das Bett kriechen und ruhig liegenbleiben hieß.

„Ich muß jetzt zur Musik", sprach sie. „Aber um elf Uhr komme ich wieder und lege mich schlafen. Dann mußt du hervorkommen und dich quer über mich hinlegen und nicht von der Stelle weichen, was auch geschehen mag."

So sprach sie und ging fort, und der Jägerbursche tat, wie sie befohlen.

Endlich trat sie herein und legte sich nieder. Da kroch er schnell hervor und tat nach ihrem Geheiß. Kaum hatte er sich quer über sie gelegt, kamen auch schon die Geister von der finsteren Welt mit großem Lärmen herein und an das Bett. Der Angstschweiß brach dem armen Jäger aus, aber er rührte und regte sich nicht, gleich, als ob er fest schliefe. Die Geister fingen nun an, auf ihn zu schlagen wie auf einen Sack und auf ihn zu stechen und zu peinigen auf alle Art und Weise. Er hätte schreien mögen aus allen Kräften und dachte, er müsse des Todes sein. Aber er blieb standhaft und fest und bewegte keinen Finger. Bis um Mitternacht mußte er so aushalten. Mit dem Schlag zwölf aber waren die Geister verschwunden, als wären sie nie dagewesen.

Der Jägerbursche war wund und geschunden an allen Gliedern. Die Schwanenkönigstochter aber bestrich ihn mit Wundsalbe, so daß ihm kein Finger mehr weh tat. Dann lobte sie ihn, daß er die erste Probe so wacker bestanden, und stellte allerlei Speisen und köstlichen Wein zur Stärkung vor ihn hin. Als er jedoch gegessen und getrunken hatte, hieß sie ihn wieder hinabkriechen und liegenbleiben bis zur anderen Nacht. Den Abend mußte sie wieder weggehen zur Musik, und als sie um elf Uhr heimkam, kroch er hervor und tat wie das erste Mal. Weil er wußte, daß ihm nichts geschehen konnte, wenn er standhaft blieb, war seine Angst schon geringer geworden. Doch war sein Mut größer, so war auch die zweite Probe härter als die erste. Die Geister stürzten mit schrecklichem Getöse herein und begannen mit ihm umzuspringen, daß das, was zuvor mit ihm geschehen war, nur ein Kinderspiel gewesen war. Als sie ihn am ganzen Leibe zerhauen und zerstochen, daß keine heile Stelle mehr an ihm war, und alles nichts fruchten wollte, schleppten sie ihn zu einem großen Kessel voll siedenden Öls und schickten sich an, ihn hineinzuwerfen. Sie hatten ihn an Händen und Füßen aufgehoben und hielten ihn darüber. Er dachte, nun sei es wirklich um ihn geschehen, und wollte eben aufschreien, da schlug es Mitternacht, und sie mußten fort. Die Schwanenjungfer aber hatte ihn gar bald wieder mit ihrer Salbe geheilt. Darauf erquickte sie ihn wieder mit Speise und Trank und dankte ihm gar freundlich, daß er auch das zweite Mal sich so gut gehalten habe. Somit habe er ihre Erlösung ihrem Ende nahe gebracht.

„Noch einmal bleibe fest", sprach sie, „so bin ich dein, und wir wollen immer in Freuden leben. Jetzt aber mußt du wieder unter das Bett und still liegen bis zur anderen Nacht."

Die letzte Nacht kam, und alles trug sich zu wie vorher, nur daß es die finsteren Geister diesmal am allerschlimmsten trieben. Sie zerhieben und zerschnitten ihn, als wenn er es gar nicht spürte. Und da immer noch keine Qual ihn zum Schreien brachte, trugen sie einen großen Galgen herein und machten Anstalt, ihn aufzuknüpfen. Schon hatten sie die Schlinge um das Genick gelegt – da tat es einen ungeheuren Schlag, und die Erlösung war glücklich vollbracht.

Ehe er wußte, wie ihm geschehen, stand der Jägerbursche im Freien und im Hellen, und die Schwanenkönigstochter war bei ihm und war erlöst. Sie bestrich ihn zum letzten Male mit der Salbe, so daß er gesünder und schöner war denn zuvor. Dann heiratete er sie und zog mit ihr gen Frankreich an des Königs Hof. Als der sie nun erblickte in ihrer großen Herrlichkeit, da mußte er selber gestehen, daß sie schöner sei als seine Tochter.

Hanns Dudeldee

Es ist nun schon lange her, wohl viel hundert Jahr. Da lebte ein Fischer mit seiner Frau, der hieß Dudeldee. Sie waren aber so arm, daß sie kein recht Haus hatten, und wohnten in einer bretternen Hütte und hatten kein Fenster darin; sie schauten durch die Astlöcher hinaus. Dudeldee war doch zufrieden; seine Frau aber war nicht zufrieden. Sie wünschte sich bald das, bald jenes und quälte immer ihren Mann, weil er ihr's nicht geben konnte.

Da schwieg aber Dudeldee gewöhnlich und dachte nur bei sich: „Wär' ich nur reich", oder „wär' nur alles gleich da, wie ich's wünsche."

Einmal abends stand er mit seiner Frau vor der Haustüre, und sie sahen umher in der Nachbarschaft. Da standen etliche schöne Bauernhäuser. Da sagte seine Frau zu ihm: „Ja, wenn wir nur so eine Hütte hätten wie die schlechteste unter diesen Nachbarhäusern. Wir könnten sie wohl noch kriegen, aber du bist zu faul, du kannst nicht arbeiten, wie andere Leute arbeiten."

Aber Dudeldee fragte: „Wie? Arbeite ich nicht wie andere Leute? Steh' ich nicht den ganzen Tag und fische?"

„Nein!" antwortete seine Frau ihm wieder, „du könntest früher aufstehen und vor Tag schon so viele Fische fangen, als du sonst den ganzen Tag bekommst. Du bist aber zu faul; du magst nicht schaffen." Und so zankte sie ihn fort.

Darum stand er des andern Morgens früh auf und ging hinaus an den See zu fischen. Und er sah die Leute kommen aufs Feld und schaffen, und er hatte noch nichts gefangen. Und es war Mittag geworden, und die Schnitter saßen im Baumschatten und aßen ihr Mittagsbrot, und er hatte noch nichts gefangen und setzte sich traurig hin und zog sein schimmelig Brot aus seiner Tasche und aß es. Dann fischte er wieder. Und die Sonne neigte sich, und die Schnitter gingen heim, und der Schäfer trieb die Herde in den Pferch, und die Kuhherde zog heim, und stiller ward's auf dem Felde. Aber Dudeldee stand noch immer, und noch hatte er kein Fischlein.

Da war es dämmerig worden, und er dachte ans Heimgehen. Einmal wollte er noch sein Netz eintauchen, ob er nicht jetzt noch etwas fange. Er tauchte es ein, und als wollte er die Fische locken, rief er:

„Fischlein, Fischlein in dem See!"

„Was willst du, lieber Hanns Dudeldee?" fragte ein Fischlein, das herzugeschwommen war und den Kopf ein wenig über das Wasser hervorstreckte.

Der arme Hanns Dudeldee war zwar erstaunt über das Fischlein, aber doch besann er sich und dachte: „Hm, wenn's da nur darauf ankommt, etwas zu wollen, da sollst du mich nicht lang fragen müssen." Er sah umher, was er wohl gleich wünschen sollte. Drüben jenseits des Sees stand ein schönes Lustschlößchen, aus dem eine schöne Hörnermusik herüberklang. Auch fiel ihm der Wunsch seiner Frau ein, die ein besseres Haus haben wollte. Darum sagte er: „Ich möchte gern so ein Landhaus wie jenes da drüben; so ein Schloß möchte ich gern haben statt meines bretternen Hüttleins."

„Geh' nur hin", sagte das Fischlein, „deine bretterne Hütte ist ein solches Lustschloß". Und Hanns Dudeldee lief mehr, als er ging, nach Hause und sah schon von ferne an der Stelle, wo sonst sein Haus stand, ein prächtiges Schloß mit erleuchteten Zimmern. Und als er erst hineinkam, da war alles so prächtig, daß er sich nicht zu lassen wußte. Der Hausgang war mit Marmor geplattet; die Stubenboden eingelegt und mit Wachse gebohnert; die Wände tapeziert; herrliche Kronleuchter hingen da in den hohen Sälen; kurz, es war alles so schön, daß Hans Dudeldee nicht das Herz hatte, recht darin herumzugehen. Er konnte gar nicht glauben, daß das jetzt sein Eigentum sei. Er meinte, er sei irre, und wäre beinahe wieder weggegangen, wenn ihm seine Frau nicht auf der Treppe begegnet wäre.

Kaum hatte er sie erblickt, so fragte er sie: „Nun, bist du jetzt zufrieden mit dem Hause?" und erzählt' ihr, wie er dazu gekommen sei. „Was?" antwortete sie, „man meint Wunder, was das jetzt wäre! Da hab' ich in der Stadt schon viel schönere Häuser gesehen, wie ich noch dort diente. Es geht zwar an; – aber wie kannst du so dumm sein? Das Beste hast du vergessen. Sieh einmal jetzt unsere Kleider gegen das hübsche Haus! Was die für einen Abstand machen! Hättest du mir und dir nicht auch gleich schöne Kleider wünschen können? Du bist aber zu dumm und träg. Du magst auch dein bißchen Verstand, das du hast, nicht einmal gebrauchen."

So ging das Schelten und Keifen wieder fort, bis sie einschlief. Und Hanns Dudeldee ging des andern Morgens mit dem Tage wieder hinaus an dieselbe Stelle, tauchte sein Netz wieder ein und rief wieder:

„Fischlein, Fischlein in dem See!"

„Was willst du, lieber Hanns Dudeldee?" So fragte das Fischlein wieder, und Dudeldee besann sich nicht lang und sagte, er wünsche seiner Frau und sich recht schöne Kleider, die auch zu ihrem neuen Hause paßten.

„Ihr habt sie", sagte das Fischlein, und Dudeldee stand da in einem feintuchenen Rocke mit goldenen Tressen, in seidenen Strümpfen und Schuhen, mit gestickter Weste, alles nach damaliger Mode. Und als er nach Hause kam, hätte er beinahe seine Frau nicht mehr erkannt in den seidenen Kleidern. Sie guckte aber zum Fenster heraus und fragte: „Bist du's, Hanns?" – „Ja, ich bin's", antwortete er. „Nun, bist du jetzt zufrieden?" – „Will mal sehen!" antwortet sie. So lebten sie eine Zeitlang ruhig fort. Drauf, als ihr Mann wieder einmal fischen gehen wollte, sagte sie: „Geh', was brauchst du zu fischen? Laß das bleiben und wünsch dir lieber eine rechte Kiste voll Geld."

„Hm, das ist wahr!" dachte Dudeldee und ging hinaus an den See und tauchte sein Netz wieder auf derselben Stelle ein und rief:

„Fischlein, Fischlein in dem See!"

„Was willst du, lieber Hanns Dudeldee?" fragte ihn das kleine Fischlein wieder. „Ach, eine rechte Kiste voll Geld", sagte er.

„Gehe nur hin", sagte das Fischlein, „in deinem Schlafzimmer steht sie." Und wie er heimkam, stand in seinem Schlafzimmer eine ganz große Kiste voll Goldstücke.

Nun ging alles hoch her bei ihnen, und sie kaufte sich Kutsche und Pferde und ihrem Mann ein Reitpferd, und fuhren oft in die Städte und hielten sich einen Koch und Bediente. Da schalten sie die Nachbarinnen immer die hochmütige Fischerin. Das verdroß sie gar sehr, und lag ihrem Manne wieder an, er sollte machen, daß sie über die Nachbarinnen alle zu befehlen habe. Und er ging wieder mit seinem Netze hinaus und tauchte es ein und rief:

„Fischlein, Fischlein an dem See!"

„Was willst du, lieber Hanns Dudeldee?" fragte ihn das Fischlein. „Ich wäre gern ein Edelmann oder Graf und möchte, daß ich über alle meine Nachbarn zu befehlen hätte." Da sprach das Fischlein: „Gehe nur hin, es ist so." Und als er heimkam, da hatten die Nachbarsleute schon seiner Frau gehuldigt, und sie hatte schon ein paar von ihren Nachbarinnen einsperren lassen, die sie sonst hochmütige Fischerin gescholten hatten.

Und jetzt fuhren sie oft in die Hauptstadt, wo der König wohnte, und wollten sich in die Gesellschaft anderer Grafen mischen. Aber sie wußten sich nicht dort nach ihrer Sitte zu betragen und wurden von allen verlacht, und einige Gräfinnen nannten sie nur die Fischgräfin und ihn den Fischgrafen Dudeldee.

Da sprach sie wieder zu ihrem Manne: „Geh' hinaus und laß dich zu einem König machen; denn ich will nicht mehr Fischgräfin heißen; ich will Königin sein." Aber Hanns Dudeldee riet ihr ab und sagte: „Bedenke doch, wie wir arm waren und uns nur ein Hüttlein wünschten, wie das schlechteste von unsern Nachbarhäusern. Jetzt haben wir alles im Überflusse, nun laß uns auch genug haben."

Die Frau aber wollte nicht genug haben und sprach: „Was? Ich soll mich Fischgräfin schelten lassen? Ich soll den Hochmut der Stadtweiber ertragen? Nein, sie müssen wissen, wer ich bin; ich will's ihnen zeigen! – Und du willst auch so einfältig sein und willst dir's gefallen lassen?" So zankte sie fort, bis er ihr versprach, sie zur Königin zu machen.

Darum ging er hinaus an den See und sagte wieder sein altes Sprüchlein, und das Fischlein kam wieder und fragte wieder: „Was willst du, lieber Graf Dudeldee?" Er brachte sein Anliegen vor, daß er gerne König wäre; das Fischlein sagte: „Du bist's!" Und er kam heim und fand sein Lustschloß ganz prächtig verändert und viel größer; Marschälle und Minister mit goldenen Schlüsseln und Stern empfingen ihn mit tiefen Verbeugungen. Sein Kopf wurde ihm ganz schwer; er wollte den Hut abziehen, aber siehe da! statt des Hutes hatte er eine schwere goldene Krone auf dem Haupte. Und als er seine Frau sah, erkannte er sie fast nicht mehr, so glänzte ihr Gewand von Gold und Juwelen. Aber als er sie fragte, ob sie jetzt zufrieden wäre, sagte sie: „Ja, bis ich wieder etwas Besseres weiß. Ich wäre ja eine Närrin, wenn ich's besser haben könnte, und nähm's nicht an."

So lebten sie jetzt aber doch eine Weile zufrieden, und Dudeldees Frau wünschte sich nichts mehr; denn sie hatte ja alles, was sie sich nur hätte wünschen können, hatte sich auch gerächt an den Gräfinnen, die sie die Fischgräfin geheißen hatten. Aber endlich fehlte ihr doch wieder einmal etwas. Sie hörte in der Zeitung lesen von der Pracht und dem Aufwande, der an andern Königshöfen herrschte, und hörte, daß es andere Könige und Kaiser gebe, die über weit mehr Leute und über weit mächtigere Reiche zu befehlen hätten als Dudeldee. Darum lag sie ihm wieder an und quälte ihn, bis er ihr versprach, der mächtigste König zu werden, der nur auf Erden sein könne.

Er tauchte sein Netz wieder ein und rief:

„Fischlein, Fischlein in dem See!"

„Was willst du König Dudeldee?" fragte das Fischlein, und Dudeldee sagte: „Mach mich doch gleich zum mächtigsten König oder Kaiser auf Erden." Und gleich war er's auch. Denn als er heimkam, da waren schon Gesandte und Deputierte aus allen Reichen und Weltteilen da; arme Poeten warteten mit Gedichten auf Atlas auf ihn; Schulmeister, die bessere Besoldungen brauchten, waren da mit Suppliken; Kammerherren, mit dem Hute unter dem Arm, gingen hin und her; Bauern, die Prozesse hatten, wollten zu ihm; Schildwachen gingen auf und ab; eine Kutsche mit zehn Pferden und 20 Vorreitern und sechs Läufern stand immer zum Wegfahren bereit; Pfauen und Perlhühner waren in einem Nebenhofe; kurz, es war da alles, was einen so großen Kaiser nur ergötzen konnte, ja, sogar zwei Hofnarren waren immer um ihn.

Der neue Kaiser Dudeldee war freilich im Anfang darüber böse, daß ihn die zwei närrischen Menschen immer verfolgten, wohin er gehen mochte, und beschwerte sich darüber bei seiner Frau, weil er denn doch lieber in der Gesellschaft von vernünftigen Leuten als bei Narren sein wollte. Sie sagte ihm aber, das verstehe er nicht; das müßte so sein; alle sehr großen Herren hätten's lieber mit Narren zu tun; er werde denn doch kein Narr sein wollen und eine Ausnahme machen.

Endlich ließ er sich's gefallen und war nur froh, daß seine Frau zufrieden war. Aber die Freude dauerte nicht lange. Er kam einmal zu ihr und traf sie ganz traurig an. „Was fehlt dir?" fragte er sie. „Ach!" sagte sie, „ich bin verdrießlich über das Regenwetter. Das dauert nun doch schon vier Tage an, und ich möchte so gern Sonnenschein haben. Überhaupt, ich wollte, ich könnte alles machen, was der liebe Gott kann, daß ich Frühling haben könnt' und Sommer und Herbst und Winter; gerade wann ich wollte. Geh' hin und mache, daß ich's kann." So sagte sie, und ihm gefiel es selber. „Wie", dachte er, „wenn du jetzt im Regen hinausgingst und kämst heim im Sonnenschein, den deine Frau gemacht hätte. Da könntest du auch die Narren wieder loswerden."

So dachte er bei sich und schlich sich gleich mit seinem Fischernetz zu einer Hinterpforte im Regen hinaus, ging an den See, tauchte sein Netz ein und rief wieder, wie sonst:

„Fischlein, Fischlein in dem See!"

„Was willst du, lieber Kaiser Dudeldee?" fragte ihn das Fischlein. „Ach", sagte er, „weiter nichts als: meine Frau möchte gern können, was Gott kann: Regen und Sonnenschein machen und Frühling und Sommer und Herbst und Winter, wann sie gerade will."

„So! und weiter nichts?" fragte das Fischlein. „Nein, nein, Kaiser Dudeldee, ich sehe, daß an deiner Frau und dir nichts gut angelegt ist, darum sei du wieder der alte Fischer Dudeldee. Denn damals warst du nicht so übermütig und ungenügsam wie jetzt." Und das Fischlein verschwand, und er rief wohl oft: „Fischlein, Fischlein in dem See!" Aber kein Fischlein fragte mehr: „Was willst du, lieber Dudeldee?" Und er stand wieder da wie das erste Mal, ohne Wams, nur in seinen schmutzigen ledernen Hosen, und war wieder der alte Fischer Dudeldee.

Und als er heimkam, da war wieder das Schloß fort, und da stand wieder seine kleine bretterne Hütte, und seine Frau saß darin in ihrem schmutzigen Kleidern und schaute wieder heraus durch ein Astloch wie vormals und war wieder die Frau des Fischers Dudeldee.

Der wunderliche Spielmann

Es war einmal ein wunderlicher Spielmann, der ging durch einen Wald mutterselig allein und dachte hin und her, und als für seine Gedanken nichts mehr übrig war, sprach er zu sich selbst: „Mir wird hier im Walde Zeit und Weile lang, ich will einen guten Gesellen herbeiholen." Da nahm er die Geige vom Rücken und fiedelte eins, daß es durch die Bäume schallte. Nicht lange, so kam ein Wolf durch das Dickicht herbeigetrabt. „Ach, ein Wolf kommt! Nach dem trage ich kein Verlagen", sagte der Spielmann; aber der Wolf schritt näher und sprach zu ihm: „Ei, du lieber Spielmann, was fiedelst du so schön! Das möcht ich auch lernen." „Das ist bald gelernt", antwortete ihm der Spielmann, „du mußt nur alles tun, was ich dich heiße." „O Spielmann", sprach der Wolf, „ich will dir gehorchen wie ein Schüler seinem Meister". Der Spielmann hieß ihn mitgehen, und als sie ein Stück Wegs zusammen gegangen waren, kamen sie an einen alten Eichbaum, der innen hohl und in der Mitte aufgerissen war. „Sieh her", sprach der Spielmann, „willst du fiedeln lernen, so lege die Vorderpfoten in diesen Spalt." Der Wolf gehorchte, aber der Spielmann hob schnell einen Stein auf und keilte ihm die beiden Pfoten mit einem Schlag so fest, daß er wie ein Gefangener da liegenbleiben mußte. „Warte da so lange, bis ich wiederkomme", sagte der Spielmann und ging seines Weges.

Über eine Weile sprach er abermals zu sich selber: „Mir wird hier im Walde Zeit und Weile lang, ich will einen andern Gesellen herbeiholen", nahm seine Geige und fiedelte wieder in den Wald hinein. Nicht lange, so kam ein Fuchs durch die Bäume dahergeschlichen. „Ach, ein Fuchs kommt!" sagte der Spielmann. „Nach dem trage ich kein Verlagen." Der Fuchs kam zu ihm heran und sprach: „Ei, du lieber Spielmann, was fiedelst du so schön! Das möcht ich auch lernen." „Das ist bald gelernt", sprach der Spielmann, „du mußt nur alles tun, was ich dich heiße." „O Spielmann", antwortete der Fuchs, „ich will dir gehorchen wie ein Schüler seinem Meister." „Folge mir", sagte der Spielmann, und als sie ein Stück Wegs gegangen waren, kamen sie auf einen Fußweg, zu dessen beiden Seiten hohe Sträucher standen. Da hielt der Spielmann still, bog von der einen Seite ein Haselnußbäumchen zur Erde herab und trat mit dem Fuß auf die Spitze, dann bog er von der anderen Seite noch ein Bäumchen herab und sprach: „Wohlan, Füchslein, wenn du etwas lernen willst, so reich mir deine linke Vorderpfote." Der Fuchs gehorchte, und der Spielmann band ihm die Pfote an den linken Stamm. „Füchslein", sprach er, „nun reich mir die rechte". Die band er ihm an den rechten Stamm. Und als er nachgesehen hatte, ob die Knoten der Stricke auch fest genug waren, ließ er los, und die Bäumchen fuhren in die Höhe und schnellten das Füchslein hinauf, daß es in der Luft schwebte und zappelte. „Warte da so lange, bis ich wiederkomme", sagte der Spielmann und ging seines Weges.

Wiederum sprach er zu sich: „Zeit und Weile wird mir hier im Walde lang; ich will einen andern Gesellen herbeiholen", nahm seine Geige, und der Klang erschallte durch den Wald. Da kam ein Häschen dahergesprungen. „Ach, ein Hase kommt!" sagte der Spielmann. „Den wollte ich nicht haben." „Ei, du lieber Spielmann", sagte das Häschen, „was fiedelst du so schön, das möchte ich auch lernen." „Das ist bald gelernt", sprach der Spielmann, „du mußt nur alles tun, was ich dich heiße." „O Spielmann", antwortete das Häslein, „ich will dir gehorchen wie ein Schüler seinem Meister." Sie gingen ein Stück Wegs zusammen, bis sie zu einer lichten Stelle im Wald kamen, wo ein Espenbaum stand. Der Spielmann band dem Häschen einen langen Bindfaden um den Hals, wovon er das andere Ende an den Baum knüpfte. „Munter, Häschen, jetzt spring mir zwanzigmal um den Baum herum", rief der Spielmann, und das Häschen gehorchte, und wie es zwanzigmal herumgelaufen war, so hatte sich der Bindfaden zwanzigmal um den Stamm gewickelt, und das Häschen war gefangen, und es mochte ziehen und zerren, wie es wollte, es schnitt sich nur den Faden in den weichen Hals. „Warte da so lange, bis ich wiederkomme", sprach der Spielmann und ging weiter.

Der Wolf indessen hatte gerückt, gezogen, an dem Stein gebissen und so lange gearbeitet, bis er die Pfoten frei gemacht und wieder aus der Spalte gezogen hatte. Voll Zorn und Wut eilte er hinter dem Spielmann her und wollte ihn zerreißen. Als ihn der Fuchs laufen sah, fing er an zu jammern und schrie aus Leibeskräften: „Bruder Wolf, komm mir zu Hilfe, der Spielmann hat mich betrogen." Der Wolf zog die Bäumchen herab, biß die Schnüre entzwei und machte den Fuchs frei, der mit ihm ging und an dem Spielmann Rache nehmen wollte. Sie fanden das gebundene Häschen, das sie ebenfalls erlösten, und dann suchten alle zusammen ihren Feind auf.

Der Spielmann hatte auf seinem Weg abermals seine Fiedel erklingen lassen, und diesmal war er glücklicher gewesen. Die Töne drangen zu den Ohren eines armen Holzhauers, der alsbald, er mochte wollen oder nicht, von der Arbeit abließ und mit dem Beil unter dem Arme herankam, die Musik zu hören. „Endlich kommt doch der rechte Geselle", sagte der Spielmann, „denn einen Menschen suchte ich und keine wilden Tiere." Und fing an und spielte so schön und lieblich, daß der arme Mann wie bezaubert dastand und ihm das Herz vor Freude aufging. Und wie er so stand, kamen der Wolf, der Fuchs und das Häslein heran, und er merkte wohl, daß sie etwas Böses im Schilde führten. Da erhob er seine blinkende Axt und stellte sich vor den Spielmann, als wollte er sagen: Wer an ihn will, der hüte sich, der hat es mit mir zu tun. Da ward den Tieren angst und liefen in den Wald zurück, der Spielmann aber spielte dem Manne noch eins zum Dank und zog dann weiter.

Das Schneiderlein und die drei Hunde

Ein armes Schneiderlein hatte zu Hause nichts zu verlieren und ging auf Reisen. Es war schon lange marschiert, da kam es eines Tages in einen großen, dunklen Tannenwald, und es pfiff und sang und war von Herzen vergnügt. Als es eine kurze Strecke in dem Walde gegangen war, kam ein großer Hund dahergelaufen, der bot dem Schneiderlein die Zeit und fragte, ob es ihn mitnehmen wolle? „Ich will dich schon mitnehmen, wenn du hinter mir herlaufen und mir gehorsam sein willst."

„Das will ich", sprach der Hund und lief hinter ihm drein. Als das Schneiderlein ein Stück Weges weitergegangen war, kam ein zweiter Hund gelaufen, bot ihm die Zeit und fragte, ob es ihn mitnehmen wolle? „Eigentlich habe ich mit einem Hunde schon zuviel", sprach das Ritterlein von der Elle, „wenn du mir aber gehorsam sein willst, so magst du hinter mir herlaufen, dem andern zur Gesellschaft."

„Das will ich", sprach der Hund.

So ging's weiter und weiter, und als die drei Reisenden wieder ein Stück Weges hinter sich hatten, kam ein dritter Hund, der fragte auch, ob ihn das Schneiderlein mitnehmen wolle? Da stutzte es aber, denn es wußte schon nicht, woher es das Futter für die zwei andern Hunde hernehmen sollte, doch dachte es zuletzt: „Aller guten Dinge sind drei" und sprach zu dem Hunde: „Wenn du mir treu sein willst, magst du in Gottes Namen hinter mir herlaufen wie die beiden andern."

Gegen Abend kamen sie aus dem Walde und sahen ein Dorf vor sich, und das erste Haus war ein Wirtshaus. Sprach das Schneiderlein: „Hunger haben wir alle vier, aber wie ein Sechskreuzerstück aussieht, habe ich seit langem vergessen."

„Nichts leichter als das!" sagte der erste Hund. „Geh du nur hinein und bestelle für vier Mann Essen und Trinken und kümmere dich nicht um das Bezahlen; dafür laß du uns sorgen."

Dem Schneiderlein wuchs der Mut, als es das hörte, und es schwang seine Elle dreimal lustig überm Kopf, ging in das Wirtshaus, schlug mit der Faust auf den Tisch und bestellte vier Gedecke und Essen, soviel das Haus vermöchte, Gesottenes und Gebratenes nebst Wein und Bier. Dann warf es sein Felleisen und seinen Hut auf die Bank, die Elle in die Ecke und sich selbst in einen bequemen Lehnstuhl.

Als nun das Essen aufgetragen war, ging die Tür auf und die drei Hunde stürzten herein, sprangen jeder auf einen Stuhl und fingen an zu essen und zu trinken wie die Menschen, so daß die Wirtin über solchen Verstand die Hände überm Kopf zusammenschlug. Nach dem Essen sprach der eine Hund: „Nimm den Weg zwischen die Beine, laß aber alles hier liegen, es kommt dir nichts fort." Da ging das Schneiderlein mir nichts dir nichts weg, und die Wirtin ließ ihn gehen, weil er sein Felleisen, seinen Hut und seine Elle zurückgelassen. Er wird gleich wiederkommen, dachte sie, und will sich nur im Ort umsehen. Sobald die Wirtin aber den Rücken gewandt hatte, packte jeder der Hunde eins der drei Stücke, sprangen zur Tür hinaus und brachten sie ihrem Herrn; da hatte die Wirtin das Nachsehen.

Guten Mutes zog das Schneiderlein weiter; einer der Hunde lief voraus und zeigte den Weg. Bald kamen sie wieder in den Wald, und nachdem sie schon manchen Schritt und Tritt darin getan hatten, an einen freien Waldplatz, worauf ein großes Schloß stand. Da blieb der Hund stehen. „Hast du Mut?" fragte er das Schneiderlein. „Mehr als Geld", war die Antwort. „Dann binde uns an ein Seil, führe uns in das Schloß und verkaufe uns den Riesen, die da wohnen. Trau ihnen aber nicht, denn sie sind tückisch und arglistig. Damit du vor ihnen sicher bist, wollen wir dir jeder etwas schenken, das wende wohl und klug an, und dein Glück ist gemacht." Sprachs und gab ihm ein Salbentöpfchen. Wenn man mit der Salbe einen Stuhl bestrich, dann blieb jeder daran hängen, der sich drauf setzte.

Der zweite Hund gab ihm ein Stöcklein, wen man damit aufs Haupt schlug, der tat keinen Pieps mehr.

Der dritte gab ihm ein Hörnlein: „Wenn du in Not kommen solltest, blase nur darauf, und wir werden dir helfen."

„Ich muß erst versuchen, ob ich auch blasen kann", sagte das Schneiderlein, „wenn man so harte Arbeit tut wie ich, dann wird einem der Atem kurz", setzte das Hörnlein an den Mund und blies hinein. Ach, was das für einen Klang hatte! Es war aber nicht des Schneiderleins Atem, der ihm den Klang gab, denn der war so dünn wie eine Nähnadel. Es steckte jetzt getrost die drei Dinge ein, band die Hunde an und ging mit ihnen in das Schloß. Da kam es oben an der großen Treppe in einen weiten und hohen Saal, wo die Riesen an einer langen Tafel saßen und aus Bechern tranken, deren jeder wohl ein Viertelohm faßte. Das Schneiderlein zog höflich seinen Hut und fragte, ob die Herren Riesen nicht drei schöne Hunde kaufen wollten.

Sie beschauten die Hunde rechts und links und sprachen: „Wir behalten sie und wollen sie gleich in den Stall sperren; warte du derweil, bis wir wiederkommen, dann bekommst du dein Geld." Dabei lachten sie boshaft einander zu und warfen Blicke auf das Schneiderlein, von denen es sich nichts Gutes versprach.

„Pfeift der Wind aus dem Loche", dachte der Ritter von der Elle, „dann will ich euch schon den Spaß verderben", und er kletterte an allen Stühlen hinauf und schmierte sie mit seiner Salbe ein, oben und unten, vorn und hinten. Das war sein Glück, denn draußen hielten die Riesen Rat, wie sie das Schneiderlein mit Ehren totmachen und fressen könnten; es sei zwar ein magerer Bissen, aber Menschenfleisch war ihnen etwas Neues, und sie wollten vorliebnehmen, bis sie etwas Besseres bekämen.

Als sie wieder hereinkamen, sprachen sie, das Schneiderlein habe sie im Handel betrogen, die Hunde seien nicht so viel wert, und es müsse gefressen werden. Da sprach das Schneiderlein: „Ich will gern sterben, wenn ich es verdient habe, aber nicht ohne Urteil und Recht. Haltet zuvor ordentlich Gericht über mich, dann will ich mich verteidigen."

Die Riesen lachten, rückten die Stühle in einen Halbkreis und sprachen: „Nun fange an, du Erdwurm."

„Setzt euch alle zuvor, wie es einem ordentlichen Gericht gebührt."

Als sie dies getan hatten, nahm das Schneiderlein einen Schemel, setzte sich vor sie hin, stopfte sich eine Pfeife und blies die dicken Wolken so vor sich hin. „Wird's bald?" fragten die Riesen.

„Ei, ich bin schon fertig, nun mögt ihr euch verteidigen, denn ich verurteile euch alle zum Tode."

Die Riesen lachten anfangs. Als ihnen die Sache aber zu lange dauerte, wollten sie aufstehen und das Schneiderlein fassen, da klebten sie alle fest, und keiner konnte ein Glied rühren. „Nun, wird's bald?" fragte das Schneiderlein und lachte, nahm sein Stöckchen und schlug allen auf die Köpfe, da fielen sie hin und waren tot.

„Jetzt will ich von der Arbeit ausruhen", sprach das Schneiderlein zu sich selbst. Im selben Augenblicke hörte es, wie einer mit schweren Tritten die Treppe heraufkam; die Tür flog auf, und herein schritt ein Riese, noch einmal so groß als die andern. Das war aber der Riesenkönig, der eben von der Jagd nach Hause kam. Als dieser sah, was vorgegangen war, fragte er das Schneiderlein, wer die Riesen ermordet habe? „Das hab ich getan."

„Hast du das getan, dann bekommst du deine Strafe dafür. Zum Fressen bist du zu schlecht, aber als Spatzenscheuche kannst du allenfalls dienen; darum will ich dich in den Garten aufhängen."

Sprachs, hob das Schneiderlein bei den Beinen auf und trug es in den Garten, wo ein hoher Galgen stand. Er setzte es oben drauf und fing an, die Schlinge zu drehen. Da besann es sich kurz, zog sein Hörnlein aus dem Sack und blies aus Leibeskräften hinein, daß es zehn Meilen in die Runde scholl. Mit einemmal standen die drei Hunde da und hatten ihre zerrissenen Ketten am Hals.

„Schneiderlein, steig herab!" sprach der erste.

„Ich darf nicht, der da will mich hängen." Da fielen die drei Hunde über den Riesenkönig her und zerrissen ihn in tausend Stücke.

Das Schneiderlein warf sich vor lauter Freude den Hunden an die Hälse und tanzte wie besessen auf einem Bein herum. Der erste von den Hunden aber sprach: „Jetzt ist das Schloß von den Riesen befreit und erlöst, nun mußt du uns dreien noch die Köpfe abhauen."

„Das tue ich nun und nimmermehr", sprach das Schneiderlein.

„Dann zerreißen wir dich wie den Riesen."

„Ja, wenn ihr durchaus nicht anders wollt, dann tue ich euch den Gefallen." Er holte ein Schwert, faßte es mit beiden Händen und schlug den Hunden die Hälse ab, drehte sich dann aber schnell um, denn er konnte kein Blut sehen. Da rief es hinter ihm seinen Namen. Erschrocken fuhr das Schneiderlein auf, und siehe! da stand ein König vor ihm mit zwei wunderschönen Prinzessinnen.

Der sprach: „Du bist unser Erlöser, denn wir waren die drei Hunde und waren verwünscht. Zum Dank dafür gebe ich dir eine von meinen Töchtern zur Frau."

Da griff das Schneiderlein rasch nach der Ältesten, und sie gingen zum Schlosse. Aller Zauber, welchen die Riesen darüber gesprochen, war gelöst, und die Zimmer wimmelten von Hofherren und Dienern. Als sie aber durch die Fenster schauten, war der ganze Wald zu einer prächtigen Stadt geworden, die kleinen Bäume zu Häusern, die großen zu Kirchen und Kirchtürmen, die Vögel zu allerlei fleißigen Menschen, und Jubel und Freude war, wohin man schaute. Am folgenden Tag wurde die Hochzeit gehalten, und wären du und ich dazugekommen, denk mal, was wäre das für eine Freude gewesen!

Die drei Königssöhne

Vor uralten Zeiten lebte im Morgenlande ein König, der hatte drei Söhne. Die zwei ältesten waren schon in ihrer Kindheit gar ausgelassen und mutwillig, aber klug. Der jüngere hingegen war folgsam und gut, aber nicht so klug als seine Brüder.

Als nun der älteste von den drei Königssöhnen achtzehn Jahre alt war, gab ihm sein Vater ein Pferd und ein Ritterkleid und ein Schwert und ließ ihn ausziehen, die Welt zu sehen und sich ritterlich zu erzeigen in fremden Landen. Und er ritt fort und ritt weit und breit umher und lebte ausschweifend und unordentlich und kam nimmer heim, vergaß seinen Vater und schickte nicht Nachricht von sich, wie es ihm ergangen sei. Und der zweite von den Königssöhnen ward auch achtzehn Jahre alt, und sein Vater gab ihm auch ein Pferd, ein ritterliches Kleid und ein Schwert und ließ ihn ausreiten in die Welt, um fremde Lande zu sehen und sich ritterlich darin zu erweisen und nach seinem älteren Bruder zu forschen. Und er ritt fort und triebs wie sein Bruder und kam nimmer heim und schickte nicht Nachricht, wie es ihm ergangen sei. Da ward der alte König traurig und meinte, seine Söhne wären beide tot, und härmte sich ab und beklagte ihren Verlust.

Aber als der dritte Sohn auch achtzehn Jahre alt war, da ging er eines Tages zu seinem Vater und bat ihn, er möge doch ihm auch ein Pferd und Schwert geben und ihn reiten lassen in die Welt, wie es seine Brüder getan hätten. Da weint' aber der alte König, umarmte seinen Sohn und sprach: „Willst Du mich auch verlassen und mir verloren gehen, wie Deine Brüder mir verloren sind? Nein, mein einzig

Kind, Du mußt meine Stütze sein in meinem Alter." Und sein jüngster Sohn stand ab von seinen Bitten, obgleich er's ungern tat.

Es stand aber an etliche Tage, da hatte der alte König einen wunderbaren Traum: Er stand in seinem Garten, so war's ihm, da wüchsen zwei Ölbäume auf. Und sie waren im Anfange schön und schienen gesund. Aber bald fingen sie an zu trauern, und die Früchte fielen ab, und die Blätter wurden gelb, und die Zweige schienen dürr. Da wuchs schnell zwischen ihnen auf ein Palmenbaum und schoß hoch auf und beschattete die kranken Ölbäume und goß seinen Tau auf sie, und auch sie wurden wieder gesund und frisch. Da ließ der König morgens seine Traumdeuter und Weisen kommen, daß sie ihm den Traum auslegten. Die Traumdeuter sagten: „Die zwei Ölbäume sind Deine zwei ältesten Söhne, und der Palmbaum ist Dein jüngster Sohn. Die zwei Ölbäume wurden bald dürr, so werden Deine zwei ältesten Söhne bald zugrunde gehen. Aber den Palmbaum, Deinen jüngsten Sohn, mußt Du ziehen lassen, daß er seinen Brüdern beistehe, sonst sind sie für Dich verloren." Als der König das hörte, gab er seinem jüngsten Sohn ein Pferd und Schwert und ließ ihn mit Tränen von sich.

Aber der jüngste Königssohn zog aus in die Welt und ritt weit umher, und ihm war es wohl im Freien, und er sah viel Land und Leute und erwies sich überall, wo er herbergte, als ein braver Rittersmann. Und kam so weit fort in ferne, ferne Länder. Es geschah aber eines Abends, da kam er in einen dichten Wald und fand keinen Ausgang. Wie er so ritt, siehe, da standen zwei Männer am Wege. Und wie er sie fragt', wo der Weg hinginge, aus dem Walde, da erkannt' er seine älteren Brüder und freute sich über sie. Sie aber fingen an zu schelten und sagten: „Können wir, die wir klüger sind, kaum durch die Welt uns schlagen, wie willst Du durchkommen, der Du einfältig bist?" Denn die älteren Königssöhne waren klüger für die Welt, dem jüngeren aber fehlte die Weltklugheit.

Jetzt ward es Abends. Nur selten fiel am Abhange des Bergwaldes ein Strahl der scheidenden Sonne durch die Fichtenstämme. Da berieten die drei Königssöhne, welchen Weg sie einschlagen wollten, daß sie eine Herberge fänden. Und sie wendeten sich nach der Höhe des Berges, ob sie von oben nicht ein Haus oder nur ein freies Feld erblickten. Da kamen sie vorbei an einem Ameisenhaufen. Den wollten die ältesten Brüder zerwühlen, daß sie sehen könnten, wie die Tierlein ihre Eier herumschleppten. Aber der jüngste Bruder stieg von seinem Pferd und wehrte ihnen, daß sie's nicht taten. Und als sie vorbeigingen, da redete ihn der Ameisenkönig an und sprach: „Wer Du auch sein magst, Fremdling, ich danke Dir, daß Du Deinen Reisegefährten wehrtest und so großes Unglück von uns armen Tierlein abwendetest. Wenn ich Dir nützen kann, so komm, und Du sollst sehen, daß ich Dir alles mit Freuden tue."

Und sie gingen weiter und kamen an einen See, der war bedeckt mit einem ganzen Schwarm Enten. Da wollten die ältesten Brüder drüber her und sich einige erlegen, daß sie ein Abendessen hätten. Da wehrte aber der jüngste Bruder und sagte: „Laßt die armen Tiere! Wir werden doch diesen Abend etwas zu essen haben." Und sie ließen die Enten in Ruhe. Als sie aber vorbeigingen, schwamm der König der Enten herzu und dankte dem jüngsten Königssohn und sagte: „Wenn ich Dir in etwas dienen kann, so soll's mit Freuden geschehen."

Darauf gingen sie weiter und kamen an einen Eichbaum, darin die Bienen ihre Zellen hatten. Und es war so viel Honig drinnen, daß er am Stamm heruntertroff. Als die zwei ältesten Königssöhne das sahen, wollten sie Feuer in die Baumhöhle machen, daß die Bienen umkämen und daß sie den Honig fassen könnten. Da wehrte aber der jüngste wieder ab und sagte: „Laß die armen Tierlein! Bringt sie nicht um des bißchen Honigs willen um!" Und sie wollten weiterziehen. Da flog die Bienenkönigin heraus, dankte ihm und sprach: „Kann ich Dir mit etwas dienen, so befiehl nur! Ich will's mit Freuden tun."

So gingen sie weiter und kamen in ein altes Schloß und wollten da herbergen. Das Schloß war aber ganz wundersam gebaut, und nichts Lebendiges war drin. Sie gingen ein durch das Tor, und der jüngste führte sein Pferd in den Stall, da standen lauter steinerne Pferde. Sie gingen die Stufen hinauf. Da kamen sie in einen Vorplatz, der war mit Marmor geplattet, und hohe Säulen bildeten die

drei Eingänge. Den einen bildeten silberne Säulen, den andern bildeten goldene Säulen, und den dritten Eingang bildeten gar diamantene Säulen. Und sie gingen ein durch den ersten Eingang und kamen in eine Reihe Zimmer, darin alles, Wände und Gerätschaften, von getriebenem Silber war. Aber sie gingen durch alle Zimmer und fanden am Ende eine Tür, die verschlossen war durch drei Schlösser. Aber durch ein Lädlein konnte man hineinsehen in das Gemach. Und drinnen am Tische saß ein alt, eisgrau Männlein, dem der Bart ging bis auf die Füße. Diesem riefen sie zu, aber es hörte nicht. Sie riefen ihn zum zweitenmal, aber es hörte nicht. Und sie riefen ihn zum drittenmal. Da stand es auf und kam heraus und empfing sie freundlich und bewirtete sie den Abend aufs allerbeste und wies ihnen weiche Betten mit seidenen Vorhängen zu Schlafstätten an. Aber es sprach kein Wort und antwortete auf keine ihrer Fragen. Doch die drei Königssöhne hatten sich's wohl behagen lassen, daß sie in eine so gute Herberge gekommen waren.

Als sie am andern Morgen erwachten, lag jeder zwar in einem schönen Zimmer, aber alles war so verschlossen, daß keiner von ihnen herauskommen konnte. Und bei dem ältesten stand das eisgraue Männlein mit dem langen Bart und winkte ihm, daß er ihm folge. Dieser folgte ihm, aber ganz ängstlich, und sie gingen ein durch den goldenen Eingang und kamen in einen großen, geräumigen Saal, darin alles von getriebenem Gold gearbeitet war. Und der Alte wies mit seinem schwarzen Stab über die Türe. Da standen die Worte:

Jeder Fremdling, der die Schwelle dieses Schlosses betritt, muß es versuchen, drei Arbeiten zu vollbringen. Wenn er diese glücklich ausführt, so ist sein Glück auf immer gegründet. Vollbringt er sie nicht, so mag er als Stein bis zur Stunde der Erlösung harren auf dem Flecken, wo ihn der letzte Strahl der Abendsonne bescheint.

Als der älteste Königssohn diese Worte gelesen, begehrte er die erste der Arbeiten zu wissen und stand zwischen Furcht und Hoffnung, ob er sie wohl vollbringen könnte. Da berührte das Männlein mit seinem Stabe die Wand, und es sprang eine Tür auf, und der Königssohn sah ein Gemälde, das stellte die Gegend dar, wo der Ameisenkönig seinen jüngsten Bruder angeredet hatte. Und darunter standen die Worte:

Dreitausend Perlen, der Hauptschmuck der Prinzessin Pyrola und ihrer zwei Schwestern, liegen hier im Moose zerstreut. Diese hast du zu sammeln, daß auch die letzte nicht fehlet!

Aber der Königssohn erkannte die Gegend und eilte hinaus und sammelte eifrig. Aber Mittag kam, und er hatte nicht hundert beisammen. Die Sonne ging unter, da hatte er noch nicht dreihundert gesammelt. Und der letzte Sonnenstrahl traf ihn, da sank er nieder und war Stein.

Den andern Morgen stand das graue Männlein beim zweiten Königssohn und winkte ihm mit seinem schwarzen Stabe, daß er ihm folge, und er folgte ihm. Und das Männlein zeigte ihm auch die Überschrift über der Türe im goldenen Saale und zeigte ihm das Gemälde. Da eilte der Bruder auch hinaus und sammelte emsig und sammelte bis an den Abend. Aber er hatte keine dreihundert der kleinen Perlen beisammen, da ging die Sonne unter, und er sank nieder und war ein Stein wie sein Bruder. Nun kam der dritte Morgen. Da stand das eisgraue Männlein bei dem jüngsten Königssohn und führte auch ihn in den Saal und ließ ihn die Schrift lesen über der Türe und zeigte ihm das Gemälde und winkte ihm, hinauszugehen, weil er traurig dastand.

Da ging der dritte Königssohn hinaus und sah die kleinen, kleinen Perlen so weit zerstreut und im Moose versteckt. Und als er das sah und merkte, daß es unmöglich sei, sie zu sammeln bis auf die letzte, da setzte er sich hin und weinte bitterlich und beklagte seinen armen Vater, der jetzt alle seine Kinder verloren habe. Und wie er so weinte und wehklagte, da hörte er eine Stimme ihm rufen: „Warum weinst Du, lieber Fremdling?" Da sah er auf und erblickte den Ameisenkönig und klagte dem seine Not. Der Ameisenkönig aber sprach: „Ist es weiter nichts? Oh, dann sei nur ruhig, dann soll Dir bald geholfen sein!"

Als er dies gesagt, ging er in den Ameisenhaufen und kam bald mit mehr denn fünftausend Ameisen hervor, und alle sammelten an den Perlen und zählten sie dem Königssohn in den Hut. Und als er sie alle hatte bis auf die letzte, da sprach der Ameisenkönig: „Gehe hin, Du hast sie alle! Und danke mir nur gar nicht, denn Du hast noch mehr verdient als diesen kleinen Gefallen." Da lief der jüngste Königssohn hinein in das Schloß und brachte dem Männlein die Perlen. Und das eisgraue Männlein erstaunte darüber und führte ihn wieder in den goldenen Saal und berührte eine andre Wand. Diese tat sich wieder auf, und es stellte sich ein Gemälde dar, das den See bedeutete, worauf der Entenschwarm sich aufhielt, und darunter standen die Worte:

In der Tiefe des Sees liegt der Schlüssel zu dem Schlafgemach der Prinzessin Pyrola und ihrer zwei älteren Schwestern. Du mußt ihn gefunden haben, ehe die Sonne niedergehet.

Und der Königssohn erkannte den See und eilte hinaus und kleidete sich aus, um hineinzuwaten und den Schlüssel zu suchen. Doch wie er hineinsteigen wollte, da schwamm der König der Enten zu ihm her und fragte: „Was begehrst Du, lieber Fremdling?" Da sagte der Königssohn, was er in dem See suchen wollte. Aber der Entenkönig antwortete: „Der See ist für Dich zu tief. Laß mich für den verlorenen Schlüssel sorgen!" Und er befahl allen Enten, unterzutauchen und den Schlüssel zu suchen. Und sie tauchten unter, und gleich brachte eine den verlorenen goldenen Schlüssel in ihrem Schnabel herzu, und der Entenkönig überreichte ihn dem Königssohn und sprach: „Nimm ihn hin und danke nicht! Du hast noch mehr um uns verdient als diesen kleinen Gefallen."

Er eilte sich aber und brachte den Schlüssel dem eisgrauen Männlein. Und kaum hatte es den Schlüssel in Händen, da bekam es seine Sprache wieder und dankte dem Königssohne mit Freudentränen und sprach: „Schon zweitausend Jahre muß ich hier lebendig, aber stumm sitzen in diesem Schlosse und auf Erlösung harren. Nun hast Du, glücklicher Fremdling, nur noch ein Geschäft, aber das schwerste: dann ist dein Glück gegründet." Da fragte der jüngste Königssohn, was das wäre. „Drei Töchter habe ich", sprach das graue Männlein. „Ich bin der König von diesem verzauberten Schloß und Lande. Diese drei Töchter sind mir von ihrer eigenen Mutter, die eine böse Fee war, verzaubert und liegen nun seit zweitausend

Jahren in einem totenähnlichen Schlafe. Die älteste, Rubina genannt, verzauberte sie durch ein Stück Zucker, die zweite, Briza genannt, durch einen Sirup, aber meine jüngste Tochter Pyrola durch einen Löffel voll Honig. Eine meiner Töchter sieht der andern völlig gleich, und alle scheinen von gleichem Alter. Aber Pyrola, meine jüngste Tochter, ist mir besonders lieb. Und gerade an ihr muß die Erlösung geschehen. An ihrem Hauche muß man erkennen, welche von den dreien den Honig gegessen, obgleich seitdem zweitausend Jahre verstrichen sind."

Als er dieses gesagt, führte der unglückliche König den Königssohn heraus und schloß die dritte Säulenpforte auf. Da waren alle Zimmer mit edlen Steinen von allen Farben geziert, Wohlgerüche und sanfte Töne schwebten aus dem Hintergrund hervor, Kühlung wehte ihnen entgegen. Und in einer Bettstätte, die mit Laubwerk von grünen und farbigen Edelsteinen umgeben war, lagen in dem höchsten mittelsten Saale wie tote Marmorbilder Rubina, Briza und Pyrola, alle drei von ausnehmender, aber gleicher Schönheit. Die Pracht des Saales und die Schönheit der Prinzessinnen, die Musik und die Wohlgerüche betäubten ihn ganz, daß er nicht mehr wußte, was er tun sollte, bis ihn der König des Schlosses daran erinnerte und sprach: „Die Sonne steht im Mittag. Wenn sie niedergeht und Du hast noch nicht erkannt, welche die jüngste ist, so trifft Dich das gleiche Schicksal wie Deine Brüder, und ich muß wieder stumm sitzen wie vorher, bis sich wieder ein anderer Fremdling hierher verirrt. Erkennst Du aber, ohne zu raten, meine Tochter Pyrola, so ist sie Deine Gemahlin, und Du erbst mein Reich. Der jüngste Königssohn aber eilte hinaus und jammerte und weinte, und der Wald hallte wider von seinen Klagen.

Und wie er so klagte und jammerte, hörte er eine Stimme ihm rufen und zu ihm sagen: „Was klagst Du, lieber Fremdling?" Da sah er auf und erkannte die Bienenkönigin auf dem Baumstämme sitzen. „Ach", sagte er, „wie kann ich das erkennen, welche von den drei Prinzessinnen vor zweitausend Jahren Honig gegessen hat?" – „Was?", fragte die Bienenkönigin. „Ist es weiter nichts? Wie magst Du darum auch so klagen? Ich will Dir eine Biene mitgeben, die soll um alle herumfliegen. Aber die ist es, der sie auf die Lippen setzt." Darauf ging die Königin hinein in die Höhle, und eine Biene flog heraus und setzte sich ihm auf die Schulter. Und er trug sie in den Saal zu den schlafenden Königstöchtern. Da flog sie zu allen und schwärmte herüber und hinüber und setzte sich endlich auf den Mund der mittelsten. Da sprach der Königssohn zu dem eisgrauen Könige: „Die mittelst ist Pyrola, Deine jüngste Tochter!"

Und kaum hatte er das gesagt, da krachte und donnerte und blitzte es, als wollte die Erde zusammenstürzen, und alles war verändert: Das kleine graue Männlein stand da als ein würdevoller, majestätischer alter König. Die Prinzessinnen standen in blühender Schönheit da und umarmten ihren Vater, und die jüngste, Pyrola, kam herzu und dankte ihrem Erretter, dem jungen Königssohne. Und der junge Königssohn umarmte sie und nannte sie seine Braut. Diener gingen aus und ein, im Schloßhofe war ein Pferdegetrappel. Sie gingen ans Fenster: da war um sie nicht mehr die alte Wildnis. Eine prächtige Stadt stand da, und weiterhin sah man auch fruchtbare Felder und viele glückliche Fluren und Dörfer, und in den Straßen war ein Gewühl, und alles ging so ordentlich, als wäre da gar kein Wunder geschehen, als wäre alles beim alten. Niemand schien etwas davon zu wissen.

Auch in den Saal kamen einige Diener. Da ließ der König den Königssohn nehmen und seine Tochter Pyrola und ließ sie setzen in eine prächtige offene Kutsche, vor die er zwölf Schimmel spannen ließ. Und vierundzwanzig Männer, in Purpur und Gold gekleidet, ließ er vorausreiten mit Posaunen und ließ den Königssohn und seine Tochter Pyrola ausrufen als König und Königin des Landes. Darauf wurde ein köstliches Mahl gehalten, wobei es an nichts fehlte, was den Tag verherrlichen konnte.

Und wie sie so dasaßen in großem Jubel, ließen sich zwei fremde Ritter melden. Man ließ sie ein, und siehe da, es waren des jungen Königs Brüder. Und abermals wurde ein Fremdling gemeldet, und als er hervortrat, da sprangen die drei Königssöhne von ihren Sitzen und bewillkommneten ihn mit Freudengeschrei: es war ihr Vater. Er hatte sich aufgemacht, seine verlorenen Söhne zu suchen, und war eben in dieser Stadt angekommen. Drei Monate blieb der Vater der Königssöhne da, und solang' er da war, dauerten die Feste, wovon immer eines das andere an Pracht übertraf. Dann zog er mit seinen zwei ältesten Söhnen heim. Sie sollen sich von ihren ehemaligen Fehlern gebessert und in des alten Königs Reich geteilt haben. Auch soll der älteste die Prinzessin Rubina, der zweite die Prinzessin Briza zur Gemahlin genommen, und beide sollen lange und glücklich regiert haben. Der jüngste aber und Pyrola wurden noch über hundert Jahre alt und beglückten ihre Untertanen. Ein fremder König regierte nach ihm auf seinem Throne, und durch ihn wurden die Menschen wieder so verschlimmert, daß eine große Sintflut über das Land kam. Und seitdem ist jenes Land, das Land der Märchen, versunken, und nur noch diese Sage ist von ihm übrig geblieben.

Von den achtzehn Soldaten

Achtzehn Soldaten, nämlich ein Feldwebel, ein Sergeant, ein Corporal, ein Tambour und vierzehn Gemeine waren zusammen auf einer einsamen Wacht.

Weil nun der Dienst sehr hart und das Traktement schlecht war, so tat sich die ganze Wachmannschaft zusammen und beschloß zu desertieren, nur der Feldwebel, der ein alter Soldat war und zwei Feldzüge mitgemacht hatte, wollte nichts von der Sache wissen.

Da er's nicht anders wollte, so banden sie ihm Hände und Füße zusammen, auf daß er nicht in Verantwortung und Strafe käme, legten ihn unter die Pritsche und gingen alle siebenzehn mit Sack und Pack davon. Sie waren aber kaum ein paar hundert Schritt weit gegangen, so fiel dem Corporal ein, daß er seine Pfeife auf dem Tisch hatte liegen lassen, und er ging zurück, um sie zu holen. Unterdessen hatte sich der Feldwebel unter der Pritsche die Sache noch einmal überlegt, und weil er dachte, er könnte doch vielleicht in harte Strafe kommen, so ward er anderen Sinnes, und reute es ihn, daß er nicht mitgegangen war. Als nun der Corporal wieder hereintrat, sprach er: „Bind mich los, Kamerad, es liegt sich unter der Pritsche noch schlechter, als oben darauf", und als er los war, schloß er die Wachtstube zu, steckte den Schlüssel ein und desertierte mit.

Eine schöne Zeit waren sie zusammen umher gezogen, das Geld war alle, aber der Hunger und Durst noch nicht, und sie dachten mittags zuweilen an den großen Fleischkessel in der Kaserne – da kamen sie einmal an ein einsames Waldwirtshaus. Sie gingen hinein, der Feldwebel klapperte mit dem Schlüssel und ein paar Gamaschenknöpfen im Sack, und sie ließen sich einschenken und auftragen, was in der Küche und im Keller war. Als es darnach ans Bezahlen ging, griff der Feldwebel in den Sack, als wenn er ein Paar von seinen Kronentalern wollte springen lassen, aber „das kann nicht sein, Herr Feldwebel", rief der Sergeant, „an mir ist das Bezahlen!" und griff dabei in seinen Hosensack; der Feldwebel aber ging einstweilen hinaus. „Haltet ein, Herr Sergeant!" rief jetzt der Corporal, „wollt Ihr immer die Zeche bezahlen?" dabei fuhr er eilig in die Tasche, der Sergeant aber ging einstweilen hinaus. Da sprach der Tambour: „An mir ist heute die Reihe, soll ich mich immer von euch füttern lassen?" – und der Corporal folgte den andern. Von dem Tambour wollte sich aber der älteste Gemeine nicht lumpen lassen und so immer fort keiner von dem andern, bis herunter zu dem jüngsten Soldaten, der noch ein Rekrut war. Der aber sprach, er wollte die andern noch einmal alle hereinrufen, damit man genau nachrechnen könnte, was jeder gegessen und getrunken – fort war er und lief den anderen Siebenzehen nach.

Der Wirt hätte schwarz und blau vor Ärger werden mögen, als er sich so geprellt sah, doch weil er ein böser heimtückischer Mann war, machte er das Fenster auf und rief seinen Gästen mit freundlicher Stimme nach: „Was lauft ihr also, ihr braven Burschen? Kommt zurück, euer Spaß gefällt mir also wohl, daß ich euch noch eine Zehrung mit auf den Weg geben will!"

Als sie nun wiederkamen, gab er noch einem jeden einen halben Gulden, und sie sollten doch den Weg rechter Hand einschlagen und dann das zweite Pfädchen links gehen, so würden sie an einen Berg mit einer offenen Tür kommen, wenn sie dahineingingen, so möchten sie glücklich werden für all ihr Lebtag!

Das leuchtete den Soldaten ein, sie dankten für die Zehrung und den guten Rat, versprachen auch, nicht wiederzukommen und machten sich sporntreichs auf den Weg nach dem Berge; der Wirt aber freute sich, daß ihm sein schlimmer Anschlag so wohl gelungen war, denn in den Berg hinein war schon gar mancher gegangen, aber keiner wieder heraus.

Die achtzehn gingen den Weg rechter Hand und an dem großen Baum das zweite Pfädchen links und dann durch die offne Tür in den

Berg hinein. Drinnen war es ganz hell, wie draußen auch, und eine schöne breite Straße führte immer weiter hinein. Da sie ein gutes Stück darauf fortmarschiert waren, kamen sie vor eine aufgezogene Zugbrücke; die ließ sich aber von selber vor ihnen herab, daß sie darüber gehen konnten. Nun waren sie in einem großen Hof. Sie wanderten wieder eine Zeitlang weiter, dann kamen sie an eine zweite Zugbrücke, die sich niederließ wie die erste und über welche sie in einen andern Hof gelangten. Ebenso ging es noch einmal über eine dritte Brücke und in einen dritten Hof – da stand aber mitten darin ein wunderschönes Schloß.

„Rangiert euch!" kommandierte der Feldwebel, ließ die Mannschaft in Reihe und Glied herantreten und die Unteroffiziere auf die Flügel; „Geschwindschritt marsch!" hieß es dann, der Tambour schlug ein, und die achtzehn marschierten zum Schloßtor hinein, und als sie darinnen waren, erklärten sie das Schloß für erobert. Sie hatten freilich gut erobern, denn es war ringsum nichts Lebendiges zu sehen und zu hören; wohl aber fanden sie einen großen Saal, wo für achtzehn Mann gedeckt und aufgetragen war, was ihnen gar wohl gefiel. Neben dem Saale waren achtzehn schöne Schlafkämmerchen, eins wie das andere, ein jedes mit einem prächtigen seidenen Bett, und das gefiel ihnen auch.

Nun setzten sie sich ohne weiteres zu Tisch, damit es nicht kalt werden sollte, und lebten hoch in Freuden bis in die Nacht hinein; dann krochen sie in die weichen seidenen Betten und schliefen wie die Grafen. Der Feldwebel war der erste, der des andern Morgens wieder aufwachte. Er wollte sich anziehen und den Tambour wecken, daß er Reveille schlüge, doch seine Montur war fort und nirgends mehr zu sehen. Er hing sich das Bettuch um und rief seinen Kameraden – da kamen sie auch heraus, einer nach dem andern, aber einer wie der andere im Bettuch gleich dem Feldwebel, denn ihre Kleider waren auch verschwunden, als wären sie niemals dagewesen. Als sie sich im Saale umschauten, sahen sie mitten auf dem Tisch zwei große Kisten stehen; sie machten den Deckel auf, da fanden sie in dem einen Kasten eine Feldwebelsmontur, eine Sergeanten-, eine Corporals- und eine Tambours-Montur und vierzehn Stück gemeine Soldatenmonturen. Alles war funkelnagelneu, als wenn es eben vom Schneider käme, und paßte wie angegossen.

In den anderen Kisten waren siebzehn prächtige neue Gewehre, Säbel und Patrontaschen und eine nagelneue Trommel für den Tambour! Das war eine Herrlichkeit!

Als die erste Freude vorüber war, sagte der Feldwebel, weil sie jetzt wieder das Ansehen von ordentlichen Soldaten hätten, so wollten sie auch ihren Dienst tun, wie es sich gehöre.

Darauf führte er einen Teil der Mannschaft in die Wachtstube am Schloßtor, teilte sie zum Schildwachestehen in drei Nummern ab, und von nun an mußten sie ordentlich auf Posten ziehen und alle zwei Stunden ablösen, wie es sich gehörte.

Als sie es schon eine Zeitlang so getrieben hatten, da kam eines Tages eine prächtige sechsspännige Kutsche angefahren und hielt vor dem Schloßtor. Ein Bedienter in einem goldnen Rock machte den Schlag auf, und eine wunderschöne Dame stieg heraus. Sie ließ sich von der Schildwache den Feldwebel herausrufen, ging mit ihm hinauf in seine Schlafkammer und sprach zu ihm: „Ich bin eine verwünschte Prinzessin, du aber sollst mich erlösen und mein Bräutigam sein. Von Morgen an wird jeden Tag eine andere Prinzessin kommen, die erste zum Sergeanten, die zweite zum Corporal und so immer fort, bis ein jeder von euch die seinige gesehen und mit ihr gesprochen hat. Also muß es geschehen, damit ihr uns erlösen könnt.

Das und noch anderes redete sie mit dem Feldwebel, ehe sie von dannen fuhr, und wie sie gesagt, so kam es.

Die zweite Prinzeß kam des anderen Tages, ging mit dem Sergeanten hinauf in die Kammer und beredete sich allda mit ihm, und so ging es immer weiter, jeden Tag kam eine andere und eine immer noch schöner als die andere. Dem jüngsten Soldaten blieb aber die seinige gar zu lange aus, und weil er dachte, wer weiß, wann die Reihe an mich kommt, so entschloß er sich kurz und desertierte.

Als er aber wieder an die erste Brücke kam, so stand da der Teufel und frug ihn: „Wohinaus?" „Aus dem Berg hinaus!" sprach der Soldat, da faßte ihn der Teufel und drehte ihm das Genick ab.

Als die anderen Soldaten ihren Kameraden vermißten, schickte der Feldwebel eine Patrouille aus, um ihn zu suchen. Bald fanden sie ihn denn auch tot am Boden liegen; er hatte seine alten zerrissenen Kleider wieder an, die er mitgebracht, und regte kein Glied mehr. Aber noch desselbigen Tages kam die älteste Prinzessin wieder gefahren, ging mit ihrem Feldwebel hinauf und sprach zu ihm: „Daß euer Kamerad desertiert ist, das hat die ganze Erlösung verdorben; entweder müßt ihr jetzt wieder einen achtzehnten Mann herbeischaffen, daß alles von neuem beginnen kann, oder ihr seid des Todes alle Siebenzehen. So sprach sie und fuhr wieder weg. Nun berief der Feldwebel die ganze Mannschaft zu sich, hielt einen Rat mit ihnen, was sie tun sollten, und sie wurden einig, daß der Corporal mit zwei Gemeinen auf Werbung ausziehen müsse nach dem achtzehnten Mann. Als nun die drei an die erste Brücke kamen, stand der Teufel davor und frug: „wohinaus?" „Auf Werbung", sprach der Corporal. „Passiert!" rief der Teufel und ließ sie hinaus. So gelangten sie ungehindert über die drei Brücken bis vor den Berg, gingen dieselben Wege, die sie früher hergekommen, wieder zurück, fanden bald auch das Waldwirtshäuslein von damals wieder. Sie setzten sich an den Tisch zu dem Wirt, der sie in den Berg hineingeschickt hatte; weil sie aber so sauber und ordentlich aussahen, erkannte er sie nicht mehr, und sie taten, als ob sie ihn auch nicht kennten. Es dauerte nicht lange, so kam ein armer Handwerksbursch herein, setzte sich ganz traurig an einen anderen Tisch und ließ sich ein Stück trocken Brot geben und ein Glas Wasser dazu. Da riefen ihn die drei Soldaten zu sich, gaben ihm Wein zu trinken und Braten zu essen. Da er nun satt war und guter Dinge wurde, fragten sie ihn: ob er nicht für ein gutes Handgeld sich wolle anwerben lassen? Das gefiel dem Handwerksburschen schlecht, deshalb antwortete er im Spott, wenn sie ihm hundert Gulden Handgeld geben wollten, so wär' er's zufrieden. Der Corporal aber, der sich aus der Schatzkammer des verwünschten Schlosses einen ganzen Tornister voll Geld mitgebracht hatte, zählte ihm auf der Stelle zweihundert Dukaten auf den Tisch, und die Sache war abgemacht. Sie machten sich nun auf den Heimweg, der Teufel ließ sie ungehindert einpassieren, und im

Schloß gab es eine große Freude, als sie mit dem Rekruten ankamen.

Als sie aber aus dem Wirtshaus weg waren, sprach zum Wirt die Wirtin: „Du bleibst doch ein Esel all dein Lebtag, sonst hättest du gemerkt, daß der Corporal und die zwei Soldaten schon ein Mal bei uns waren, unter den achtzehn lumpigen Kerlen, die dich so schmählich angeführt haben. Und zum Lohn dafür hast du sie glücklich gemacht für all dein Lebtag!" Wie sie das meine? frug der Wirt. „Ei du Narr" sprach sie, hast du denn das viele Gold nicht gesehen? Das haben sie nirgends anders geholt als in dem Berg, in den du sie geschickt hast, daß sie nicht wiederkommen sollten. Jetzt aber will ich auch keine Bettlerin mehr bleiben. Auf der Stelle packst du den Sack da auf und kommst mir nicht wieder, ohne daß er voll Dukaten ist!"

Einreden half dem Wirt nicht, er mußte ohne Zaudern hinaus in den Wald, den Weg rechter Hand, das zweite Pfädchen links und hinein in den verzauberten Berg. Wer aber an der ersten Brücke stand, war niemand anders als der Teufel, der frug ihn: „Wohinaus mit deinem Sack?" „Geld holen für meine Frau!" sprach der Wirt, da erwischte ihn der Teufel am Camisol und brach ihm das Genick ab. Das hatte er nun davon. Die Wirtin daheim konnte es aber nicht aushalten vor Erwartung und Ungeduld nach dem schönen Gold; sie dachte, es möchte ihm zu schwer werden unterwegs, sie könnte ihm ja entgegen laufen und es ihm abnehmen. Sie kam bis vor den Berg und wartete erst noch eine Zeitlang vor der Tür, doch als der Wirt immer noch nicht erschien, dachte sie: er hat zu schwer geladen und kann es nicht allein auf die Achsel heben, du willst hineingehen und ihm helfen! Also ging sie hinein und kam zu der ersten Brücke, wo der Teufel stand und auf sie wartete. „Wohinaus, liebe Frau?" frug er. „Zu meinem Mann!" „Da kann sie hinkommen liebe Frau", sprach der Teufel, griff sie bei den Haaren, drehte ihr den Hals ab und warf sie hinab zu ihrem Manne. Jetzt waren sie beisammen.

Den achtzehn Soldaten ging es besser. Da die Zahl durch den Rekruten voll geworden war, so kamen die Prinzessinnen wieder angefahren, immer eine nach der andern, jede zu ihrem Liebsten und alle, bis zum achtzehnten, hielten es diesmal richtig aus. Als die letzte Prinzessin dagewesen war, da kamen sie des anderen Abends alle achtzehn auf ein Mal, die Älteste aber sprach: „Heute Nacht müßt ihr die Erlösung zu Ende bringen; eine jede von uns legt sich zu ihrem Bräutigam, aber ruhig und stille muß ein jeder bei seiner Prinzessin liegen und keiner reden oder sich rühren, bis es Reveille schlägt." So geschah's. Sie legten sich alle sechsunddreißig zusammen, und alle hielten tapfer aus, nur der Tambour hätte beinahe alles verdorben. Denn gegen Morgen fiel es ihm plötzlich brühheiß ein: Holla! wer kann denn die Reveille schlagen, wenn ich bei der Prinzessin liege? Als er gerade herausspringen wollte, da begann es auf einmal Reveille zu schlagen, aber was für eine Reveille! So hatte der Tambour noch keine gehört! Es war gerade, als ob zehn mal hunderttausend Tamboure im Schloßhof stünden und schlügen! Jetzt war alles Liebes und Gutes. Die älteste Prinzessin blieb mit dem Feldwebel in dem Schloß wohnen, das nun erlöst war, die anderen fuhren mit ihren Männern fort, die eine dahin, die andere dorthin, wo eine jede ihr Königreich hatte. Die Brücke war jetzt gut zu passieren, denn der Teufel hatte nun andere Sachen zu tun, als dort Schildwacht zu stehen.

Die drei Musikanten

Es zogen einmal drei junge Musikanten aus ihrer Heimat in die Fremde; sie hatten alle drei bei einem Meister die Musik gelernt und wollten nun auch vereint bleiben und ihr Glück in fremden Landen versuchen. Von Ort zu Ort wanderten sie fröhlich dahin, spielten auf zu Kirmes- und Festtagstänzen und gewannen durch ihre lustigen Musikstücklein gar manchen schweren Batzen neben dem stillen und lauten Beifall. So kamen sie denn auch einmal in ein Städtchen und belustigten am Abend die Gesellschaft mit schöner Musik. Endlich hörten sie auf aufzuspielen, sondern tranken eines, taten manchem Bescheid und gaben auch zum Gespräch der Gäste ihren Teil. Da ward mancherlei Verwunderliches durcheinander geplaudert und erzählt. Zunächst ging die Rede von einem Zauberschloß, welches sich in der Nähe des Städtchens befände und von welchem ebensoviel Wunderschönes als Wunderbares erzählt wurde. Bald hieß es: ja, dort sind ungeheure Schätze, dort ist stets Überfluß an den köstlichsten Lebensmitteln, obgleich keine Menschenseele darinnen wohnt – bald hieß es wieder: aber dort ist ein schrecklicher Gespensterspuk. Wer seinen Buckel weiß hinein trägt, bringt ihn braun und blau gefärbt wieder heraus, ohne die Schätze gehoben oder den Zauber gelöst zu haben. Dies und vieles andere wurde hin und her geredet über das verzauberte Schloß. Die drei Musikanten waren nicht sobald allein in ihrem Schlafkämmerlein, als sie sich lange unterredeten und zugleich den Gedanken erfaßten, das rätselhafte Schloß sich näher zu besehen, ja, sogar sich hinein zu wagen, um möglicher Weise die dort verborgenen und verzauberten Schätze zu heben. Nun wurden sie einig unter sich, daß ein jeder einzeln, einer nach dem andern, sich hinein wagen sollte, je nach der Älte, und daß einem jeden ein ganzer Tag dazu vergönnt sein sollte, sein Abenteuer zu bestehen. Der erste Glücksversuch fiel dem Geiger zu. Der machte sich mutvoll und ohne Säumen auf das Schloß und fand, als er dort anlangte, die Eingangspforten schon offen, als ob man seiner geharrt hätte; doch als er über die Schwelle geschritten war, schlug hinter ihm die schwere Türe zu, und es sprang ein riesiger Eisenriegel vor, obgleich kein lebendes Wesen zu erblicken war, doch als wenn ein strenger Pförtner hier sein Amt verrichte und Wache halte – und dem Geiger kam ein Grausen an, so daß sein Haar sich auf dem Wirbel sträubte. Aber er konnte weder umkehren, noch verweilen, und es kräftigte ihn wieder der Gedanke an das zu hoffende Glück, an Gold und Schätze. Treppe auf Treppe ab wanderte der Jüngling, durch herrliche Zimmer, kostbare Säle, trauliche Kabinettchen – alles prachtvoll ausgestattet und in der schönsten Sauberkeit erhalten. Aber überall war eine Totenstille, auch nicht das kleinste Mückchen lebte und wohnte hier. Doch dem Jüngling wuchs der Mut aufs neue, zumal als er den untern Räumen, Küche und Gewölben, sich zuwandte, wo in Fülle die seltensten und köstlichsten Speisevorräte vorhanden waren, in den Gewölben die Weinflaschen hoch aufgespeichert lagen und alle Sorten süßer eingemachter Früchte in großen Gläsern nach der Reihe standen. In der schönen blanken Küche knisterte vertraulich ein helles Feuerlein, und darüber ward von unsichtbarer Hand ein Bratrost gesetzt, und ein ausgesuchtes Wildpretfleisch tanzte aus dem Gewölbe herein in die Küche und auf den Rost; und viele andre Speisen, feine Gemüse und Pasteten und köstliches Backwerk wurde ebenso schnell als kostbar von unsichtbaren Händen zubereitet und dann in eins der schönsten Zimmer, wohin sich der Jüngling begeben hatte, ihm nachgetragen und auf einer gedeckten Tafel vor ihm ausgesetzt. Der Jüngling ergriff zuerst sein Instrument und ließ klangvoll seine schönen Melodien durch die stillen Räume schallen, worauf er sich dann ohne Zaudern zur einladenden Tafel setzte und zu schmausen anfing. Doch nicht lange, so öffnete sich die Tür, und es trat ein Männlein herein, etwa drei Ellenbogen hoch, mit einem Scharlachröcklein angetan, mit verwelktem Gesichtlein und einem grauen Bart, der bis auf die großen silbernen Schuhschnallen reichte. Und das Männlein setzte sich schweigend neben den Geiger und schmauste mit. Als nun die Reihe an den schönen Wildpretbraten kam, nahm der Geiger die Schüssel und nickte dem Männlein zu, doch zuerst zuzulangen, und dieses spießte lächelnd ein Stück Fleisch an die Gabel und nickte wieder und ließ dabei das Bratenstückchen unter den Tisch fallen. Gefällig bückte sich da gleich der gute Geiger, um es wieder aufzuheben; aber im Nu saß ihm schon das Bartmännlein auf dem Rücken und bläute so unbarmherzig auf ihn los, als ob es ihm das Lebenslicht ausblasen wolle. Und auch des Geigers Mund wurde zugehalten, bis unter unaufhörlichen Prügeln derselbe endlich zur großen Eingangspforte hinausgeschoben ward. Draußen schöpfte der halbtote Geiger frischen Odem und schlich dann ächzend dem Gasthof zu, wo die Kameraden geblieben waren. Es war schon Nacht, als er ihn erreichte, und jene beiden schliefen bereits. Am andern Morgen sahen sie ganz erstaunt den Geiger ebenfalls im Bette liegen und bestürmten ihn bald mit vielen Fragen; doch er krauste sich Kopf und Rücken, gab sehr kurze Antworten und sprach: „Gehet hin und sehet selber zu! Es ist eine kitzliche Sache."

Der zweite Musiker, ein Trompeter, trat nun den Gang nach dem Zauberschloß an, fand alles ebenso wie das gebläute Geigerlein und wurde auch ebenso bewirtet mit Pasteten und Prügeln, so daß er am folgenden Morgen ebenfalls wie ein geprellter Fuchs auf seinem Lager lag und klagte, es sei ihm absonderlich aufgespielt worden, aus grober Tonart. Dennoch hatte der dritte, ein Flötenbläser, noch Mut genug, um sein Heil im Zauberschloß zu versuchen. Er war der pfiffigste. Furchtlos durchwanderte er das ganze Schloß, es deuchte ihm recht angenehm, diese schönen Räume für immer zu besitzen; in Küche und Keller war ja Vorrat an Lebensmitteln in Hülle und Fülle. Bald ward auch für ihn eine kostbare Tafel gedeckt, und als er lange genug fröhlich singend und flöteblasend herumgewandert war, nahm er Platz und ließ es sich behagen. Da trat wieder das Bartmännlein herein und setzte sich neben den Gast. Und der unerschrockene Musikant ließ sich mit ihm in ein Gespräch ein und tat gerade, als ob er ihn schon hundertmal hier getroffen, doch war das Männlein nicht sehr redselig. Endlich kam es wieder an den Braten, und das Männlein ließ wieder mit Absicht sein Stück fallen; gutmütig war eben der Flötenbläser im Begriff, es aufzunehmen, als er gewahrte, daß das Zwerglein flugs auf seinen Rücken springen wollte. Da wandte er sich alsbald rasch um, riß es von sich und packte und schüttelte das Männlein an seinem Bart so derb, bis er denselben zuletzt ganz herausriß und der kleine Alte ächzend niederstürzte. Aber so wie der Jüngling den Bart in seinen Händen hatte, überkam ihn eine außerordentliche Kraft, und er erschaute im Schloß noch viel wunderbarere Dinge wie vorher; dagegen hatte das Männlein fast alles Leben verloren; es winselte und flehte: „Gib, o gib mir meinen Bart wieder, so will ich dir allen Zauber, der dieses Schloß umfaßt, kundtun und dir dazu verhelfen, den Zauber zu lösen, so daß du dadurch reich und ewig glücklich werden wirst." Der kluge Flötenbläser aber sprach: „Deinen Bart sollst du wieder haben, doch mußt du mir zuvor alles dies kundtun, sonst bist du ein Schalk. Und eher gebe ich den Bart nicht aus meinen Händen." Da mußte der Alte sich bequemen, erst sein Versprechen zu erfüllen, ob er es gleich nicht willens gewesen war, sondern nur mit List seinen Bart wieder an sich bringen wollte. Der Jüngling mußte ihm nun folgen durch dunkle geheime Gänge, unterirdische Gewölbe und grauliche Felsklüfte, bis sie endlich auf ein freies Gefilde kamen, das gänzlich aussah wie eine viel schönere Welt als die unsrige. Und an einen Strom kamen sie, der brausete wild; doch das Männlein zog einen kleinen Stab hervor und schlug ins Wasser, worauf alsobald die Flut auseinander trat und stille stand, bis beide trockenen Fußes hinüber waren. Drüben war es eine Pracht! – da ging es weiter durch grüne, herrliche Laubgänge, überall Blumen, Vöglein mit Silber- und Goldfedern, die sangen wundersam, und glänzende Käfer und Schmetterlinge gaukelten und tanzten herum, und andere niedliche Tiere schäkerten in Büschen und Hecken; und der Himmel über ihnen sah nicht blau, sondern wie pure Goldstrahlen, und die Sterne waren viel größer und kreisten wie in verschlungenen Tänzen durcheinander.

Der Jüngling staunte; und staunte noch mehr, als er von dem grauen Zwerglein in ein noch weit prachtvolleres Gebäude als das Wunderschloß geführt wurde. Auch hier herrschte neben aller Herrlichkeit die tiefste Stille in den Gemächern, und als sie deren viele durchwandert, kamen sie in eins, welches ganz mit Schleiern behangen war, wo in der Mitte des Zimmers ein dicht verhülltes Bette stand, darüber ein schöner Vogelbauer hing mit einem Vöglein, welches gar helle Lieder durch die einsame Stille schmetterte. Das graue Männlein hub die Schleier und Hüllen vom Bette und führte den Jüngling näher; dieser sah hier auf weichen seidenen Kissen, die reich mit Goldtroddeln behangen waren, ein gar liebliches Mädchen schlafend daliegen, das war so schön wie ein Engel, hatte in weißes Kleidchen an und über ihre Brust und Schultern wallten die goldnen Locken herab, und auf dem Haupte blitzte eine demantne Krone; aber ein tiefer totenähnlicher Schlaf hielt die sanften Züge gefangen, und kein Geräusch vermochte die holde Schläferin zu erwecken. Da sprach das Männlein zu dem verwunderten Jüngling: „Siehe hier dieses schlafende Kind! Es ist eine hohe Prinzessin. Dieses schöne Schloß und dieses gesegnete Land ist ihr Erbgut, wann sie erlöset ist; aber seit Jahrhunderten schläft sie den festen Zauberschlaf, und auch seit Jahrhunderten fand noch keine menschliche Seele den Weg, der hierher führt, den nur ich täglich zurücklegte, um dort im Schloß, welches meine Wohnung ist, zu speisen und etwa die goldgierigen Menschen, die sich einfanden, mit einem Gericht Prügel zu bedienen. Ich bin der Wächter über diese Schläferin und mußte sorgfältig verhüten, daß kein Fremder hier eindringe, und dazu ward mir mein Bart, in welchem solche übermäßige Kräfte wohnen, daß auch ich ebenfalls seit Jahrhunderten diesen Zauber zu üben vermag. Doch nun, wo mir der Bart entrissen, bin ich kraftlos und muß dieses überschwengliche Glück lassen, welches mit der holden Prinzessin erwacht, dir entdecken und überlassen. Und so schicke dich rasch zur Ausführung des Erlösungswunders. Nimm diesen Vogel, der über der Prinzessin hängt, und der sie einst in den Zauberschlummer gesungen hat, und seitdem jene Melodien auch immerfort singen mußte – nimm ihn, schlachte ihn und schneide ihm das kleine Herz aus, brenne es dann zu Pulver und gib dieses der Prinzessin in den Mund, alsobald wird sie davon erwachen und wird dich beglücken mit Hand und Herz, mit Land und Schloß und allen ihren Schätzen." Das Männlein schwieg erschöpft, und der Jüngling säumte nicht, an das Werk der Erlösung zu gehen. Schnell und gut wurde alles getreu nach der Angabe des kleinen Alten ausgeführt und das Pülverlein bereitet. Nach wenigen Minuten, als es der Prinzessin gegeben war, schlug sie frisch und lächelnd die Augen auf und hob sich vom Lager empor und sank dem glücklichen Jüngling an die Brust, liebkoste und dankte ihm und nahm ihn zu ihrem Gemahl an. Und in demselben Moment zog ein Donnern und Krachen durch das Schloß, auf allen Treppen wurde es laut, und in allen Zimmern wurde es geräuschvoll. Und endlich kam eine Schar Diener und Dienerinnen mit freundlichen Gesichtern in das Zimmer getreten, in welchem das glückliche Paar weilte, und alle freuten sich und flogen dann flink und froh in die Küchen und Kellerräume, in Zimmer und Säle und Gänge an ihre Arbeit und waren alle wie neugeboren.

Das graue Zwerglein aber heischte nun streng seinen Bart von dem Jüngling und gedachte immer noch in seinem boshaften Herzen dem Glücklichen einen Possen zu spielen. Denn, wenn ihm der Bart erst wieder am Kinn saß, hatte er Macht, alle Sterbliche zu überwältigen. Allein der kluge Flötenbläser gebrauchte noch immer Vorsicht mit dem tückischen Männlein, er sprach: „Oh, deinen Bart sollst du wieder haben, sei nicht bange, ich will ihn dir zum Abschied überreichen, aber erlaube, daß wir beide, meine holde Braut und ich, dich eine kleine Strecke begleiten dürfen." Das konnte das Männlein nicht verweigern. Sie gingen nun weit durch schöne Laubgänge und Blumenbeete mit dem Zwerg und kamen endlich an das ungeheuer tiefe, rauschende Wasser, welches viele Meilen weit in der Runde um das Land der Prinzessin strömte und gleichsam die Grenzscheidung bildete. Keine Brücke und kein Nachen war rings vorhanden, worauf Menschen das jenseitige Ufer erreichen konnten; auch kein kühner Schwimmer hätte es errungen, denn die Wellenflut war zu tosend und wild. Da sprach der Jüngling zu dem Männlein: „Gib mir deinen Stab, auf daß ich dir diesmal noch zur Ehre das Wasser auseinander scheide." Und das Männlein mußte gehorchen, weil es seine Bartkräfte noch nicht wieder hatte, und dachte auch im stillen noch in hämischer Freude: wenn er mir drüben über dem Wasser den Bart überreicht, so bekomme ich ihn doch in meine Gewalt, nehme ihm dann den Stab wieder ab, und beide können ihr wunderschönes Land nie betreten. Aber nicht also gingen des Zwerges boshafte Gedanken aus. Der kluge, glückliche Jüngling schlug mit dem Stab ins Wasser, es teilte sich behende und stand stille, und der Zwerg ging voran und ging hinüber, und schnell hinter ihm brauste die Flut zusammen; aber der Jüngling war mit seiner lieben Braut am andern Ufer zurückgeblieben, er behielt den Zauberstab und schleuderte nur den Bart übers Wasser hinüber, so daß ihn der Zwerg drüben auffing und sich ihn wieder ansetzte; und so ward der Alte doch um seinen Zauberstab betrogen und durfte hinfort nimmer wieder das herrliche Gebiet betreten. Und der glückliche Jüngling kehrte zurück ins Schloß mit seiner Holden, zu steter Freude und Glückseligkeit; und keine Sehnsucht kam ihn in sein Herz, je wieder zu seinen Kameraden zurückzukehren. Die saßen lange im Wirtshaus, und als jener nicht wiederkam, sprachen sie: „Der ist flöten gegangen" – und das ist hernach zum Sprichwort geworden, wenn einer oder eine Sache abhanden und nicht wieder kommt.

Grünus Kravalle

Der König von Eiland hatte einen Sohn, der hieß Jakob, der war nicht zum Besten geraten. Tag und Nacht saß er im Wirtshaus und spielte Karten und verspielte alles, was er um und an hatte. Als dies verloren war, bestahl er seines Vaters Schatzkammer, die Kleiderkammer, die Wäschekammer, kurz, alles, was ihm unter die Finger kam, war hin, so daß die königliche Familie in Not geriet. Der König wurde dessen zuletzt müde und sperrte ihn ein, da spielte er mit sich selbst, seine rechte Hand gegen seine linke. Zuletzt ließ man ihn jedoch wieder los, nahm ihm die Karten, und der König verbot, daß jemand ferner mit ihm spiele, und wer es tue, werde hingerichtet.

Traurig darüber, daß er nicht mehr spielen konnte, ging der Prinz eines Tages in den Wald, da kam ein Jägersmann im grünen Rock daher und frug ihn, was ihm fehle. Der Prinz klagte ihm seine Not, und der Jäger sprach: „Wagt niemand mit dir zu spielen, dann wage ich es, nur müssen wir vorher über Gewinn und Verlust einig sein." „Das versteht sich von selbst, ich bin mit allem zufrieden", sprach der Prinz. „Gut also, wenn ich verliere", fuhr der Jäger fort, „dann gebe ich dir jedes Mal zwei Pferde mit goldnen Sätteln, verlierst du aber, dann bist du mein." „Das ist ein Wort", rief der Prinz voller Freuden, „jetzt sage mir nur noch, wie du heißest". „Ich heiße Grünus Kravalle, und hier sind die Karten." Da setzten sich die beiden nieder und spielten und fluchten dazu, und der Jäger ließ den Prinzen stets gewinnen, so daß dieser abends die beiden Gäule heimführte. Der König machte große Augen, als er ihn kommen sah, verwies ihm sein Spiel jedoch nicht allzu scharf, denn die goldnen Sättel waren viel wert, und Geld konnte der König sehr gut gebrauchen.

Am zweiten Tage war der Prinz schon frühzeitig im Walde, und der Grünus Kravalle ließ nicht lange auf sich warten. Diesmal hatte der Prinz aber kein Glück; er gewann wohl einmal, dafür verspielte er aber zwölfmal, und die Summe der ganzen Rechnung war, daß er dem Jäger zu eigen fiel. „Ich könnte dich zwar jetzt sogleich mit mir wegschleppen", sagte der Jäger, „doch will ich Gnade für Recht ergehen lassen. Ich gebe dir Jahr und Tag Zeit, mich zu suchen; findest du mich, dann bist du frei, findest du mich nicht, dann bist du mein, und ich hole dich zur festen Stunde, denn ich weiß immer, wo du bist." Damit verschwand der Jäger, und der Prinz sah nun wohl ein, mit wem er zu tun hatte. Da war nun nichts zu machen, als den Jäger zu suchen. Der Prinz wanderte in den Wald hinaus; manche Woche und manchen Tag war er also dahingezogen, da kam er eines Tages in einen dichten Wald und tief, tief im Walde an ein Einsiedlerhäuschen. Er trat hinein, da hob der Einsiedler sein Haupt und sprach: „Guten Tag, Prinz Jack von Eiland." – „Ei, woher kennt ihr mich denn?" fragte der Prinz, und der Einsiedel antwortete: „Ich kenne alle Menschen in der Welt." Da freute sich der Prinz von Herzen und fragte schnell: „Dann kennt ihr auch den Jäger Grünus Kravalle und wißt mir zu sagen, wo ich ihn finde." Der Einsiedel besann sich lange, dann sprach er: „Einen solchen Namen gibt es nicht in der Welt. Ihr müsset andere Leute darüber fragen, welche klüger sind als ich." Da nahm der Prinz gar traurig Abschied von dem Einsiedel und setzte seinen Stab weiter.

Schon wieder war er eine gute Zeit lang also herum gezogen und hatte überall nach dem Grünus Kravalle gefragt, aber keiner wußte ihm etwas von demselben zu sagen. Da geriet er eines Tages wiederum in einen dichten, tiefen Wald und kam darin an ein Einsiedelshäuschen. Er öffnete die Tür, da saß in dem Häuschen ein ganz mißwachsener alter Mann mit einem so großen Buckel, daß er den Kopf ganz nahe an der Erde trug, der grüßte den Prinzen: „Guten Tag, Prinz Jack von Eiland!" „Ei, woher kennt ihr mich denn?" fragte der Prinz, und der Alte erwiderte: „Ich kenne alle Menschen in der

Welt." "Ei, dann kennt ihr gewiß auch den Grünus Kravalle und wißt mir zu sagen, wo er wohnt", sprach der Prinz. Der Einsiedel besann sich und besann sich, dann sprach er: „Einen solchen Namen gibt es meines Wissens nicht in der Welt, aber warte hier bis zwölf Uhr, mein Sohn, dann kommen die lieben Engel und bringen mir Speise, weil ich zu alt und schwach bin, mir selber Speise zu verschaffen; die wissen es wohl eher als ich." Der Prinz setzte sich zu dem Einsiedel, der ihm manche guten Lehren gab, denn es war ein gar frommer Mann. Um zwölf Uhr sprang die Tür des Häuschens auf, da kamen die Engel, eine große Schar, und brachten dem Einsiedel die himmlische Speise. Eins hielt ihm den Kopf, das andre den Teller, das dritte gab ihm das Essen in den Mund, das vierte ließ ihn trinken, das fünfte wusch ihm den Mund ab, und so hatte jedes sein Amt bei ihm. Als er fertig gegessen hatte, bat der Prinz die Engel: „Könnt ihr mir nicht sagen, wo der Jäger Grünus Kravalle wohnt?" „Das ist der Gottseibeiuns", riefen die Engel allzumal. „Tausend Stunden von hier im Walde wohnt ein Einsiedler, der weiß es, wenn du ihn fragen willst."

Der Weg war zwar weit, aber Prinz Jack hatte nun mehr Mut gewonnen und ging kräftig zu, bis er an des Einsiedels Häuschen kam. Er öffnete die Tür, da grüßte ihn der Einsiedel, der auch ein uralter Mann war: „Guten Tag, Prinz Jack von Eiland." „Ei, woher kennt ihr mich denn?" fragte der Prinz. „Ich kenne alle Menschen in der Welt", antwortete der Einsiedel. „Dann kennt ihr auch den Jäger Grünus Kravalle", sprach der Prinz, „und könnt mir sagen, wo er wohnt". „Das kann ich dir sagen, lieber Sohn", antwortete der Einsiedel. „Gehe den Weg hinter meiner Klause gerade fort, nicht rechts und nicht links, dann wirst du an ein großes rundes Schloß mit hohen Mauern kommen, welches kein Tor und keine Tür hat. Warte da bis um zwölf Uhr mittags, dann öffnet sich die Mauer, und zwei weißgekleidete Damen treten heraus, dann mußt du schnell hinein schlüpfen und sogleich nach dem Grünus Kravalle fragen. Du darfst dich beileibe nicht aufhalten und mußt wohl sorgen, vor drei Uhr wieder heraus zu sein, sonst geht es dir schlimm."

Der Prinz versprach voller Freuden alles, dankte dem Einsiedel für seinen Rat und eilte weiter, bis er an das große Schloß kam. Das war zirkelrund und hatte himmelhohe Mauern von mächtigen Steinen. Er ging herum, aber da war kein Eingang zu sehen. Gegen zwölf Uhr endlich öffnete sich die Mauer, und zwei schöne weiße Jungfrauen traten heraus und gingen in den Wald. Sobald sie weg waren, schlüpfte der Prinz durch dieselbe Öffnung in das Schloß. Da ging er von Zimmer zu Zimmer, und eins war immer schöner als das andere, und dabei hielt er sich gar lange auf. Endlich frug er nach dem Grünus Kravalle. Da kam dieser sogleich in seinem grünen Jägerrock heran und sprach: „Das war dein Glück, heute ist der letzte Tag, den du noch frei hattest, und morgen hätte ich dich geholt." „Jetzt gib mir meine Handschrift, damit ich fort kann", sprach der Prinz, doch Grünus Kravalle sagte: „Das hat ja noch Zeit, ich will dir vorerst meinen Garten im Schloß zeigen und noch vieles andere, was du dein Lebetage nicht wieder siehst." Da ließ der Prinz sich verleiten, und der Jäger führte ihn rechts und links herum und schwatzte ihm allerhand vor, bis es plötzlich drei Uhr schlug. „Gib mir schnell meine Handschrift!" rief der Prinz, und Grünus Kravalle gab sie ihm lachend und sprach: „Da ist sie, aber übereile dich nicht, denn jetzt bist du doch mein." Da packte er ihn und schleppte ihn fort in den Eiskeller, wo der arme Prinz täglich nur ein Stückchen Brotkruste bekam, und die war noch dazu ganz trocken.

Da hatte Jack von Eiland wohl Ursache zu weinen, denn es ist nichts ärger, als wenn man nach langem Schaffen und vieler Not meint, etwas errungen zu haben und dennoch mit leeren Händen dasteht. Doch hatte der Prinz bei all seinem Unglück noch Glück, ohne daß er es anfangs ahnte. Als der Jäger ihn nämlich fortschleifte zu dem Eiskeller, da kamen gerade die beiden schönen, weißen Jungfrauen daher, das waren dem Grünus Kravalle seine Töchter. Die Jüngste, welche die schönste war, hatte Mitleid mit dem armen Prinzen, weil er so sehr schön war und dabei so sehr unglücklich, denn sie wußte von ihrem Vater, daß er also verlockt und gefangen werden sollte. Sie schlich sich eines Tages an das Fensterloch zu dem Eiskeller, da sah sie, wie der Prinz sein Brot in ein wenig Eiswasser erweichte und es so mit rechtem Heißhunger verschlang. Das tat ihr tief im Herzen weh, und sie ging noch in derselben Nacht zur Küche, holte sich eine ganze Schürze voll guter Sachen, die vom Mittagessen übrig waren und trug sie dem Prinzen in seinen Eiskeller. Ach, wie war er ihr dafür so dankbar! Er küßte ihre beiden Hände und war ganz außer sich vor Freude. Das rührte sie so sehr, daß sie ihm von da an jede Nacht Speise zutrug und die harten Brotkrusten mit sich nahm. Jedesmal blieb sie ein wenig länger bei ihm und ließ sich von ihm erzählen, und jedesmal gefiel er ihr besser und sie ihm. Da sprach sie einmal: „Höre, ich habe dich so lieb, daß ich ohne dich nicht mehr leben kann; wenn du mein Gemahl werden willst, dann entfliehe ich mit dir, denn ich habe meinen Vater gar nicht lieb und dich mehr als die ganze Welt."

Da glaubte der Prinz, der ganze Himmel ginge vor ihm auf, so groß war sein Glück. Er warf sich vor ihr auf die Kniee und sprach: „Diesen Wunsch trage ich ja schon so lange heimlich in meinem Herzen und habe Nacht und Tag Kummer und schweres Leid gehabt, weil ich dachte, das könne nie geschehen. Ich verspreche dir, nie eine andere Frau zu lieben und dir treu zu sein in Not und Tod." Jetzt wurde ihnen jede Minute in dem Schloß zu einer Ewigkeit, und schon in der folgenden Nacht entflohen beide. Sie verwandelte sich in eine Rabe, ihn in einen Tauber, und so flogen sie durch das Kellerloch und über den Wald hinweg; das war eine Freude.

Als der Morgen schon anfing, über die Berge zu klettern, da schaute die Rabe sich um und rief: „Ach, da kommt meine Schwester und eilt uns nach!" Sie ließen sich rasch nieder, und die Jungfrau verwandelte ihn in einen Rosenstock und sich selber in die Rose darauf. Da kam ein großer, großer Sperber geflogen, das war die älteste Schwester, welche Grünus Kravalle ihnen nachgeschickt hatte, um sie einzufangen und zurückzubringen; der schaute sich um, setzte sich auf den Rosenstock und roch an die Rose. Dann erhob er sich und flog wieder zurück zum Schloß. Da stand der Jäger schon und frage: „Nun, hast du sie gefunden?" „Nein", antwortete sie, „ich fand nur einen Rosenstock mit einer Rose daran". „Hatte die Rose ihren

natürlichen Geruch?" fragte er weiter, und sie sprach: „Nein, sie roch nicht." „Ei, Dummes, warum hast du sie nicht mitgebracht?" schalt er, „der Rosenstock wäre wohl von selbst nachgekommen". Da ging er zu seiner Frau, die verwandelte sich in einen Weih und flog aus und ihnen nach. Unterdessen waren die beiden weiter gezogen, sie als Rabe und er als Tauber. Plötzlich schaute sie sich um und rief: „Ach, da kommt meine Mutter und eilt uns nach!" Schnell verwandelte sie sich in einen Felsen und ihn in einen Steinklipper. Indem kam der Weih heran, ließ sich nieder und frug ihn: „Hast du nicht einen Jüngling und ein Mädchen vorbei rennen sehn?" Er sprach: „Ich stehe um fünf Uhr morgens auf, da gilt's tüchtig zu schaffen. Das geht klipp, klipp den ganzen Tag, und da werden einem die Arme so müde, daß man meint, sie fielen einem grade ab", und er klopfte und hämmerte fleißig drauf los. Sie fragte wieder: „Davon spreche ich ja nicht, hast du nicht einen Jüngling und ein Mädchen vorbeirennen sehn?" „Ach der Verdienst ist gering, oft sechs Batzen, oft mehr, aber auch schon weniger", antwortete er. Da wurde das Weib ungeduldig und flog zurück zu dem Schloß. „Hast du sie nicht gefunden?" fragte Grünus Kravalle. „Ich fand nur einen Steinklipper an einem Felsen, der war taub oder nicht recht bei Sinnen", sprach sie. „Ei, Dummes", schalt er, „warum hast du nicht ein Felsbröcklein mitgenommen, der Steinklipper wär schon nachgekommen." Da verwandelte er sich in einen Adler und flog ihnen selbst nach.

Die beiden hatten sich unterdessen in ihrem Fluge so geeilt, daß sie außerhalb des Waldes gekommen waren, und weiter, als der Wald reichte, hatte Grünus Kravalle keine Macht. Da saßen sie ins Gras und freuten sich ihrer Rettung. Als Grünus Kravalle herankam und sah, daß sie ihm entwischt waren, sprach er: „Das hat so sein sollen, aber komm her, mein Töchterlein, ich gebe dir noch ein Andenken mit, dessen wirst du in der Folge sehr bedürfen." Und er schenkte der Jungfrau drei Nüsse, wenn sie in Not sei, solle sie eine nach der andern aufklopfen.

Nun zogen die zwei Lieben fröhlich weiter, bis sie in das Königreich Eiland kamen. An der Grenze des Reiches stand eine Mühle, da sprach sie: „Du mußt mich hier als Prinz abholen, weiter darf ich nicht mit dir gehen, und hier erwarte ich dich. Küsse aber niemanden, sonst vergißest du mich und bringst mich in großes Unglück." Der Prinz versprach es ihr, nahm Abschied und gelobte ihr, sie noch vor Abend abzuholen.

Als er in die Nähe des Schlosses kam, lief ihm sein alter treuer Pudel entgegen, sprach an ihm empor und leckte ihn am Munde; da war alles Vergangene aus seinem Sinn verschwunden, seine Gefangenschaft und seine Rettung, und er dachte der schönen Jungfrau gar nicht mehr. Das war wohl sehr undankbar, meint ihr, aber es war ihm ja angetan, und ohne das hätte er sie gewiß nicht vergessen. Die Freude, welche im Schlosse über seine Rückkehr herrschte, ist gar nicht zu beschreiben. Es wurden sogleich große Feste veranstaltet, und da gerade eine sehr schöne Prinzessin am Hofe zu Besuch war, welcher der Prinz nicht übel gefiel, so konnte der König ihn leicht bereden, das Fest mit einer Hochzeit zu krönen und zu beschließen.

Die Jungfrau hatte also vergebens gewartet, daß ihr Bräutigam sie an der Mühle abhole. Als es gegen Abend ging, trat sie in die Mühle und fragte, ob sie wohl Dienst haben könne. „Was kannst du denn?" fragte der Müller. „Spinnen und nähen", antwortete sie, und da eben eine Magd fortgegangen war, so nahm sie der Müller an. Jeden Tag fuhren die Mühlburschen Mehl in des Königs Schloß, und wenn sie heimkamen, erzählten sie, was in der Stadt vor sich ging. Also erfuhr die Jungfrau, wie der Prinz eine andere Braut habe, wie er in Freude lebe und in drei Tagen zu heiraten gedenke. In dieser großen Not öffnete sie eine der drei Nüsse, welche sie von ihrem Vater bekommen hatte, da war ein prächtiges silbernes Kleid drin, das zog sie an und ging zur Stadt und vor das Schloß, wo sie auf und ab spazierte. Die Braut schaute just zum Fenster hinaus, und als sie das Kleid sah, sprach sie zu ihren Dienerinnen: „Geht schnell hinunter und fragt das Mädchen, ob ihr das Kleid feil sei, ich will es teuer bezahlen." Als die Dienerinnen zu der Jungfrau kamen und sie fragten, antwortete sie: „Geld und Gut will ich nicht, aber wenn ich eine Nacht in der Kammer des Prinzen schlafen kann, gebe ich das Kleid her." Das gefiel der Braut nicht, doch ersann sie bald einen Ausweg, denn das Kleid hätte sie um alles nicht fahren lassen. Sie mischte dem Prinzen einen Schlaftrunk in seinen Wein, davon schlief er so fest, daß ihn ein Kanonenschuß nicht hätte aufwecken können. Als nun die arme verlassene Jungfrau in der Kammer war, wo er lag, da weinte und klagte sie die ganze Nacht: „Hast du denn ganz vergessen, wie ich dich aus dem Eiskeller erlöst habe und wie du mich als eine Rose an deinem Herzen getragen hast und wie du als Steinklipper mit dem schweren Hammer auf mein Herz geschlagen hast, und wie ich in der Mühle auf dich warte und weißt nicht, daß ich um dich mit meinen armen Fingern den groben Hanf spinne, daß das Blut herunter lauft. Ach wie groß ist doch die Falschheit in dieser Welt!" So jammerte sie fort und fort, bis zum hellen Morgen, aber der Prinz hörte nicht ein Wort davon. Um so besser hatten es die Schildwachen gehört, welche vor der Tür standen, und das arme Mädchen dauerte sie so sehr, daß sie ihr gern geholfen hätten, nur wußten sie nicht wie. Sie glaubten nicht anders, als der Prinz habe alles gehört und gar keine Acht darauf gegeben, darum faßten sie einen wahren Haß gegen ihn.

Die Jungfrau war zu Tode betrübt, als sie des Morgens aus der Kammer mußte, ohne daß der Prinz sie gehört hatte. Sie ging in den Wald, da fiel ihr ein, daß sie noch zwei Nüsse habe, und sie klopfte die zweite Nuß auf. Da kam ein Kleid von purem Gold heraus, das war noch viel, viel schöner als das erste und gar nicht mit ihm zu vergleichen. Sie zog es an und ging damit vor dem Schlosse auf und ab. Als die Braut aus ihrem Zimmer sah, wie das kostbare Kleid in der Sonne glänzte, sprach sie zu ihren Dienerinnen: „Das Kleid muß ich haben, es mag kosten, was es will. Geht zu dem Mädchen und fragt es, wie viel es dafür fordert." Die Dienerinnen kamen zu der Jungfrau und fragten sie; sie sprach: „Um Geld und Gut ist mir das Kleid nicht feil, aber wenn ich eine Nacht in der Kammer des Prinzen schlafen kann, so gebe ich es her." Die Braut war das zufrieden und mischte abends dem Prinzen wieder einen Schlaftrunk unter seinen Wein, der war so stark, daß ihn zehn Kanonenschüsse, die zugleich losgingen, nicht hätten aufwecken können. Als die verlassene Jungfrau wieder zu ihm in die Kammer kam, da klagte sie wiederum die ganze Nacht: „Hast du denn ganz vergessen, wie ich dich aus dem Eiskeller erlöst habe und wie du mich als Rose an deinem Herzen getragen hast und wie du als Steinklipper mit dem schweren Hammer auf mein Herz geschlagen hast und wie ich in der Mühle auf dich warte. Ach, und du weißt nicht, daß ich um dich mit meinen armen Fingern den groben Hanf spinne, daß das Blut herunter lauft. Ach, wie groß ist doch die Falschheit in dieser Welt!" Also jammerte sie fort, bis die Sonne in die Kammer schaute, da mußte sie weg, und der Prinz hatte kein Wort gehört. Die beiden Schildwachen hatten aber jedes Wort verstanden, und ihr Mitleid mit dem armen Mädchen war so groß und ihr Zorn auf den Prinzen so arg, daß sie zu seinem Bette traten, ihm die kalten Spitzen ihrer Bajonette auf die Brust setzten und sprachen: „Du mußt jetzt sterben, bereite dich zum Tode vor!" Der Prinz fragte erschrocken, warum sie ihn denn ermorden wollten, da er ihnen doch nichts getan habe? Sie sprachen: „Weil du ein so hartes Herz hast, daß du das arme Mädchen verraten und betrogen hast, die alles für dich hingegeben hat, und sie so jammern und klagen hören kannst, ohne dich über sie zu erbarmen." Der Prinz sprach: „Ich weiß von keinem Mädchen, habe keines betrogen und keines jammern hören." Da sagten ihm die Schildwachen alles, was die Jungfrau geklagt hatte, aber weil sein Sinn durch den Kuß verdeckt war, verstand er sie nicht und sprach: „Schenkt mir für heute das Leben. Ich habe so fest geschlafen, daß es kein natürlicher Schlaf gewesen sein kann. Morgen will ich aber wachen und das Mädchen selbst sehen und hören." Die Schildwachen erkannten nun auch, daß sich alles so verhalten müsse und sprachen: „Dann esset aber morgen abend nichts und trinket nichts, was euch eure Braut reicht, denn diese muß dabei im Spiele sein."

Die Jungfrau war aber in heller Verzweiflung, als sie nun ihre dritte und letzte Nuß öffnete und klagte dem Wald und den Felsen und den stummen Tieren ihr Leid, daß es zum Erbarmen war. In der Nuß steckte aber das allerschönste der drei Kleider, das war aus lauter Diamanten gemacht. Sie zog es an und ging damit vor dem Schlosse auf und ab. Die Braut des Prinzen sah sie nicht sobald, als sie ihre

Dienerinnen zu ihr sandte und ihr sagen ließ, ob sie für das Kleid eine Nacht in der Kammer des Prinzen schlafen wolle? „Das will ich", sprach die Jungfrau und konnte ihre Tränen kaum zurückhalten, als sie sah, wie die Braut hohnlachend am Fenster stand. Abends, als die Braut dem Prinzen den Schlaftrunk reichte, ließ er ihn am Kinn herunterlaufen und nahm nicht einen Tropfen davon, das Essen rührte er nicht an und ging früh in seine Kammer, sprach, er sei krank. Als die Jungfrau in das Zimmer geführt wurde, lag er in seinem Bette und tat, als schliefe er. Da begann sie zu jammern und zu klagen: „Hast du denn ganz vergessen, wie ich dich aus dem Eiskeller erlöst habe?" Er wandte sich um und sah sie erstaunt an, doch er konnte sich ihrer nicht erinnern. „Gib mir Wasser, ich habe Durst", sprach er, „und sage mir, aus welchem Eiskeller". Da schenkte sie ihm Wasser ein und warf die Schalen einer Nuß in das Glas, die schmolzen alsbald. Als er trank, da wich es wie ein Nebel von seinen Sinnen, und er gab ihr die Hand und rief: „Ach, das war bei dem Grünus Kravalle!" „Da war es", sprach sie, „und hast du denn ganz vergessen, wie du mich als Rose an deinem Herzen getragen hast?" „Als Rose an meinem Herzen?" fragte er. „Gib mir Wasser, ich vergehe vor Durst." Da schenkte sie ihm wieder ein Glas ein und warf die Schalen der zweiten Nuß dazu, die waren sogleich geschmolzen. Als er getrunken hatte, wurde es plötzlich wie ganz klar vor seinen Augen, und er küßte sie und rief: „Ach, das war, wie deine Schwester uns verfolgte!" „Da war es", sprach sie, „und hast du ganz vergessen, wie du als Steinklipper mit dem schweren Hammer auf mein Herz geschlagen hast? Aber das hat mir nicht so weh getan, als daß du mir untreu bist und mich verlassen in der Mühle sitzen lässest. Die Mühle geht wohl tippe tappe Nacht und Tag, das tut mir jedesmal auf mein Herz einen Schlag." „Was sprichst du von der Mühle?" fragte er. „Aber gib mir zuvor ein Glas Wasser, ich sterbe vor Durst." Da schenkte sie ihm das dritte Glas ein und warf die Schalen der dritten Nuß hinein. Sogleich wußte er wieder alles. Er rief: „Du bist meine liebe Braut!" und umarmte sie und bat sie um Verzeihung für alles Leid, welches er an ihr verschuldet hatte, aber sie sprach: „Die Freude, daß ich dich wieder habe, ist viel größer, als mein Leid war, und hätte es auch hundert Jahre gedauert." Jetzt führte er sie zu seinen Eltern und erzählte ihnen alles. Da bekam die andere Braut den Abschied und konnte gehn, die Jungfrau wurde aber am folgenden Tage schon mit dem Prinzen vermählt, und ich hätte wohl mit auf der Hochzeit sein mögen.

Das Schloß des Todes

Ein armer Mann hatte viel Kinder und demnach auch viel Gevattersleute. Da schenkte ihm seine Frau in seinen alten Tagen noch ein Knäbchen. Er sprach: „Wüßte ich jetzt nur, wen ich zu Gevatter bitten soll!"

Die Frau sprach: „Den ersten besten, der dir vor der Tür auf der Landstraße begegnet."

Da ging der Mann hinaus, es war noch ganz früh, so daß die Sonne mit ihm herauskam, und schritt auf der Landstraße auf und ab. Kam da ein kleines eisgraues Männchen, das war gar freundlichen Aussehens und fragte den Mann: „Ei, warum schon so früh auf den Beinen?"

„Ich suche einen Gevatter zu meinem Kinde, wollt Ihr mir vielleicht den Gefallen tun?" fragte der Mann, und das Männchen sagte: „Von Herzen gern, sagt mir nur, wann die Taufe ist."

„Gleich morgen früh, wenn es Euch beliebt."

„Es ist gut, ich habe dann gerade Geschäfte im nächsten Ort und werde zur rechten Zeit bei Euch sein."

„Wie heißt Ihr denn, Herr Gevatter?"

„Ich bin der Tod", antwortete das Männchen lächelnd, grüßte den armen Mann sehr freundlich und ging weiter.

Am folgenden Morgen fand es sich zur rechten Stunde ein und hob das Kind aus der Taufe; dann sprach es: „Wenn das Kind vierzehn Jahr alt ist, komme ich wieder, und dann braucht Ihr nicht weiter für dasselbe zu sorgen, im Gegenteil, es wird für Euch sorgen." Da freuten sich die Leute, dankten dem guten Tod, und er nahm freundlichen Abschied von ihnen. Als der Knabe vierzehn Jahre alt war, kam der gute Pate, nahm ihn mit sich in den Wald und sprach: „Jetzt will ich dich zum geschicktesten Arzt in der Welt machen, mein liebes Patenkind, höre nur fleißig zu, was ich dir sage. Wenn du zu einem Kranken kommst, und ich stehe zu Häupten des Bettes, dann sage dreist: 'Hier ist keine Rettung.' Stehe ich aber am Fußende, dann mache einen Trank aus süßer Milch und drei Körnlein Salz und in Zeit von drei Tagen ist der Kranke gesund."

Der Jüngling dankte dem guten Paten und übte seine neue Kunst sehr eifrig, wurde hochberühmt dadurch und reich dazu. Als des Königs Tochter krank war, heilte er sie und bekam Gold, mehr als ein Pferd ziehen kann, und als er der Königin Tod vorhersagte und sie auch wirklich starb, da gab ihm der König doppelt soviel und heiratete acht Tage darauf eine andre.

Als er schon ein blühender Mann war und in seinen besten Jahren stand, kam er eines Tages durch den Wald, da begegnete ihm sein Pate, und die beiden gingen eine Strecke miteinander fort. An einem Kreuzwege sprach der Tod: „Ich gehe nun rechts, gehe du links, und es ist dein Glück; bald sehen wir uns wieder."

„Wohin gehst du denn?" fragte der Arzt.

„Nach Hause, ich habe da zu tun", antwortete der Tod.

„Dann will ich mit dir gehen, lieber Pate", sprach der Arzt, „ich habe ja noch nie gesehen, wo du wohnst."

Der Tod wehrte ihn und bat ihn liebevoll, den anderen Weg einzuschlagen, doch der Arzt ließ sich nicht abweisen und flehte den Tod solange an, bis dieser sprach: „Wohlan, du kannst mit mir geh'n bis an mein Schloß, aber nicht hinein."

Sie kamen bald auf einen breiten, gar glatten und schönen Weg, der sich weithin in den Wald erstreckte; am Ende desselben stand ein schönes Schloß, daran waren alle Läden geschlossen. Als sie am Tore standen, sprach der Tod:

„Jetzt laß es genug sein, lieber Sohn, und kehre um; tue mir den Gefallen!"

Aber der Arzt war jetzt gerade erst neugierig geworden zu sehen, wie es in des Todes Schloß aussähe, und wie sehr der Tod auch bat, er möge jetzt zurückkehren, er bestand darauf, bis er hineinkam. Da waren alle Zimmer dunkel und voll Lichtchen, eins am andern.

„Was ist das?" frug der Arzt erstaunt, und der Tod erwiderte: „Das sind die Lebenslichter der Menschen."

„Ach, lieber Pate, wo ist denn meines?" fragte der Arzt, und der Tod antwortete: „Danach frage nicht, das ist dir nicht gut zu wissen."

Da ging es aber wiederum wie vorher, der Arzt quälte ihn so lange, bis der gute Tod ihm ein ganz kleines Lichtlein zeigte, welches nicht weit vom Verlöschen war.

„Nun gehst du mir aber und bleibst keinen Augenblick mehr", sprach der Tod ernst, „damit ich hier nicht mein Amt an dir üben muß", und er führte ihn rasch aus dem Schloß und in den Wald zurück.

Der Arzt eilte nach Hause und wurde noch am selben Abend ernstlich krank. Als er in der Nacht einmal erwachte, schaute er sich im Zimmer um, da stand der Tod zu Häupten seines Bettes. Da wandte er sich rasch in dem Bette um und streckte dem Tode die Beine entgegen. Ruhig ging der Tod an das andere Ende des Bettes, doch da wandte sich der Arzt abermals und trieb sein Spiel also fort bis gegen Morgen, so daß der Tod trotz all seiner Güte und Freundlichkeit dessen doch endlich müde wurde. „Mit dir einem habe ich mehr Not als mit allen, die ich seit dem Vater Adam geholt habe", sprach er. „Aber laß uns freundlich scheiden, sage mir, willst du heute noch leben, so gewähre ich es dir gern."

„Nur noch ein Vaterunser lang", sagte der Arzt.

„Das sei dir gewährt", sagte der Tod, der Arzt begann: „Vater unser, der du bist – so und jetzt bete ich fünfzig Jahre lang daran." Da lachte der Tod und sprach: „Ich werde mich hüten, noch einem Doktor meine Kunst zu lehren."

Von treuer Freundschaft

Der Rabe, den die Vögel für einen Weisen halten, saß auf einem Baume des Waldes. Da kam der Vogelsteller, stellte sein Netz, streute Samenkörner darein und ging wieder fort. Aber der Rabe fürchtete sich vor dem Netz und versteckte sich in das dichte Laub. Und ein Schwarm wilder Tauben kam und sah das schöne Gerstenfutter, und alle setzten sich und fraßen. Aber das Netz fiel zu, und sie waren gefangen und flatterten darin herum.

Da sprach die Führerin des Schwarmes: „Uns hilft nicht also hin und her zu flattern; laßt uns aber versuchen, alle auf einmal in die Höhe zu fliegen; vielleicht vermögen wir's, das Netz mitzunehmen."

Und sie flogen alle zusammen in die Höhe und nahmen das Netz mit sich.

Aber der Rabe hatte alles mit angesehen, wie Einigkeit sie stark machte, und flog in der Ferne nach.

Und die Tauben hatten sich niedergesetzt in ein Fruchtfeld, in der Nähe eines Baumes, und berieten, wie sie aus dem Netz herauskommen möchten. Da sprach eine von dem Schwarm: „Ich habe schon längst Freundschaft geschlossen mit einer Maus, die hier in der Nähe wohnt. Soll ich ihr rufen, daß sie das Netz zernage?"

Und sie rief der Maus. Die kam aus ihrer Höhle heraus und zernagte bald die Schnüre, und die Tauben flogen fröhlich davon und dankten der Maus für ihre Befreiung.

Der Rabe hatte alles mit angesehen und dachte bei sich, ein treuer Freund wäre doch ein großes Gut; und setzte sich deshalb in die Nähe des Mausloches und rief der Maus, weil er Freundschaft mit ihr machen wollte. Als aber die Maus herauskam und den Raben erkannte, floh sie schnell wieder in ihr Loch. Aber der Rabe rief ihr wieder und sagte: „Was fliehst du mich? Willst du nicht meine Freundin werden?"

Und die Maus antwortete ihm: „Nein, das geht nimmermehr an. Denn in kurzem würde deine angeborne Lust nach meinem Fleisch dich unserer Freundschaft vergessen machen, und du würdest mich, wie jede andere Maus auch, auffressen."

Das redete ihr aber der Rabe aus, und sie lebten beisammen ohne Mißtrauen und waren zufrieden. Nur sehnte sich der Rabe nach seinem ersten Aufenthalt, denn er fürchtete sich hier vor den vorübergehenden Jägern. Darum sagte er eines Abends zu der Maus, wenn sie nichts dawider habe, so wollten sie wegziehen von diesem Ort, weil es da nicht verborgen genug sei. Er wolle sie an einen viel heimlicheren Ort bringen, wo er auch eine treue Freundin habe, die Schildkröte, bei der sie künftig wohnen wollten. Und die Maus war mit dem Vorschlage zufrieden, denn auch ihr war es unheimlich da, weil eine Katze oft in das Feld kam und ihr nachstellte. Und der Rabe faßte sie mit dem Schnabel bei ihrem Schwänzlein und trug sie durch die Lüfte und setzte sie unter seinem Baume nieder und rief der Schildkröte, seiner Freundin.

Aber die Schildkröte kam hervor aus ihrem Teiche und freute sich, daß ihr Nachbar wieder da sei, und freute sich, daß er noch eine Freundin, die Maus, mitgebracht habe. Und die Maus grub sich ein Loch, und wohnten beisammen alle drei in Friede und Eintracht.

Und als sie eines Tages so beisammen saßen und vieles plauderten von der Welt Lauf, da kam eilends ein Hirsch gelaufen, der blieb am Teiche stehen und sah sich um. Da floh die Schildkröte in ihr Wasser und tauchte unter, und die Maus verkroch sich in ihr Loch. Aber der Rabe schwang seine Fittiche und flog in die Höhe, zu sehen, ob der Jäger den Hirsch verfolge.

Er sah aber nichts und kam herunter und sprach zum Hirsch: „Sei ohne Furcht, hier ist keine Gefahr. Noch kein Jäger ist in die Gegend des Waldes gekommen. Wenn es dir hier gefällt, so kannst du hier wohnen. Um den See wächst schönes Futter, und sein Wasser ist frisch zum Trunke."

Und als er dies gesagt, rief er der Maus und der Schildkröte, und sie kamen hervor und redeten dem Hirsch auch zu, daß er bleiben sollte.

Aber der Hirsch sah umher, das Gras war schön und das Wasser frisch und der Ort sicher vor Nachstellung, er machte sich also eine Lagerstätte aus Laub und Moos und wohnte bei ihnen, und sie hielten treue Gemeinschaft miteinander. Eines Abends war aber der Hirsch nicht heimgekommen. Da war seinen Freunden bange, es möchte ihm ein Unheil widerfahren sein, und der Rabe flog aus auf Kundschaft und sah seinen Freund liegen, gefangen in einem Netz. Und er flog zurück und brachte seinen Genossen die Nachricht und beriet sich mit ihnen, wie man ihn befreien möge.

Da sprach die Maus zu ihm: „Nimm du mich und trage mich hin, daß ich ihm das Netz zernage." Und der Rabe trug sie schnell hin, und sie nagte an dem Netze. Da kam auch die Schildkröte daher, und der Rabe und die Maus schalten, daß sie gekommen wäre. Und der Rabe sagte: „Wohin willst du denn fliehen, wenn der Jäger kommt? Ich fliege fort, der Hirsch läuft weg, die Maus verkriecht sich, was willst aber du machen? Dein Gang ist langsam, du kannst dich nicht retten."

Und indem der Rabe noch so redete, kam der Jäger schon gegangen, zu sehen, ob er etwas gefangen habe in seinem Netz. Und als er den Hirsch darin sah, freute er sich schon. Allein, ehe er noch hinkam, war das Netz schon zernagt, der Hirsch sprang in das Dickicht, der Rabe flog weg, die Maus verkroch sich, aber die Schildkröte stand und zitterte vor Schreck an allen Gliedern.

Aber der Jäger ärgerte sich, daß ihm die schöne Beute entgangen war. Um aber doch nicht ganz leer nach Hause zu kommen, nahm er die Schildkröte, wickelte sie in das zernagte Netz und ging weg. Doch die Maus hatte dem allen zugesehen und rief ihre Freunde schnell zusammen und beriet mit ihnen, wie man die Schildkröte wieder befreien könnte. Da schlug der Rabe vor, der Hirsch sollte sich wie tot an den Weg legen, an dem der Jäger vorbeikommen mußte, und er wolle auf ihm sitzen, als ob's ein Aas wäre, von dem er fräße. Wenn das der Jäger sähe, so würde er gewiß sein Netz niederlegen und hinzugehen. Dann solle der Hirsch aufspringen und langsam hin und her laufen, als hätt er ein Gebrechen an dem Fuß, und solle so den Jäger immer reizen und bis an ihn kommen lassen, dann aber immer wieder entspringen, und das so lange, bis die Maus derweile das Netz zernagt und die Schildkröte sich im Walde verkrochen habe. Dann wollten sie auf einmal alle davoneilen.

Und wie sie's beschlossen hatten, so taten sie auch. Der Jäger warf gleich die Schildkröte hin und eilte dem Hirsch nach. Als aber die Schildkröte und das Mäuslein in Sicherheit waren, da sprang der Hirsch auf einmal davon und eilte schneller, als der Jäger sich's versah, ihm aus den Augen und kam mit seinen Genossen wieder bei ihrer Wohnung an. Und freuten sich alle, daß sie durch ihre Freundschaft einander gerettet hatten.

Der beherzte Flötenspieler

Es war einmal ein lustiger Musikant, der die Flöte meisterhaft spielte; er reiste daher in der Welt herum, spielte auf seiner Flöte in Dörfern und in Städten und erwarb sich dadurch seinen Unterhalt. So kam er auch eines Abends auf einen Pächtershof und übernachtete da, weil er das nächste Dorf vor einbrechender Nacht nicht erreichen konnte. Er wurde von dem Pächter freundlich aufgenommen, mußte mit ihm speisen und nach geendigter Mahlzeit einige Stücklein auf seiner Flöte vorspielen. Als dieses der Musikant getan hatte, schaute er zum Fenster hinaus und gewahrte in kurzer Entfernung bei dem Scheine des Mondes eine alte Burg, die teilweise in Trümmern zu liegen schien. „Was ist das für ein altes Schloß?" fragte er den Pächter, „und wem hat es gehört?" Der Pächter erzählte, daß vor vielen, vielen Jahren ein Graf da gewohnt hätte, der sehr reich, aber auch sehr geizig gewesen wäre. Er hätte seine Untertanen sehr geplagt, keinem armen Menschen ein Almosen gegeben und sei endlich ohne Erben (weil er aus Geiz sich nicht einmal verheiratet habe) gestorben. Darauf hätten seine nächsten Anverwandten die Erbschaft in Besitz nehmen wollen, hätten aber nicht das geringste Geld gefunden. Man behaupte daher, er müsse den Schatz vergraben haben und dieser möge heute noch in dem alten Schloß verborgen liegen. Schon viele Menschen wären des Schatzes wegen in die alte Burg gegangen, aber keiner wäre wieder zum Vorschein gekommen. Daher habe die Obrigkeit den Eintritt in dies alte Schloß untersagt und alle Menschen im ganzen Lande ernstlich davor gewarnt. – Der Musikant hatte aufmerksam zugehört, und als der Pächter seinen Bericht geendigt hatte, äußerte er, daß er großes Verlangen habe, auch einmal hinein zu gehen, denn er sei beherzt und kenne keine Furcht. Der Pächter bat ihn aufs dringendste und endlich schier fußfällig, doch ja sein junges Leben zu schonen und nicht in das Schloß zu gehen. Aber es half kein Bitten und Flehen, der Musikant war unerschütterlich.

Zwei Knechte des Pächters mußten ein Paar Laternen anzünden und den beherzten Musikanten bis an das alte schaurige Schloß begleiten. Dann schickte er sie mit einer Laterne wieder zurück, er aber nahm die zweite in die Hand und stieg mutig eine hohe Treppe hinan. Als er diese erstiegen hatte, kam er in einen großen Saal, um den ringsherum Türen waren. Er öffnete die erste und ging hinein, setzte sich an einen darin befindlichen altväterischen Tisch, stellte sein Licht darauf und spielte die Flöte. Der Pächter aber konnte die ganze Nacht vor lauter Sorgen nicht schlafen und sah öfters zum Fenster hinaus. Er freute sich jedesmal unaussprechlich, wenn er drüben den Gast noch musizieren hörte. Doch als seine Wanduhr elf schlug und das Flötenspiel verstummte, erschrak er heftig und glaubte nun nicht anders, als der Geist oder der Teufel, oder wer sonst in diesem Schlosse hauste, habe dem schönen Burschen nun ganz gewiß den Hals umgedreht. Doch der Musikant hatte ohne Furcht sein Flötenspiel abgewartet und gepflegt; als aber sich endlich Hunger bei ihm regte, weil er nicht viel bei dem Pächter gegessen hatte, so ging er in dem Zimmer auf und nieder und sah sich um. Da erblickte er einen Topf voll ungekochter Linsen stehen, auf einem anderen Tische stand ein Gefäß voll Wasser, eines voll Salz und eine Flasche Wein. Er goß geschwind Wasser über die Linsen, tat Salz daran, machte Feuer in dem Ofen an, weil auch Holz dabei lag, und kochte sich eine Linsensuppe. Während die Linsen kochten, trank er die Flasche Wein leer, und dann spielte er wieder Flöte. Als die Linsen gekocht waren, rückte er sie vom Feuer, schüttete sie in die auf dem Tische schon bereit stehende Schüssel und aß frisch darauf los. Jetzt sah er nach seiner Uhr, und es war um die zwölfte Stunde. Da ging plötzlich die Türe auf, zwei lange schwarze Männer traten herein und trugen eine Totenbahre, auf der ein Sarg stand. Diesen stellten sie, ohne ein Wort zu sagen, vor den Musikanten,

der sich keineswegs im Essen stören ließ, und gingen ebenso lautlos, wie sie gekommen waren, wieder zur Türe hinaus. Als sie sich nun entfernt hatten, stand der Musikant hastig auf und öffnete den Sarg. Ein altes Männchen, klein und verhutzelt, mit grauen Haaren und grauem Barte lag darinnen; aber der Bursche fürchtete sich nicht, nahm es heraus, setzte es an den Ofen, und kaum schien es erwärmt zu sein, als sich schon Leben in ihm regte. Er gab ihm hierauf Linsen zu essen und war ganz mit dem Männchen beschäftigt, ja, fütterte es wie eine Mutter ihr Kind. Da wurde das Männchen ganz lebhaft und sprach zu ihm: „Folge mir!" Das Männchen ging voraus, der Bursche aber nahm seine Laterne und folgte ihm sonder Zagen. Es führte ihn nun eine hohe verfallene Treppe hinab, und so gelangten endlich beide in ein tiefes schauerliches Gewölbe.

Hier lag ein großer Haufen Geld. Da gebot das Männchen dem Burschen: „Diesen Haufen teile mir in zwei ganz gleiche Teile, aber daß nichts übrig bleibt, sonst bringe ich dich ums Leben!" Der Bursche lächelte bloß, fing sogleich an zu zählen auf zwei große Tische herüber und hinüber und brachte so das Geld in kurzer Zeit in zwei gleiche Teile, doch zuletzt – war noch ein Kreuzer übrig. Der Musikant aber besann sich kurz, nahm sein Taschenmesser heraus, setzte es auf den Kreuzer mit der Schneide und schlug ihn mit einem dabei liegenden Hammer entzwei. Als er nun die eine Hälfte auf diesen, die andere auf jenen Haufen warf, wurde das Männchen ganz heiter und sprach: „Du hast mich erlöst! Schon hundert Jahre muß ich meinen Schatz bewachen, den ich aus Geiz zusammengescharrt habe, bis es einem gelingen würde, das Geld in zwei gleiche Teile zu teilen. Noch nie ist es einem gelungen, und ich habe sie alle erwürgen müssen. Der eine Haufe Geld ist nun dein, den andern aber teile unter die Armen. Guter Mensch, du hast mich erlöst!" Darauf verschwand das Männchen. Der Bursche aber stieg die Treppe hinan und spielte in seinem vorigen Zimmer lustige Stücklein auf seiner Flöte.

Da freute sich der Pächter, daß er ihn wieder spielen hörte und mit dem frühesten Morgen ging er auf das Schloß (denn am Tage durfte jedermann hinein) und empfing den Burschen voller Freude.

Dieser erzählte ihm die Geschichte, dann ging er hinunter zu seinem Schatz, tat, wie ihm das Männchen befohlen hatte und verteilte die eine Hälfte unter die Armen. Das alte Schloß aber ließ er niederreißen, und bald stand an der vorigen Stelle ein neues, wo nun der Musikant als reicher Mann wohnte.

Der graue Wackenstein

Ein armer Bauersmann hatte nur einen einzigen Sohn, den erzog er christlich und ehrlich, wie es sich gebührt. Als der Knabe aber größer und größer wurde, da wurde ihm seines Vaters Haus zu eng, und er wollte in die weite Welt. Sein Vater war ganz trostlos darüber und gab ihm die himmelsbesten Worte, er solle im Lande bleiben und sich redlich nähren, aber das half alles nichts, er blieb dabei, er wolle sich die Welt beschauen. Da erzürnte sein Vater zuletzt und sprach: „Ei, so wollte ich, daß du drei Tage und drei Nächte in einem fort laufen müßtest und könntest nicht aufhören."

Wie der Vater gesagt hatte, so geschah es. Der Bursche mußte laufen und immerfort laufen drei Tage und drei Nächte hindurch. Die Sonne stach am Tage heiß, und nachts taute es kühl und naß; der Hunger und der Durst plagten ihn, aber alles half nichts, denn Elternfluch fährt nicht in den Wind, er mußte laufen bis zum Ende des dritten Tages. Zuletzt sank er müde und matt nieder und war zum Sterben schwach; wo er Essen hernehmen sollte, das wußte er nicht, denn er lag in einem dichten Walde. Da kam plötzlich ein kleines graues Männchen daher gegangen, das blieb bei ihm stehen und fragte ihn, was ihm denn fehle.

„Ach", sprach er, „ich habe so argen Hunger und Durst, daß ich es nicht länger aushalten kann."

„Wenn das alles ist, dann ist dir leicht geholfen", sprach das Männchen, „geh nur mit mir, und du sollst vollauf haben, soviel du willst." Da raffte er seine letzten Kräfte zusammen und hinkte hinter dem Männchen drein. Sie waren kaum fünfzig Schritt weit gegangen, da kamen sie an ein ungeheuer großes, kohlrabenschwarzes Schloß; da gingen sie hinein, die breiten Treppen hinauf und durch eine ungeheure Tür in einen hohen Saal. In dem ganzen Schloß war kein Mensch zu hören noch zu sehen, alles war totenstill; in dem Saal aber stand trotzdem ein köstliches Mahl auf einem hohen, hohen Tische und um denselben drei hohe, hohe Stühle.

„Nun laß uns nach Herzenslust essen und trinken", sprach das Männchen, „aber rasch, denn allzulange dürfen wir uns nicht aufhalten". Da kletterten sie so schnell sie konnten an den Stuhlbeinen in die Höhe, marschierten auf der Tafel zwischen den Tellern und Schüsseln umher und aßen sich rundsatt. Dann rutschten sie an den Stuhlbeinen wieder herab, liefen die Treppen hinunter und zur Tür hinaus. Es war aber auch die höchste Zeit, denn die Tür fuhr so hart hinter ihnen zu, daß sie den Schuhabsatz des Jünglings abschlug.

Der war jetzt wieder munter und guter Dinge und hatte alles Ungemach der drei Tage rein vergessen. Er sprang mit dem Männchen in den Wald hinein, immer weiter bis an ein recht dichtes Plätzchen.

Da gab das Männchen dem Jüngling ein Stöckchen und sprach: „In dem Schlosse wohnen drei Riesen, das sind Menschenfresser. Wenn die nach Hause kommen und sehen, daß jemand aus ihrer Schüssel gegessen und aus ihren Bechern getrunken hat, dann kommen sie in den Wald und suchen. Wenn nun einer dich findet, dann muß er sich bücken, um dich aufzuheben und zu fressen. Sei aber dann bei der Hand und schlage ihm mit dem Stöckchen auf den Kopf, sogleich fällt er hin und regt kein Glied mehr."

Da wäre dem Jüngling fast das Herz in die Schuhe gefallen, er bat das Männchen: „Ach, bleibe doch bei mir, dann fürchte ich mich weniger." Aber das Männchen sprach: „Du brauchst dich nicht zu fürchten, sie tun dir nichts, wenn du es machst, wie ich dir gesagt habe. Ich darf nicht dabei sein, sonst wäre alles umsonst." Da schlüpfte das Männchen in eine Höhle, welche nahebei war, und wartete dort ab, was geschehe.

Bald darauf rauschte es im Wald und knackte und krachte; da war einer der Riesen. Wohin der ging, mußte er sich zuvor Luft machen und strich so mit seinen Händen die Äste zur Seite, daß sie und mit ihnen ganze Baumwipfel brachen. Als er dem Jüngling nahe kam und ihn sah, schrie er: „Ach, habe ich dich nun! Hast du aus meiner Schüssel gefressen, so will ich jetzt dich selber fressen."

Er bückte sich, um ihn zu fassen, doch da schlug der Jüngling ihm mit dem Stöckchen vor die Stirn und plumps! da lag er und streckte alle viere von sich.

In einem Satze war das Männchen da und rief: „Schnell, daß wir ihn verstecken, bevor die andern kommen!" Sie zogen ihn bei den Haaren tiefer ins Gebüsch und bedeckten den ganzen Kerl mit dürrem Laub. Eine Weile drauf tobte und tappte es wiederum durch den Wald, als ob der Sturm hindurchfahre. Das war der zweite Riese, der kam mit großen Schritten heran, denn er war nicht wenig böse. Als er den Jüngling fand, schrie er: „Ach, du hast aus meiner Schüssel gefressen, so will ich jetzt dich selber fressen."

Damit bückte er sich, aber der Jüngling traf ihn so wohl an die Stirn, daß er hinstürzte und keinen Laut mehr von sich gab.

Schon war das Männchen wieder bei der Hand und rief: „Schnell weg mit ihm, ehe der dritte kommt!" Da zogen sie ihn bei den Haaren zu seinem Kameraden und warfen dürres Laub drauf, so daß man nichts von den beiden sah.

Das graue Männchen hatte recht, wenn es zur Eile drängte, denn kaum lag er unter dem Laube, als es durch den Wald schrie und lärmte. Das war der dritte Riese, und der hatte einen Tritt, daß die Erde davon erbebte.

Als er den Jüngling fand, rief er wütend: „Du hast aus meiner Schüssel gefressen, so will ich dich jetzt selber fressen."

Als er sich aber bückte, den Jüngling zu packen, traf dieser ihn so gut mit seinem Stöckchen an die Stirn, daß er hinfiel und keinen Pieps mehr tat.

Nun sprang das Männchen gar fröhlich aus seiner Höhle heraus und sprach: „Der mag liegenbleiben, denn das ist der letzte; jetzt laß uns wieder in das Schloß gehen, da sind wir Herren und Meister. Du mußt mir jedoch vorher versprechen, daß du mir in allem getreulich folgen willst, was ich dir sage oder auftrage. Du hast gesehen, daß es nur zu deinem Besten ausschlägt."

Der Jüngling versprach dies mit Freuden und folgte dem Männchen zu dem kohlrabenschwarzen Riesenschloß. Sie traten hinein und kamen durch viele Zimmer endlich in eine Kammer, da hing ein großes, blankes, scharfes Schwert an der Wand.

Das Männchen sprach: „Nimm dieses Schwert herunter!" und als der Jüngling es getan, sprach es weiter: „Nun haue mir den Kopf ab."

„Ach, wie könnte ich das! Du hast mir ja nichts zuleide getan", rief der Jüngling, doch das Männchen erzürnte und rief: „Willst du mir den Kopf abhauen oder soll ich ihn dir abhauen?" Da konnte der Jüngling wohl nicht anders, er nahm das Schwert in beide Hände und schlug dem Männchen den Hals durch und durch. Als aber der alte Kopf des Männchens herunterfiel, fielen die grauen Kleider mit ab wie einem Schmetterling die garstigen Puppenkleider, und da stand eine Jungfrau vor dem Jüngling, die war so wunderschön, daß er vor lauter Staunen und Entzücken kein Wort sprechen konnte. Er glaubte nicht anders, als sei es ein Traum, aber da reichte sie ihm die Hand und sprach: „Siehst du nun, daß du recht daran tatest, mir zu folgen?" Dann erzählte sie ihm ihre ganze Geschichte, die war sehr traurig. Vor vielen Jahren waren die drei Riesen in die Gegend gekommen, wo ihr Vater als Graf auf dem Schlosse wohnte. Sie hatten das Schloß überfallen und alles gefressen, was sie da fanden, die ganze Familie der schönen Jungfrau, den ganzen Hofstaat und alles Gesinde, nur sie selbst hatten die Ungeheuer verschont, weil sie so schön war. Sie wollten ihren Willen mit ihr haben; als sie aber mit Gottes Hilfe den Riesen stets entfloh, da verwünschten sie die Jungfrau in ein graues Männchen; seitdem wurde das Schloß kohlrabenschwarz. Alsdann fuhr sie fort: „Du hast mich erst halb erlöst, da das Schloß noch nicht erlöst ist, darum sollst du jetzt dein Werk ganz vollenden. Im Walde steht die große Riesenseiche, diese mußt du aufsuchen. Sie hat sieben Löcher übereinander in ihrem Stamm, und in dem siebenten sitzt eine Taube auf zwei Eiern. Die Eier mußt du nehmen und mir an dem Kopf entzweiwerfen."

Der Jüngling tat, wie sie ihm geheißen. Er fand die Eiche und an der Eiche die sieben Löcher und in dem obersten Loch die Taube und unter der Taube die Eier. Diese brachte er mit und warf sie der Jungfrau an den Kopf. Im selben Augenblick krachte es in dem ganzen Schloß, als sollte die Welt versinken, und es war wieder weiß wie Schnee, als ob es eben erst gebaut worden wäre.

Der Jüngling feierte nun rasch seine Hochzeit mit der schönen Gräfin; er nahm viele Diener an, und ein neues schönes Leben kehrte in dem Schlosse ein. Nach einem Jahre sollte der beiden Glück vollständig werden, denn die Gräfin fühlte, daß sie bald eines Kindes genesen werde. Als aber der Augenblick da war und sie gebären sollte, da brachte sie statt eines Kindes einen grauen Wackenstein zur Welt. Ihr Mann war außer sich vor Jammer, als er den Stein sah, doch sie tröstete ihn und sprach: „Dies ist noch eine Verwünschung, welche die Riesen über mich ausgesprochen haben, aber sei zufrieden, denn du kannst uns helfen. Trage den Stein in den Keller und zerhaue ihn dort mit dem Schwerte, womit du mir den Kopf abgeschlagen hast, als ich noch ein graues Männchen war."

Er tat nach ihrem Willen, und als das Schwert durch den Stein fuhr, da sprang das helle rote Blut heraus, worüber er sich so entsetzte, daß er den Stein liegen ließ und wieder zu seiner Frau eilte, um ihr das zu sagen.

Sie sprach: „Du hast ganz recht getan, nun gehe nach sieben Tagen wiederum in den Keller und schau einmal nach."

Das Herz klopfte ihm nicht wenig, als er nach sieben Tagen die Kellertür öffnete; doch was war das für eine Freude, als er an der Stelle des blutigen Steines ein wunderschönes kleines Mägdlein liegen sah! Das blickte ihn mit klugen Augen an und streckte ihm die Ärmchen entgegen. Er hob es auf und trug es voller Freude zu seiner Frau. Sobald diese wieder gesund war, reiste er aber nach Hause und holte seinen Vater und das ganze Dorf ab, welches sehr arm war. Er schenkte jedem Bauern ein großes Stück Wald, was er sich roden und bebauen konnte, und lebte als Graf mit seiner lieben Frau noch lange und glücklich.

Des kleinen Hirten Glückstraum

Es war einmal ein sehr armer Bauersmann, der war in einem Dörflein Hirte, und das schon seit vielen Jahren. Seine Familie war klein, er hatte ein Weib und nur ein einziges Kind, einen Knaben. Doch diesen hatte er sehr frühzeitig mit hinaus auf die Weide genommen und ihm die Pflichten eines treuen Hirten eingeprägt, und so konnte er, als nur einigermaßen der Knabe herangewachsen war, sich ganz auf denselben verlassen, konnte ihm die Herde allein anvertrauen und konnte unterdessen daheim noch einige Dreier mit Körbeflechten verdienen. Der kleine Hirte trieb seine Herde munter hinaus auf die Triften und Raine; er pfiff oder sang manch helles Liedlein und ließ dazwischen gar laut seine Hirtenpeitsche knallen; dabei wurde ihm keine Zeit lang. Des Mittags lagerte er sich gemächlich neben seine Herde, aß sein Brot und trank aus der Quelle dazu, und dann schlief er auch wohl ein Weilchen, bis es Zeit war, weiter zu treiben. Eines Tages hatte sich der kleine Hirte unter einen schattigen Baum zur Mittagsruhe gelagert, schlief ein und träumte einen gar wunderlichen Traum: Er reise fort, gar unendlich weit fort – ein lautes Klingen, wie wenn unaufhörlich eine Masse Münzen zu Boden fielen – ein Donnern, wie wenn unaufhörliche Schüsse knallten – eine endlose Schar Soldaten, mit Waffen und in blitzenden Rüstungen – das alles umkreiste, umschwirrte, umtoste ihn. Dabei wanderte er immer zu und stieg bergan, bis er endlich oben auf der Höhe war, wo ein Thron aufgebaut war, darauf er sich setzte, und neben ihm war noch ein Platz, auf dem ein schönes Weib, welches plötzlich erschien, sich niederließ. Nun richtete sich im Traum der kleine Hirte empor und sprach ganz ernst und feierlich: „Ich bin König von Spanien." Aber in demselben Augenblick wachte er auf. Nachdenklich über seinen sonderbaren Traum trieb der Kleine seine Herde weiter, und des Abends erzählte er daheim seinen Eltern, die vor der Türe saßen und Weiden schnitzten, und wo er ihnen auch half – seinen wunderlichen Traum und sprach zum Schluß: „Wahrlich, wenn ich noch einmal träume, so gehe ich fort nach Spanien und will doch einmal sehen, ob ich nicht König werde!" – „Dummer Junge", murmelte der alte Vater: „dich macht man zum König, laß dich nicht auslachen!" Und seine Mutter kicherte weidlich und klatschte in die Hände und wiederholte ganz verwundert: „König von Spanien, König von Spanien!" – Am andern Tag zu Mittag lag der kleine Hirte zeitig unter jenem Baume, und o Wunder! derselbe Traum umfing wieder seine Sinne. Kaum hielt es ihn bis zum Abend auf der Hut, er wäre gern nach Hause gelaufen und wäre aufgebrochen zur Reise nach Spanien. Als er endlich heimtrieb, verkündete er seinen abermaligen Traum und sprach: „Wenn mich aber noch einmal so träumt, so gehe ich auf der Stelle fort, gleich auf der Stelle." – Am dritten Tage lagerte er sich denn wieder unter jenen Baum, und ganz derselbe Traum kam zum dritten Male wieder. Der Knabe richtete sich im Traume empor und sprach: „Ich bin König von Spanien", und darüber erwachte er wieder, raffte aber auch sogleich Hut und Peitsche und Brotsäcklein von dem Lager auf, trieb die Herde zusammen und geraden Wegs nach dem Dorfe zu. Da fingen die Leute an mit ihm zu zanken, daß er so bald und so lange vor der Vesperzeit eintreibe, aber der Knabe war so begeistert, daß er nicht auf das Schelten der Nachbarn und der eignen Eltern hörte, sondern seine wenigen Kleidungsstücke, die er des Sonntags trug, in einen Bündel schnürte, denselben an ein Nußholzstöcklein hing, über die Achsel nahm und so mir nichts, dir nichts fortwanderte. Gar flüchtig war der Knabe auf den Beinen; er lief so rasch, als sollte er noch vor nachts in Spanien eintreffen. Doch erreichte er nur an diesem Tage einen Wald, nirgends war ein Dorf oder ein einzelnes

Haus; und er beschloß, in diesem Wald in einem dichten Busch sein Nachtlager zu suchen. Kaum hatte er aber zur Ruhe sich niedergelegt und war entschlummert, als ein Geräusch ihn wieder erweckte: es zog eine Schar Männer in lautem Gespräch an dem Busch vorüber, in welchen er sich gebettet. Leise machte der Knabe sich hervor und ging den Männern in einer kleinen Entfernung nach, und dachte, vielleicht findest du doch noch eine Herberge; wo diese Männer heute schlafen, kannst du gewiß auch schlafen. – Gar nicht lange waren sie weiter gewandert, als ein ziemlich ansehnliches Haus vor ihnen stand, aber so recht mitten im dunkeln Wald. Die Männer klopften an, es wurde aufgetan, und neben den Männern schlüpfte auch der Hirtenknabe mit hinein in das Haus. Drinnen öffnete sich wieder eine Türe, und alle traten in ein großes, sehr spärlich erhelltes Zimmer, wo auf dem Fußboden umher viele Strohbunde, Betten und Deckbetten lagen, die zum Nachtlager der Männer bereit gehalten schienen. Der kleine Hirtenbub verkroch sich schnell unter einem Strohhaufen, welcher nahe an der Türe aufgeschichtet war, und lauschte nun auf alles, was er nur aus seinem Versteck hören und wahrnehmen konnte. Bald kam er dahinter, denn er war ohnehin klug und aufgeweckt, daß diese Männerschar eine Räuberbande sei, deren Hauptmann der Herr dieses Hauses war. Dieser bestieg, als die neue angelangten Mitglieder der Bande sich hingelagert hatten, einen etwas erhöhten Sitz und sprach mit tiefer Baßstimme: „Meine braven Genossen, tut mir Bericht von eurem heutigen Tagewerk, wo ihr eingebrochen seid, und was ihr erbeutet habt!" Da richtete sich zuerst ein langer Mann mit kohlschwarzem Bart empor und antwortete: „Mein lieber Hauptmann, ich habe heute früh einen reichen Edelmann seiner ledernen Hose beraubt, diese hat zwei Taschen, und so oft man sie unterst oberst kehrt und tüchtig schüttelt, so oft fällt ein Häuflein Dukaten heraus auf den Boden." –

„Das klingt sehr gut!" sprach der Hauptmann. Ein anderer der Männer trat auf und berichtete: „Ich habe heute einem General seinen dreieckigen Hut gestohlen; dieser Hut hat die Eigenschaft, wenn man ihn auf dem Kopf dreht, daß unaufhörlich aus den drei Ecken Schüsse knallen." – „Das läßt sich hören!" sprach der Hauptmann

wieder. Und ein dritter richtete sich auf und sprach: „Ich habe einen Ritter seines Schwertes beraubt; so man dasselbe mit der Spitze in die Erde stößt, ersteht augenblicklich ein Regiment Soldaten." – „Eine tapfere Tat!" belobte der Hauptmann. Ein vierter Räuber erhob sich nun und begann: „Ich habe einem schlafenden Reisenden seine Stiefel abgezogen, und wenn man diese anzieht, legt man mit jedem Schritt sieben Meilen zurück." – „Rasche Tat lobe ich!" sprach der Hauptmann zufrieden, „hänget eure Beute an die Wand, und dann esset und trinket und schlafet wohl." Somit verließ er das Schlafzimmer der Räuber; diese zechten noch weidlich und fielen dann in festen Schlaf. Als alles stille und ruhig war und die Männer allesamt schliefen, machte sich der kleine Hirte hervor, zog die ledernen Hosen an, setzte den Hut auf, gürtete das Schwert um, fuhr in die Stiefel und schlich dann leise aus dem Haus. Draußen aber zeigten die Stiefel zur Freude des Kleinen schon ihre Wunderkraft, und es währte gar nicht lange, so schritt das Bürschchen zur großen Residenzstadt Spaniens hinein; sie heißt Madrid.

Hier fragte er den ersten besten, der ihm aufstieß, nach dem größten Gasthof, aber er erhielt zur Antwort: „Kleiner Wicht, geh du hin, wo deinesgleichen einkehrt, und nicht, wo reiche Herren speisen." Doch ein blankes Goldstück machte jenen gleich höflicher, so daß er nun gerne der Führer des kleinen Hirten wurde und ihm den besten Gasthof zeigte. Dort angelangt, mietete der Jüngling sogleich die schönsten Zimmer und fragte freundlich seinen Wirt: „Nun, wie steht es in eurer Stadt? Was gibt es hier Neues?" Der Wirt zog ein langes Gesicht und antwortete: „Herrlein, Ihr seid hier zu Land wohl fremd? Wie es scheint, habt Ihr noch nicht gehört, daß unser König, Majestät, sich rüstet mit einem Heer von zwanzigtausend Mann? Seht, wir haben Feinde; o, es ist gar eine schlimme Zeit! Herrlein, wollt Ihr auch etwa unters Militär gehen?" – „Freilich, freilich", sprach der zarte Jüngling, und sein Gesicht glänzte vor Freude. Als der Wirt sich entfernt hatte, zog er flugs seine ledernen Hosen aus, schüttelte sich ein Häuflein Goldstücke und kaufte sich kostbare Kleider und Waffen und Schmuck, tat alles an und ließ beim König um eine Audienz bitten. Und wie er in das Schloß kam und von zwei Kammerherren durch einen großen herrlichen Saal geführt wurde, begegnete ihnen eine wunderliebliche junge Dame, die sich anmutig vor dem schönen Jüngling, der in der Mitte der Herren ging und sie zierlich grüßte, verneigte, und die Herren flüsterten: „Das ist die Prinzessin Tochter des Königs." Der junge Mann war nicht wenig von der Schönheit der Königstochter entzückt, und seine Entzückung und Begeisterung ließen ihn keck und mutvoll vor dem Könige reden. Er sprach: „Königliche Majestät! Ich biete hiermit untertänigst meine Dienste als Krieger an. Mein Heer, das ich Euch zuführe, soll Euch den Sieg erfechten, mein Heer soll alles erobern, was mein König zu erobern befielt. Aber eine Belohnung bitte ich mir aus, daß ich, wofern ich den Sieg davon trage, Eure holde Tochter als Gemahlin heimführen dürfe. Wollt Ihr das, mein gnädigster König?"

Und der König erstaunte ob der kühnen Rede des Jünglings und sprach: „Wohl, ich gehe in deine Forderung ein; kehrst du heim als Sieger, so will ich dich als meinen Nachfolger einsetzen und dir meine Tochter zur Gemahlin geben."

Jetzt begab sich der ehemalige Hirte ganz allein hinaus auf das freie Feld und begann sein Schwert drauf und drein in die Erde zu stoßen, und in wenigen Minuten standen viele Tausend kampfgerüsteter Streiter auf dem Platz, und der Jüngling saß als Feldherr kostbar bewaffnet und geschmückt auf einem herrlichen Roß, welches mit goldgewirkten Decken behangen war; der Zaum blitzte von Edelsteinen, und der junge Feldherr zog aus und dem Feind entgegen, da gab es eine große Schlacht; aus dem Hut des Feldherrn donnerten unaufhörlich tödliche Schüsse, und das Schwert desselben rief ein Regiment nach dem andern aus der Erde hervor, so daß in wenigen Stunden der Feind geschlagen und zerstreut war, und die Siegesfahnen wehten. Der Sieger aber folgte nach und nahm dem Feinde auch noch den besten Teil seines Landes hinweg. Siegreich und glorreich kehrte er dann zurück nach Spanien, wo ihn das holdeste Glück noch erwartete. Die schöne Königstochter war nicht minder entzückt von dem schmucken Jüngling gewesen, wie sie ihm im Saale begegnet war, als er von ihr; und der gnädigste König wußte die sehr großen Verdienste des tapfern Jünglings auch gebührend zu schätzen, hielt sein Wort, gab ihm seine Tochter zur Gemahlin und machte ihn zu seinem Nachfolger und Thronerben.

Die Hochzeit wurde prunkvoll und glänzend vollzogen, und der ehemalige Hirte saß ganz im Glück. Bald nach der Hochzeit legte der alte König Krone und Zepter in die Hände seines Schwiegersohns, der saß stolz auf dem Thron und neben ihm seine holde Gemahlin, und es wurde ihm, als dem neuen König, von seinem Volke Huldigung gebracht. Da gedachte er seines so schön erfüllten Traumes und gedachte seiner armen Eltern, und sprach, als er wieder allein bei seiner Gemahlin war: „Meine Liebe, sieh, ich habe noch Eltern, aber sie sind sehr arm, mein Vater ist Dorfhirte, weit von hier, und ich selbst habe als Knabe das Vieh gehütet, bis mir durch einen wunderbaren Traum offenbart wurde, daß ich noch König von Spanien werde. Und das Glück war mir hold, sieh, ich bin nun König, aber meine Eltern möchte ich auch gern noch glücklich sehen, daher ich mit deiner gütigen Zustimmung nach Hause reisen und die Eltern holen will." Die Königin war's gerne zufrieden, und ließ ihren Gemahl ziehen, der sehr schnell zog, weil er die Siebenmeilenstiefel anhatte. Unterwegs stellte der junge König die Wunderdinge, die er den Räubern abgenommen, ihren rechtmäßigen Eigentümern wieder zu, bis auf die Stiefel, holte seine armen Eltern, die vor Freude ganz außer sich waren, und dem Eigentümer der Stiefel gab er für dieselben ein Herzogtum. Dann lebte er glücklich und würdiglich als König von Spanien bis an sein Ende.

Geheimnisvolle Brunnen, Seen und ihre Geister

Die Wassermädchen von Höhefeld

Als einmal die Dorfjugend von Höhefeld in einer Scheuer nach altem Brauch zum Kirchweihtanz beisammen war, kamen zwei fremde weibliche Gestalten herein. Sie waren nicht in der roten, fränkischen Landestracht gekleidet, sondern trugen beide dunkle Überwürfe. Einer der Burschen fragte sie, ob sie auch tanzten, was sie bejahten. Als sie dann zum Tanze gingen, legten sie ihre Mäntel ab. Da erschienen sie in lichtblauen Gewändern mit ganz kurzen Ärmeln, schneeweißen Schürzen und langen, gelben Handschuhen, die bis zum Ellenbogen reichten; ihre Haare waren schön geflochten und von goldgelber Farbe. Ihr Tanz schien so zierlich und fein, daß sie allgemeine Bewunderung erregten. Spät in der Nacht erklärten sie, nun nach Haus gehen zu müssen. Da lud sie der Sternwirt zur folgenden Winterspinnstube ein, die am ersten Adventtage beginnen sollte. Die beiden Fremden sagten zu, wenn es ihnen möglich sei. Als der Abend herankam, öffnete sich die Tür, die beiden Mädchen erschienen in der nämlichen Tracht wie früher und setzten sich mitten unter die Spinnerinnen des Dorfes. Zum Spinnen legten sie ihre Handschuhe und Mäntel im Nebenzimmer ab. Dann spannen, sangen und plauderten und scherzten sie mit den andern; auch Speise und Trank nahmen sie zu sich, wie diese. Als sie gegen Mitternacht sich entfernten, richteten sie an die Anwesenden die Frage, ob sie und wann sie wiederkommen dürften. Am dritten Abend erschienen sie denn auch wieder. Im Eifer der Arbeit fiel zufällig ein Knäuel Garn dem einen der Mädchen zu Füßen. Schnell bückte sich ein Bursche darnach und hob es auf. Dabei streifte er mit der Hand den Saum ihres Kleides und fühlte, daß dieser ganz naß war. Als die beiden Mädchen an diesem Abend die Spinnstube verlassen hatten, erzählte der Bursche seine Wahrnehmung. Als nun auch noch ein anderer berichtete, sein Großvater habe oft erzählt, in dem Seebrunnen beim Dorfe gäbe es Wasserfräulein, so war man einig, daß die beiden Fremden niemand anders als die Wasserfräulein vom Seebrunnen seien. Da sich aber die Burschen von Höhefeld immer lebhafter für die beiden Mädchen interessierten, so wurden die Dorfschönen bald eifersüchtig. Eine derselben nahm dann in der letzten Spinnstube des Winters einen Handschuh der Fräulein weg. Als diese endlich weggehen wollten, suchten sie lange vergebens danach. Als es eben zwölf Uhr schlug und der Handschuh immer noch nicht gefunden war, rief eine der beiden laut aus: „Wir sind verloren!" und weinte. Darauf entfernten sie sich und eilten zum Seebrunnen. Am nächsten Morgen bei Sonnenaufgang begann das Wasser der Quelle plötzlich zu brausen, und ein Blutstrahl stieg auf. Die Fräulein aber kamen von da an nicht wieder. Das Dorfmädchen, das den Handschuh versteckt hatte, fand kein Glück mehr, weder in der Liebe noch in ihrem ganzen übrigen Leben. Auch der Seebrunnen zeigte von der Zeit an viel weniger Wasser.

Die Wasserfräulein vom Eselsbrunnen

Wenn man das liebliche Tälchen des Schönertsbaches (zwischen Bronnbach und Reicholzheim) aufwärts wandert, begegnet man nach der idyllisch gelegenen Ebenmühle, vor dem eigentlichen Aufstieg nach Dörlesberg, einer Grotte. Diese wurde zu Beginn des Jahrhunderts von dem Mühlenbesitzer Eckert über dem sagenumwobenen Eselsbrunnen erbaut. In dem nahegelegenen Dörlesberg erzählt man sich hierüber folgendes:

Die Wasserfräulein kamen besonders während der Winterabende gern ins Dorf zu den Spinnstuben. Sie waren äußerst vornehm und zurückhaltend und halfen den jungen Mädchen im Spinnen und Stricken. In der Auswahl der Häuser waren sie sehr vorsichtig und kehrten nur dort ein, wo sie wußten, daß keine schlechten und lieblosen Reden geführt wurden und sich auch die jungen Burschen ritterlich benahmen.

So kamen sie auch mit Vorliebe in das Haus eines Schmiedes, das im Unterdorf gegen den Eselsbrunnen hin gelegen war. Sie mußten jedoch jeden Abend pünktlich um zwölf Uhr zu Hause sein, denn die Wasserfrau hatte ihnen mit dem sicheren Tode gedroht, falls sie dieses Versprechen nicht einhalten sollten.

Lange Zeit hindurch kamen so die Wasserfräulein zu den Spinnstuben, bis sie eines Abends auf Nimmer-Wiedersehen verschwanden. Sie waren an diesem verhängnisvollen Tage genau wie sonst pünktlich um 8 Uhr abends ins Schmiedehaus gekommen. Man scherzte und lachte, trank Kaffee, aß dürre Schlehen und Hutzeln und machte Pfänderspiele. Als aber die elfte Stunde herannahte, konnten es einige Burschen nicht übers Herz bringen, daß die hübschen Wasserfräulein schon bald wieder die schöne Gesellschaft verlassen sollten. Sie stellten daher die Wanduhr um eine Stunde zurück. Mitten in der schönsten Unterhaltung schlug es vom nahen Kirchturm plötzlich zwölf Uhr, und auch der Nachtwächter kündigte die Geisterstunde an. In diesem Augenblick stießen die Wasserfräulein einen entsetzlichen Weheschrei aus und waren verschwunden. Seit diesem Abend sind sie nie wieder erschienen.

Die nächsten Tage aber standen zwei traurige Dorfburschen stundenlang am Eselsbrunnen und starrten hinein ins Wasser. Dies fiel dem alten Schäfer auf, der in der Nähe seine Herde weidete. Er trat zu den Burschen hin und sagte: „Ihr suchet wohl die Wasserfräuleins? Die werdet ihr wohl nicht mehr sehen, die sind tot. Ich hütete nämlich in der Unglücksnacht meine Herde hier und wollte – wie gewöhnlich – Wasser trinken; als ich mich jedoch bücken wollte, da bemerkte ich, daß das Wasser rot war, so rot wie Blut."

Die Wasserfrau im Pfaffenbrunnen

In der Nähe von Bronnbach im Taubertal auf der Wiese, die sich längs des Eissigheimer Berges an dem Tauberufer hinzieht, befindet sich der sogenannte „Pfaffenbrunnen". Der Rand der Quelle ist sehr steil und dicht von Gebüsch umwachsen; die Quelle selbst liegt sehr tief. Man glaubt, der Brunnen sei unergründlich und reiche bis in die Nähe der Hölle, weil das Wasser desselben das ganze Jahr hindurch die gleiche Wärme zeigt und niemals zufriert. Ein junger Mönch des benachbarten Klosters Bronnbach kam einst an einem schönen Sommertag an die schattige Quelle und ruhte dort aus. Da sprudelte auf einmal das Wasser auf, und eine schöne Wasserfrau tauchte, bis zur Hüfte entblößt, daraus hervor. Mit verlockender Stimme rief sie dem Mönch zu: „Komm herab zu mir!" Der junge Klosterbruder konnte nicht widerstehen und stieg mit der Wasserfrau in die Tiefe. Seitdem hat ihn kein menschliches Auge mehr erblickt. Der Abt des Klosters aber verbot allen Brüdern, jemals wieder der Quelle zu nahe zu kommen. Die Quelle heißt seit jenem Ereignis „Pfaffenbrunnen".

Die Wasserfräulein vom Königshöfer Wehr

Einst hüteten vier Bauernbuben das Vieh am unteren Wehr von Königshofen. Zum Zeitvertreib warfen die Buben Ruten ins Wasser. Auf einmal teilten sich die Wellen, und ein Wasserfräulein tauchte empor. Sie sprach zu den Buben: „Werft bitte nichts mehr ins Wasser, sonst sieht mein Vater da unten nichts mehr!" Als das Wasserfräulein wieder zurückgetaucht war, setzten die Buben jedoch ihr Spiel fort. Nach kurzer Zeit teilten sich abermals die Wellen, und das Wasserfräulein erschien wieder. Diesmal sagte es aber mit strenger Miene: „Wenn ihr nicht sofort aufhört, kommt mein Vater und bestraft euch!" Drei Buben ließen darauf das Werfen sein; der vierte Bub aber lachte nur frech, nahm einen besonders großen Rutenstock, warf denselben ins Wasser und rief spöttisch: „Soll er doch! Soll er doch!" Kaum hatte er das zum dritten Male gerufen, teilten sich die Wellen, und der Wassermann, der sonst immer nett und freundlich war, ergriff den Rutenstock, packte mit seinem langen Arm den bösen Buben und verhaute ihn nach Herzenslust. Dabei sagte er vor sich hin: „Komm ich heut ins Schwitzen, sollst du morgen nicht mehr sitzen." Nach dieser Tracht Prügel ließ der Wassermann den Buben laufen und verschwand lachend in sein Reich. Der Bub konnte am nächsten Tag tatsächlich nicht mehr sitzen und mußte solange auf dem Bauch liegen.

Ein andermal bewarf ein böser Bub an der gleichen Stelle einige Gänse mit Steinchen. Das bemerkte ein Wasserfräulein. Sie erzählte den Vorfall gleich ihrem Vater. Da teilten sich die Wellen, und die Gänse verschwanden dahinter zum schützenden Ufer. Der böse Bub bekam aber einen großen Schrecken und brauchte längere Zeit, bis er sich wieder erholt hatte. Er soll niemals mehr Gänse beworfen haben.

Die Wasserfräulein

Auf dem Bergschlosse Neuburg wohnten vor Zeiten drei Wasserfräulein, die jeden Abend von dort durch den unterirdischen Gang in das Tempelhaus zu Neckarelz gingen. Daselbst besuchten sie drei Tempelfräulein und waren stets um acht Uhr wieder zu Hause. Einmal aber verspäteten sie sich, und als sie am folgenden Abend nicht zu den Tempelfräulein kamen, suchten und fanden diese die Unglücklichen im unterirdischen Gange tot in ihrem Blute liegen.

Die Holderbrunnenfräulein

In der Nähe von Waldangelloch entspringt eine Quelle, die von dem Holderbusch, der früher bei ihr stand, den Namen Holderbrunnen erhalten hat. Dort suchte einst eine arme alte Frau das Futter für ihre Kuh.

Einmal kam sie erst bei stockdunkler Nacht nach Hause. Als die Nachbarn fragten, woher sie so spät komme, erwiderte sie, sie sei bei guten Freundinnen gewesen, die sie erst heute kennengelernt habe. Eine ähnliche Antwort gab sie auch an den folgenden Tagen, an denen sie ebenso spät heimkehrte. Weil die Leute ihr nicht trauten, schlichen ihr einige nach und sahen sie mit zwei fremden, schönen Fräulein bei dem Holderbusche stehen. Als sie sich näherten, verschwanden die beiden Mädchen in dem Brunnen. Da bestürmten sie die Frau mit Fragen über die schönen Mädchen und baten, sie doch einmal in ihr Haus mitzubringen. Die Frau sagte: „Meine Freundinnen leben unter der Erde, und ich werde bald mit ihnen hinabgehen. In mein Haus kommen sie schwerlich; aber ich will versuchen, ob ich sie dazu bereden kann." Das gelang ihr auch.

An einem Abend kamen die beiden Mädchen in die Spinnstube der Frau, ohne daß sie sich erst im Ort nach ihrem Haus hätten zu erkundigen brauchen. Jede brachte ein brennendes Laternchen, eine Kunkel und Hanf mit. Sie waren gekleidet wie die Dorfmädchen, hatten aber Gürtel und weiße Schürzen an. Während sie spannen, scherzten und lachten sie mit den anwesenden Mädchen und Burschen. Sie erzählten auch, daß es bei ihnen drunten wie auf der Erde sei. Wenn man ihnen zu essen und zu trinken anbot, nahmen sie nichts als Obst und Brot. Schlag neun Uhr zündeten sie ihre Latern-

chen an und gingen fort. Alles Bitten, noch länger zu bleiben, war vergebens; sie ließen sich nicht aufhalten, versprachen aber, am nächsten Abend wieder zu kommen. Sie hielten ihr Versprechen und fanden sich dreiundzwanzig Tage lang jeden Abend, wenn es dunkel geworden war, in der Spinnstube ein.

Die Mädchen waren immer fleißig und freundlich und hielten es in allem gleich wie am ersten Abend. Doch eine der Jungfrauen knüpfte mit einem Burschen eine Liebschaft an. Sie erlaubte ihm, sie beim Heimgehen halbwegs zu begleiten. Gar zu gerne wäre er bis zum Brunnen mitgegangen. Dies aber sagte sie ihm nur unter der Bedingung zu, daß er sich dann auch mit ihr hineinbegebe. Der Bursche konnte sich lange nicht dazu entschließen. Erst auf vieles Zureden seiner Liebsten sagte er endlich ja. Als sie an die Quelle kamen, wollten die Mädchen, daß zuerst die eine, dann der Bursche und zuletzt die andere sich hinunterlasse. Der Bursche aber wollte der letzte sein. Da schnallte ihm seine Liebste ihren Gürtel um, indem sie ihm versicherte, daß er durch ihn geschützt sei und keine Angst zu haben brauche. Dann stieg sie und nach ihr die Gefährtin in den Brunnen hinab. Der Bursche jedoch wagte nicht, ihnen zu folgen. Da wurde auf einmal das Wasser blutrot. Eilig warf er den Gürtel hinein, weil er dachte, daß er ihn nicht hätte zurückbehalten sollen. Lange blieb er noch an der Quelle stehen. Abend um Abend ging er in die Spinnstube und wartete auf die Mädchen, – aber sie kamen niemals wieder.

Der Marsbrunnen und die Meerweiblein

In den Meerwiesen bei Walldürn befindet sich der Marsbrunnen. In ihm hielten sich vor Zeiten einige Meerweiblein auf. Oben hatten sie einen menschlichen Körper, unten waren sie wie Fische gestaltet. Sie kamen abends nach Walldürn in die Spinnstuben, spannen und plauderten mit den übrigen Frauen und Mädchen, aber pünktlich um neun Uhr gingen sie wieder hinweg. Einmal verspäteten sich einige bis um zehn Uhr. Da sprangen sie, als sie es merkten, erschrocken auf und verließen schnell das Haus. Dabei jammerten sie und riefen, heute seien sie gewiß das letzte Mal dagewesen. Am anderen Tage fand man das Wasser des Marsbrunnens ganz mit Blut gefärbt, und die Meerweiblein sind nie mehr gesehen worden.

Vor mehreren Jahren ist ein Bauer mit vier Ochsen und einem Pferd in dem Brunnen versunken. Er soll sich heute noch darinnen befinden. Wenn man hineinruft: „Bauer, Bauer mit zwei Paar Ochsen und einem Gaul, Pütterle vor!" so erschienen alsbald Schaumblasen auf dem Wasserspiegel.

Die Wasserfräuleins von Aglasterhausen

Hinter dem Pfarrgarten von Aglasterhausen befindet sich der sogenannte Badbrunnen. Die Quelle ist sehr stark und dient seit undenklichen Zeiten den Leuten zum Waschen und Bleichen des Leinenzeugs. In diesem Brunnen sollen zwei Wasserfräuleins gehaust haben, die des Nachts zuweilen dem benachbarten Hause einen Besuch abstatteten. Zwei Männer, die in der Nähe des Brunnens mähten, vernahmen dabei ein Geräusch wie beim Auskratzen einer Backmulde. Der eine der Männer rief: „Wenn ihr Kuchen gebacken habt, so laßt uns auch was zukommen!" Kaum gesagt, lagen auch schon zwei schöne Zwetschenkuchen auf der Oberfläche des Wassers.

Ein ins Dorf gekommener Metzgerbursche wollte die Bekanntschaft der Wasserfräuleins machen, konnte sie aber nicht dazu bewegen. Da schnitt er eines Tages den roten Faden ab, der über dem Wasserspiegel lag, als die Wasserfräuleins auf Besuch waren. Sofort verfärbte sich der ganze Brunnen blutrot, und seitdem sind die Wasserfräuleins nie mehr gesehen worden.

Sage vom alten See

Im Elsenzgau, bei den Ruinen von Burg Steinberg, zieht sich eine Niederung hin, die man den „alten See" nennt. Schlanke Silberpappeln erheben sich auf dem erhöhten Ufer des ehemaligen Wasserbettes, dessen Gründe jetzt durch frisches Grün und bunte Blumen das Auge weiden.

Auf dem Steinberg soll einst ein greulicher Recke gehaust haben, welcher der Schrecken der ganzen Gegend war. Er beraubte die harmlosen Wanderer, trieb den Hirten ihre Herden weg, und, fiel zuweilen ein hübsches Mädchen in seine Hände, so ward es auf seine fast unzugängliche Burg geschleppt. Eines Tages zog er an einer Kapelle vorüber, die von Linden umgeben am Ufer des Sees stand, und gewahrte in derselben eine Jungfrau von wunderbarer Schönheit. Vor dem Altare kniend verrichtete sie ihr Dankgebet zum Himmel, der ihre Mutter von einer schweren Krankheit genesen hatte lassen. Der Ritter entbrannte augenblicklich in schnöder Lust, riß die Betende vom Altare weg und wollte sie schon, ihres Flehens und ihrer Tränen ungeachtet, auf sein Pferd heben, um mit ihr davon zu jagen auf sein Felsennest, als sie die Bitte wagte, ihr nur noch ein kurzes Gebet in der Kapelle zu gestatten. Wiewohl ungern, willigte der Räuber doch endlich ein. Nun warf sich die Jungfrau vor dem Muttergottesbilde nieder und rief mit der Stimme der Verzweiflung: „O du Reine und Unbefleckte, nimm mich rein und fleckenlos zu dir!" – Nach diesen Worten raffte sie sich auf, eilte aus dem Kirchlein, huschte an dem Recken vorüber, und stürzte sich in den See. Aber die Fluten wurden ihr nicht zum Grabe; wie von unsichtbaren Händen getragen, schwebte sie darüber hin zum jenseitigen Ufer. Der Räuber, in blinder Wut, will ihr nachstürmen, aber die Wasser schlagen über seinem Haupte zusammen, und des Abgrunds Geister reißen ihn hinab in ihr finsteres Reich.

Noch jetzt hört der einsame Wanderer manchmal im Dunkel der Nacht dumpfe, wehstönende Laute aus dem See; geheimnisvoll rauschen und flüstern die Zitterpappeln und erfüllen das Herz mit Grauen.

Tiefenau

Nahe bei der Burg Tiefenau, eine halbe Stunde vom Rhein, lag einst ein dunkler tiefer See. Auf der Burg lebte ein Ritter, der hatte eine einzige Tochter von so wunderbarer Schönheit, daß weit und breit ihr Preis erscholl und viele Herren kamen, um um sie zu werben. Eines Tages kehrte sie nicht wieder von ihrem Lieblingsspaziergange unter den Bäumen am See zurück. Der besorgte Vater eilte, sie selbst dort aufzusuchen und rief mehrmals, so laut er konnte, ihren Namen; da klangen ihm endlich aus dem See die Worte in klagendem Ton entgegen:

„Ach, Vater, liebster Vater!
Im See bin ich versunken,
Weil ich von seinem Wasser
Aus Unbedacht getrunken.
Nie mehr darf ich mich heben
Zum goldnen Sonnenglanz,
Hier unten muß ich leben,
Bis er vertrocknet ganz.
Ach Vater liebster Vater,
Trink ja nicht aus dem See!

Kaum war die Stimme leise verhallt, als plötzlich ein schöner Knabe vor den Ritter von Tiefenau hinhüpfte, ihm einen goldenen Becher darreichte und sang:

„Da trink' du alter Degen,

So wird dein Töchterlein,
Die sie gefangen hegen,
Bald wieder bei dir sein!"

Der Ritter wollte rasch den Becher an die Lippen führen, als er seinen Arm von einer fremden Hand zurückgehalten fühlte. Er wandte sich um und erblickte einen Jüngling von edler Gestalt, wiewohl in sehr bescheidener Tracht. Dieser hatte die Tochter des Ritters längst im Stillen geliebt, doch seiner Armut wegen es nie gewagt, ihr seine Liebe zu gestehen. Mit den Worten:

„Trinkt nicht, mein edler Ritter!
Das Wasser ist vom See;"

entwand er ihm den goldnen Becher und leerte ihn selbst auf einen Zug. Kaum war dies geschehen, als ihn der Knabe bei der Hand faßte und mit ihm in den See hinuntersprang. Umsonst war der Jammer des trostlosen Vaters. Das Paar kam nimmer zum Vorschein, verzweifelnd stürzte auch er sich in die Fluten.

Der See ist längst ausgetrocknet, aber auf dem Moorboden, den er zurückgelassen, sieht man oft in stiller Nacht helle Flämmchen auf und nieder schweben und hört mit Geisterstimmen die Worte singen:

Das Wasser ist fast ganz alle,
Bald werden erlöst wir sein,
Und gehn in die himmlische Halle
Zum lieben Vater ein.

Das Wasserweible und die Bären

In eine Mühle im fränkischen Unterland kam jede Nacht ein Wasserweible und trieb allerhand bösen Schabernack. Es stellte das Mühlrad ab, verrückte die Mahlsteine oder warf die vollen Kornsäcke um. Der Müller hatte viel Verdruß und wußte sich nicht zu helfen. Eines Tages kam ein Bärentreiber mit drei großen schwarzen Bären und bat um Nachtherberge. Dem erzählte der Müller von dem böswilligen Treiben des Wassergeistes. Der Bärentreiber sagte, diesem Unfug wolle er schon abhelfen, man solle ihn seine drei Bären zur Nacht nur dahin tun lassen, wohin die Unholdin komme. Das ließ der Müller gerne zu. Am andern Morgen erschien das Wasserweiblein im Mühlbach, übel zerkratzt und blutend. Es zitterte am ganzen Leib und fragte mit ängstlicher Stimme: „Müller, Müller, hast du deine schwarzen Katzen noch?" Seitdem kam das Wasserweible nie mehr wieder.

Der Wolfsbrunnen

Als der Jettenbühl, auf dem heute das Heidelberger Schloß steht, noch mit dichtem Wald bewachsen war, wohnte dort eine Seherin namens Jetta. Sie war von königlicher Gestalt und von seltener Schönheit und Anmut. Ein adeliger Jüngling aus dem Frankenvolk, zu dem der Ruf von dieser Seherin gedrungen war, entschloß sich, sie aufzusuchen und sie über sein künftiges Schicksal zu befragen. Als er sie zum erstenmal sah, schlug sein Herz vor Verwirrung, und es dauerte eine Weile, bis er Worte fand. „Hohe Jungfrau", sprach er, „wie dein Ruf verkündet, ist dir die göttliche Gabe verliehen, in die Zukunft zu sehen. Möchtest du mir nicht mein künftiges Los weissagen?" Die Seherin sah ihn mit einem forschenden Blick an, dann erwiderte sie mit wohlgefälligem Lächeln: „Morgen abend bei Sonnenuntergang stelle dich wieder hier ein. Ich will indessen die Runen über deine Zukunft befragen."

Pünktlich zur bestimmten Zeit erschien der edle Jüngling im Haine der Jetta und traf die Seherin in trübe Gedanken versunken an. „Was haben die Runen geantwortet?" fragte er leise. Die Seherin schüttelte wehmütig das Haupt und sprach: „Die Deutung ist mir nicht ganz klar geworden; aber ich fürchte, unsere Lebenssterne berühren sich." – „Dann wäre ich überglücklich!" rief der Jüngling aus, fiel ihr zu Füßen, ergriff ihre Hand und küßte sie innig. „Willst du dein Los an das meine knüpfen?" fragte er die Jungfrau und schwor ihr, fortan nur ihr allein anzugehören. „Dann muß unser Glück vor den Augen der Menschen verborgen bleiben", flüsterte

Jetta. Darauf bezeichnete sie dem Jüngling die Quelle des Waldes als den Ort ihrer ferneren Zusammenkünfte und fügte hinzu, sie dürften sich nur bei Nacht treffen. Der edle Jüngling freute sich auf seine weiteren Begegnungen mit der schönen Geliebten. Aber schon in der ersten Nacht, als er zur Quelle kam, bot sich ihm ein entsetzlicher Anblick. Jetta lag leblos am Boden; über ihr, mit gefletschten Zähnen, ein mächtiger Wolf. Der Jüngling stürzte sich mutig auf das Untier und stieß ihm sein Schwert mitten ins Herz. Dann begrub er seine geliebte Jetta an der Quelle, die seit jener Zeit der Wolfsbrunnen genannt wird.

Die Sage von den Meerwiesen

Bei Walldürn war vor Zeiten ein großer See, an dessen Ufer auf dem Schloßbuckel die Jörgenburg stand. Eines Tages versank die Burg im Wasser, der See wurde zum großen Teil zugeschüttet, und allmählich verwandelte sich das ganze Gelände in Wiesen, die bis auf den heutigen Tag die „Meerwiesen" genannt werden.

In dem großen, verfallenen Burgkeller liegt noch viel uralter Wein in der Haut, die er im Laufe der Zeit selber gebildet hat; die eichenen Fässer sind längst verfault. Auch große Schätze sind in der Tiefe des Schloßbergs verborgen. Schon mancher, der bei Nacht vorbeikam, sah die mit Gold und Silber gefüllten Schatzkästen im grauen Gemäuer stehen, wagte sich jedoch nicht näher heran, weil eine schreckliche Teufelsgestalt, mit einem glühenden Schlüssel in der Hand, die Truhen bewachte.

Einem Bauern, der einmal am Fuße des Schloßbuckels ackerte, blieb plötzlich die Pflugschar im Handgriff eines eisernen Kessels stecken. Er versuchte ein paarmal, die schwere Last aus dem Boden zu heben. Zweimal rief er: „Geh heraus in Gottes Namen!" Als es aber nicht ging, rief er beim dritten Mal: „Wenn's nicht in Gottes Namen geht, so geht's in Teufels Namen!" Da versank der Kessel, der bis zum Rande mit Gold gefüllt war, in die Tiefe und wurde nie wieder gesehen. Hätte der Mann auch das dritte Mal: „In Gottes Namen!" gerufen, würde ihm das Geld gewiß zuteil geworden sein.

Der wohltätige Wassermann im Neckar bei Binau

Der Reiherwald bei Binau bot vor vielen Jahrzehnten einen gar sonderbaren Anblick dar. Fast auf allen Bäumen der bis zum Neckarufer herabziehenden Bergabhänge standen Reihernester, und unaufhörlich erscholl bei Tage und in mondhellen Nächten das Kraik-Kraik der ab- und zufliegenden Reiher, die als Fischer den Neckar und seine Zuflüsse von Heilbronn bis Heidelberg beherrschten.

Erst im Spätjahr, wenn die Tage kälter zu werden begannen, hörte das Leben und Treiben am Reiherwalde auf, da um diese Zeit die meisten der dort wohnenden Vögel mildere Gegenden aufsuchten. Nur hie und da blieben ältere Reiher, die die weite Reise scheuten, zurück und behalfen sich dann kümmerlich den Winter hindurch mit Wasserpflanzen.

Einst geschah es nun, daß auf einen schönen Oktobermonat plötzlich strenge Kälte und heftiger Sturm folgten. Dichter Schnee bedeckte Wald und Flur, und der Neckar führte viel Treibeis mit sich. Dadurch gerieten die geflügelten Bewohner des Reiherwaldes in bittere Not. Die Fische, die bisher ihre Hauptnahrung bildeten, begaben sich in tieferes Wasser, und bei Sturmwetter können die Zugvögel nicht reisen. Überaus kläglich ertönte denn fortwährend vom Walde herab das Kraik-Kraik der hungrigen Reiher voll Sehnsucht nach wärmerer Witterung und besserer Nahrung.

Als um diese Zeit einige Männer von Binau in den Wald unterhalb des Ortes gingen, um sich Brennholz zur Vertreibung der ungewöhnlich früh eingetretenen Winterkälte zu holen, gewahrten sie daselbst ein seltsames Schauspiel. Mitten in den eisigen Fluten des Neckars stand ein großer, nackter Mann bis zur Brust im Wasser, tauchte dann und wann unter und brachte jedesmal eine Menge großer und kleiner Fische unter dem Eise hervor, die er den zahlreich am linken Ufer harrenden Reihern zuwarf. War ein Teil der armen Vögel gesättigt, dann flogen sie mit dankbarem Kraik davon, während andere an ihre Stelle eilten, die dann ebenfalls von dem Manne im Wasser gefüttert wurden.

Die Binauer Männer erzählten nach ihrer Rückkunft allen Leuten im Orte, was sie Merkwürdiges am Reiherwalde gesehen hatten. Deswegen liefen in den folgenden Tagen viele Neugierige, alt und jung, hinaus an die bezeichnete Stelle. Sie sahen dort ebenfalls den Mann im Wasser hantieren, obgleich die Kälte sehr empfindlich war. Der Leib des Wassermanns erschien auffallend rot gefärbt. Ob aber diese Röte durch die Kälte erzeugt oder die natürliche, ständige Färbung war, konnte man selbstverständlich nicht unterscheiden.

Der den Reihern wohlgeneigte Freund im Eise bekümmerte sich indessen gar wenig um die auf dem rechten Ufer stehenden neugierigen Zuschauer. Nach Abfütterung der hungrigen Vögel tauchte er rasch unter und ward nicht mehr gesehen. Bei der vielfachen Besprechung dieser auffallenden Erscheinung wurde von verschiedenen alten Fischern in Binau die naheliegende Erklärung abgegeben, dieser rote Mann im Neckar könne wohl niemand anders sein als der Wassermann, den man früher an bezeichneter Stelle öfters gesehen habe. Genauere Angaben über den rätselhaften Vogelfreund konnten aber selbstverständlich von keinem Sterblichen gemacht werden.

Der Wassermann vom Königshöfer Wehr

Am frühen Abend eines heißen Tages kam von Lauda über die Tauberwiesen her ein älterer Mann, der nicht nur von jedem geachtet, sondern auch ein liebenswerter und immer hilfsbereiter Mensch war. Da die Tauber kein Wasser mit sich führte, war die Stelle am Wehr soweit trocken, daß der Alte ruhig die Tauber trockenen Fußes überqueren konnte. An einer glitschigen Stelle jedoch rutschte er aus, wobei seine Tasche mit Inhalt über das Wehr rollte und ins tiefe Wasser fiel. In seiner Not rief er dem Wassermann, der dann auch aus den Wellen stieg und ihm seine Tasche zurückgab. Der Alte bedankte sich herzlich beim Wassermann und versprach ihm, daß niemand mehr aus Königshofen ihn und seine Töchter belästigen würde, was auch bis zum Tode des Alten eingehalten wurde.

Der Wassermann unter der Gamburger Brücke

Bei Gamburg hält sich in der Tauber ein Wassermann auf, den man besonders oft unter einem Bogen der Brücke plätschern hört. In der Hand trägt er einen langen Haken, wie ihn die Fischer führen. Damit greift er nach den Kindern, die sich zu nahe an die gefährlichen Stellen des Flusses begeben, zieht sie unter das Wasser und behält ihre Seelen bei sich; damit ihm diese aber nicht entfliehen, läßt er sie unter die alten Häfen ducken, die von den Leuten als unbrauchbar ins Wasser geworfen werden. Nur am Samstag zwischen zwölf und ein Uhr mittags dürfen sie hervor und miteinander spielen. Aber er hält strenge Wacht dabei, und wie jemand am Ufer sich zeigt, husch! werden die Kinderseelen wieder in ihr Gefängnis getrieben.

Einst ging ein Haufen Gamburger Butterweiber im hohen Sommer bei kaum grauendem Morgen über die Brücke, um nach Wertheim ihre Ware auf den Wochenmarkt zu tragen. Da hörten sie den Wassermann unten plätschern und machten einander darauf aufmerksam. Eine der Butterfrauen sagte: „Ich muß doch einmal sehen, welche Gestalt der Wassermann hat, von dem so viel gesprochen wird." Die andern wollten sie abhalten und baten sie, bei der Gesellschaft zu bleiben. Jene ließ sich aber nicht irre machen, ging am Ende der Brücke, während die andern zur Steige sich wandten, links am Ufer hinab, bis sie unter die Brücke sehen konnte, holte aber dann ihre Gefährtinnen wieder ein.

Nun fragten die andern: „Wie sieht er denn aus?" „Ach", sagte die Frau, „ich wollte, ich hätte meinen Vorwitz unterlassen! Der Wassermann ist ein schöner, großer Mann mit schwarzen, gerollten Haaren und einem kurzen, krausen Barte. Bis zur Hüfte ragt er aus dem Wasser hervor. Mit seinen hellen Augen blickte er mich so scharf an, daß mir sein Blick wie ein Stich durchs Herz ging." Von dieser Zeit an war die Frau immer niedergeschlagen, fing an zu kränkeln und starb nach Verlauf von sechs Wochen. Noch kurz vor ihrem Tode sagte sie, daß des Wassermanns Augen ihr fortwährend keine Ruhe ließen und bat die Anwesenden, sich nicht vom Vorwitz verführen zu lassen, um Dinge sehen zu wollen, die einen nichts angehen.

Das Mädchen auf der Eulschirbenmühle

Auf dem Schloß zu Gamburg lebte einst ein Graf, der war ein leidenschaftlicher Jäger und Fischer und verbrachte, zum Verdruß seiner Gattin, oft viele Tage fern von seiner Burg mit Fischen und Jagen. Als er einst im Erlengebüsch bei der Mühle von Eulschirben mit Fischfang beschäftigt war, sah er ein ihm unbekanntes Mädchen von wunderbarer Schönheit vorübergehen und dann in der Mühle verschwinden. Er fragte den Müller, wer die schöne Fremde sei und erhielt die Antwort, seit kurzem habe sie sich in der Mühle verdingt, jedoch mit dem Vorbehalt, daß sie von Donnerstagabend bis zum Samstag früh im Walde leben dürfe, was ihr gerne zugestanden wurde, denn sie arbeitete in einer halben Woche so viel wie andere Mägde kaum in einer ganzen. Der Graf hatte eine leidenschaftliche Liebe zu dem Mädchen gefaßt und wollte daher diesem Geheimnis auf die Spur kommen. So begab er sich am nächsten Donnerstagabend wieder in die Nähe der Mühle, um die seltsame Fremde zu belauschen. Wirklich erschien das Mädchen, verschwand aber ebenso wieder wie das erste Mal. An einem späteren Tag schlich er ihr nach und sah, wie sie sich am Ufer der Tauber vorsichtig auskleidete, ihre Gewänder sorgfältig im Gebüsch versteckte und dann mit raschem Sprung in das Wasser tauchte. Nach einer Weile aber erschien sie wieder auf dem Wasserspiegel und wiegte sich, eine Perlenkrone auf dem Haupt, über den vom Monde hell beschienenen Fluten. Zugleich aber bemerkte auch

der Graf, daß ihr Leib von der Hüfte an Schuppen trug und in einem Fischschwanz endigte. Als die Wasserfrau, denn als solche hatte sie der Graf erkannt, wieder untertauchte, schlich sich dieser an die Stelle, wo die Kleider lagen, und nahm sie weg. Durch dieses Pfand war die schöne Frau die Geliebte des Herrn von Gamburg geworden. Der Graf baute ihr auf ihren Wunsch bei der Mühle ein Schloß und verlebte hier mit ihr die schönsten Tage. Von Donnerstag bis Samstag kehrte sie jedoch nach wie vor durch die unteren Räume des neuen Schlosses in das Wasser der Tauber zurück, während der Graf diese Zeit in Gamburg zubrachte.

Auf die Dauer aber blieb dies nicht verborgen. Der Müller hatte oft Saitenspiel im Schlosse gehört, und es gelang dem Neugierigen, die beiden eines Tages zu belauschen. Auf der Stelle begab er sich zu dem Abt von Bronnbach und erzählte ihm den Vorfall. Der Abt gab dem Müller ein mit geweihtem Wachs verklebtes Papier, das er nach seinem Rat auf die oberste Schwelle der Treppe legte. Als nun das Fräulein sich dann am Donnerstagabend die Stiege hinunter in ihr Element begeben wollte, hörte der Müller ein lautes Jammern und gleich darauf einen schweren Fall in die Tauber; dann war es wieder totenstill. Die Wasserfrau war für immer verschwunden, und der Graf starb bald aus Gram. Die Gräfin errichtete zum Andenken an ihren Gemahl an der Stelle ein Kloster und lebte darin bis zu ihrem Tode. Kurz nach ihrem Hinscheiden entstand aber eine solche Überschwemmung, daß nur noch das Dach des Gebäudes hervorragte. Dieses wurde von den Nonnen alsdann verlassen und von dem Müller zu einer Mühle eingerichtet.

Von Hexen, Zauberern und Teufeln

Die schöne Witwe von Königshofen

In Königshofen klopfte einmal ein Geselle an die Haustür einer schönen Witwe und bat um Arbeit. Die Witwe nahm den jungen Mann auf, machte ihn mit der Hofarbeit vertraut, zeigte ihm seine Stube und erklärte, daß er an Samstagen nach zehn Uhr abends nicht mehr herunterkommen dürfte. Der Geselle willigte ein und machte sich zunächst keine weiteren Gedanken über das Gehörte. An einem Wochenende jedoch war der Geselle verspätet von einer Kirchweih nach Hause gekommen. Als er gerade auf seine Stube gehen wollte, hörte er merkwürdiges Gekicher, das aus dem Zimmer der schönen Witwe zu kommen schien. Neugierig geworden, schlich er sich näher, schaute durchs Schlüsselloch und bemerkte, wie die Witwe mit einem sonderbaren Manne sprach und scherzte, der in seiner Linken eine Dose hielt, mit den Fingern der Rechten eine Salbe auf die Stirne der Frau strich. Während die schöne Witwe langsam in Entzücken geriet, sprang der Fremde auf den Tisch und spielte auf einer rasch hervorgezogenen Flöte ein flottes Lied. Der Geselle bekreuzigte sich und sprach, ohne daß er es selbst bemerkte, laut vor sich hin: „Jesus, Maria und Josef!" Der Fremde mußte diese Worte vernommen haben, denn mit einem Fluch sprang er durchs offene Fenster. Die schöne Witwe jedoch sank in sich zusammen. Eine Hexe, dachte der Geselle, schlich in seine Stube, packte seine sieben Sachen und verschwand unbemerkt aus dem Haus. Wochen später wurde die schöne Witwe auf dem Scheiterhaufen in Würzburg verbrannt.

Das behexte Kind in Nußloch

Als eine Frau zu Nußloch mittags ihrem sechswöchigen Kinde Brei gab, kam eine Krautschneiderin in die Stube und fragte sie, warum das Kind so wenig Brei erhalte? Die Frau versetzte, das gehe die Krautschneiderin nichts an; worauf dieselbe voll Zorn sich entfernte. Am Abend, als das Kind wieder Brei bekommen sollte, nahm es keinen an, sondern weinte heftig, und den ganzen nächsten Tag über blieb sein Benehmen eben so. Bekümmert trug die Frau das Kind im Dorfe herum und fragte, ob ihm niemand helfen könne? Ein alter Strumpfstricker erbot sich dazu und trug das Kind am folgenden Morgen um 5 Uhr nach Wiesloch zu den Kapuzinern. Nachdem dieselben lange über das Kind gebetet hatten, kam eine große Kapsel zur Türe herein und klapperte die Worte hervor: „Mach mich auf! Mach mich auf!" – Man öffnete sie nun und sah darin eine Menge von Päckchen liegen, deren jedes mit einem Namen überschrieben war. Die Kapsel gestand nun, sie sei selbst die Krautschneiderin und habe das Kinde behext; es könne jedoch von dem Zauber befreit werden, wenn man ihm Pulver aus dem Päckchen eingebe, worauf sein Name stehe. Die Kapuziner fanden das Päckchen und gaben die eine Hälfte des Pulvers dem Kind ein, die andere dem Strumpfstricker mit nach Hause. Dort sagte derselbe der Mutter des Kindes, am Abend werde die Krautschneiderin wieder zu ihr kommen, und sie solle derselben dann das Pulver, welches er ihr hier mitgebracht habe, in einem Stücke Brot zu essen geben. Die Frau tat wie geheißen, worauf die Krautschneiderin ganz rasend wurde und oben aus dem Schornstein hinausfuhr. Das Kind aber war wieder ganz hergestellt und erreichte ein hohes Alter.

Hexentritt

Vor etwa zweihundert Jahren fand man eines Sonntagmorgens zu Mannheim, am Haus neben dem Nonnenkloster, einen nackten Frauenfuß in einer Steinstaffel abgedrückt. Diese Spur hatte eine Hexe hinterlassen, die in der Nacht über die Stufe gelaufen war. Weil andauernd viele Leute kamen, die den Fuß sehen wollten, mußte die Staffel nach einigen Tagen entfernt werden.

Hexe in der Wagenspeiche

Ein Fuhrmann fuhr mit schwer beladenem Wagen die Straße nach Rührberg bei Tauberbischofsheim hinauf. Als er oberhalb des ehemaligen Klosters war, konnten die Pferde den Wagen nicht mehr vorwärts bringen. Alle Mittel halfen nichts. Da sagte einer: „Der Wagen ist verhext; wenn ihr nicht die und die Speichen an einem Rad herausschlagt, bringt ihr den Wagen nicht mehr vorwärts." Dies tat man. Da hörte man einen Schrei, und der Wagen bewegte sich. Am nächsten Morgen aber lag eine Weibsperson, die schon längst als Hexe verschrien war, in Rührberg mit zerbrochenem Bein im Bett und wollte absolut nicht angeben, wie und wo ihr der Unfall zugestoßen sei.

Die übel belohnte Hexe

Ein Bauer in der Gegend von Eppingen hatte eine Frau, welche im Ort als Hexe verschrien war. Um dies zu ergründen, gab er genau Obacht auf alles, was sie tat, da er aber trotzdem nichts heraus brachte, ließ er oft gegen sie den Wunsch fallen: „Wenn ich doch nur hexen könnte!" – Lange sagte sie nichts darauf; als er jedoch diesen Wunsch stets eifriger wiederholte, sprach sie endlich: „So komm heute nacht zwischen 11 und 12 Uhr mit in den Hof; da will ich dir das Hexen lehren!" – Zu gleicher Zeit fanden sich beide dort ein, der Mann mußte, gleich ihr, eine Mistgabel ergreifen, und sie hieß ihn hinter ihr her um den Düngerhaufen gehen und nachsprechen, was sie sagen werde. Sie schritt nun voran und sprach:

„Ich verleugne Herrn Jesum Christ!"

Da fiel ihr der Bauer in die Rede: „Und ich schlag tot, was teuflisch ist!" zugleich gab er ihr mit seiner Mistgabel einen solchen Schlag auf den Kopf, daß sie augenblicklich tot niederfiel.

Der Metzger bei der Hexenversammlung

Ein Metzger von Waibstadt, der spät in der Nacht heimging, sich aber verirrt hatte, sah Licht auf einem Hügel und stieg hinauf. Oben fand er eine Menge Leute versammelt, bei welchen aufgespielt und getanzt wurde. Unter denselben ward er seine Gevatterin gewahr, die auch ihn erblickte und fragte, was er hier zu tun habe? Nachdem er ihr geantwortet, er habe sich verirrt und sei dem Lichtschimmer nachgegangen, sagte sie zu ihm, er könne da bleiben, was er auch tat und dem Tanze zuschaute. Gegen Mitternacht erkundigte sich die Gevatterin, ob er sich noch nicht schläfrig fühle und führte ihn, als er es bejahte, in einen nahen Saal, worin ein seidenes Bett stand. Er legte sich auf ihr Geheiß darin nieder und schlief alsbald ein. Als er erwachte, war es Morgen, und er sah sich unter dem Waibstadter Galgen liegen, und ringsum war kein Mensch mehr zu erblicken. Er machte sich beschämt nun sogleich hinunter in den Ort, wo die erste Person, welche ihm unter dem Tore begegnete, die Gevatterin war und ihn bat, von dem, was er auf dem Berge gesehen, keiner Seele was zu verraten.

Dies versprach er ihr, konnte sich jedoch nicht enthalten, die Sache später seiner Frau zu entdecken. Bald darauf ward er von der Gevatterin ersucht, in ihrem Haus ein Schwein zu schlachten, wozu er, doch erst nach mehrmaligem Weigern, sich endlich verstand. Beim Ausnehmen des Schweines ward er, in den Eingeweiden desselben wühlend, von etwas Spitzem scharf in die Hand gestochen, in Folge dessen sie ganz schwarz wurde und er nach wenigen Tagen am Brand sterben mußte.

Die Teufelskutsche

Eines Abends um sieben Uhr ging eine Frau, welche nach Heidelsheim wollte, auf der Landstraße zwischen Ubstadt und Bruchsal. Am dortigen Galgen kam eine Kutsche hinter ihr her, hielt bei ihr an, und ein darin sitzender Mann lud sie, während die Tür aufsprang, zum Einsteigen ein. Nach einigem Zögern stieg sie ein, worauf der Schlag von selbst wieder zuging. Der Mann sprach kein Wort, doch die Frau gewahrte mit Schrecken, daß er Bocksfüße habe. Als sie vergebens versucht hatte, die Kutschentür zu öffnen, um herauszuspringen, zog sie ein Gebetbüchlein aus der Tasche und betete in einem fort, bis sie bei Untergrombach zu einem Kapellchen kamen. Da öffnete sich der Schlag wieder von selbst, die Frau sprang heraus, und unter fürchterlichem Knall verschwand die Kutsche mit Mann und Rossen.

Der Teufelsbeschwörer

Oberhalb Wiesloch geht der Pfad von Rauenberg nach Walldorf über die Landstraße und bildet somit einen Kreuzweg, an dem ein steinernes Kruzifix steht. Auf diesem Platze verrichteten einst nachts etliche Leute das sogenannte Christophelsgebet, um dadurch zu erwirken, daß der Teufel ihnen Geld herbeibringe. Während des Betens entstand in der Luft ein großes Getöse; sie blickten empor und sahen dicht über ihren Häuptern an einem dünnen Faden einen Mühlstein hängen, worauf sie voll Entsetzen die Flucht ergriffen.

Die Hexe und der Mühlknecht

Eine Müllersfrau zu Mannheim, die eine Hexe war, begab sich jede Mittwochs- und Freitagsnacht zum Hexentanze, welcher im freien Feld unter einem großen Baum gehalten wurde. Wenn sie sich dahin aufmachen wollte, verwandelte sie einen Strohwisch oder ein Stück Holz in ihre eigene Gestalt, legte das Blendwerk zu ihrem Mann ins Bett, ging dann in die Kammer des Lehrjungen, über welchen sie Gewalt hatte, legte dem Schlafenden einen Zaum an, verzauberte den Knaben in ein Pferd und ritt darauf hinaus. Ebenso kehrte sie später wieder heim, und der Junge wachte am Morgen ganz ermüdet in seinem Bette auf, ohne von dem Vorgange nur das Mindeste zu ahnen. Weil er darüber nach und nach außerordentlich abmagerte, schöpfte der Mühlknecht Verdacht, daß es nicht mit rechten Dingen zugehe. Derselbe hatte früher bei einem Scharfrichter gedient und von ihm mancherlei geheime Künste gelernt. Nachdem er sich mit dem Jungen besprochen, mußte dieser in der nächsten Freitagsnacht mit ihm die Schlafstätte wechseln. Zur gewöhnlichen Zeit kam die Müllersfrau an das Bett, worin jetzt der Knecht lag, zäumte denselben, in der Meinung, es sei der Junge, auf, gab ihm Pferdegestalt und ritt auf ihm davon, was er alles ruhig geschehen ließ. In der Nähe der Hexenversammlung band sie den so verwandelten Knecht an einen Baum, nahm ihm den Zaum ab und begab sich allein zu dem Fest. Als solches zu Ende war, kehrte sie zurück und wollte ihm den Zaum wieder anlegen, er aber packte denselben, warf ihn geschickt ihr selbst über, verwandelte sie damit in ein Pferd, schwang sich, nun wieder in seiner eigenen Gestalt, darauf und sprengte nach der Stadt und gerade vor eine Schmiede. Dort ließ er das Pferd an allen vier Hufen beschlagen, ritt dann in die Mühle und ging, das Pferd sich selbst überlassend, zu Bette, um noch auszuruhen. Am Morgen gab sich die Müllerin für krank aus und hüllte sich sorgfältig in die Bettdecke, aber ihr Mann, welchem allein der Knecht die Sache mitteilte, nötigte sie, ihm ihre Hände und Füße zu zeigen, woran die Hufeisen noch fest saßen. Diese nahm er ihr zwar unter Gebetssprüchen glücklich ab, jedoch mußte sie hoch und teuer ihm geloben, sich zu bekehren und vornehmlich auf immer der Hexerei zu entsagen, welches Versprechen sie auch, mit Gottes Beistand, treulich erfüllt hat.

Der dreifüßige Hase

In der Hohlgasse zwischen Wiesloch und Baiertal sitzt allnächtlich auf dem Kreuzwege ein dreifüßiger Hase, der denjenigen, welchem es gelingt, ihn zu fangen, glücklich zu machen bestimmt ist. Ein kleiner buckliger Schuhmacher, der einstmals auch den Hasen dortselbst erblickte, sprang, um ihn zu haschen, mit den Worten auf ihn zu: „Halt Häslein, du bist mein!" Da war im Nu der Hase verschwunden; auf dem Buckel des Schusterleins aber hing ein Sack, den es, während er immer schwerer und schwerer wurde, eine halbe Stunde weit forttragen mußte. Alsdann fiel der Sack mit starkem Plump ab, und aus der Erde rief eine Stimme: „Nun kannst du dich glücklich schätzen, daß du nur noch eine Last auf deinem Rücken trägst!" – welchen Worten ein gellendes Gelächter folgte.

Der Hexenturm in Weinheim

Dieser Turm, den der Grundelbach von dem Schloßberge trennt, steht ganz nahe bei dem Müllheimer Torturm. In jener umwölkten Zeit, wo so mancher Unschuldige, als der Zauberei verdächtigt, gefoltert und dem Scheiterhaufen übergeben wurde, hat man auch diejenigen Personen Weinheims und der Umgegend, welche der Hexerei beschuldigt wurden, in diesen Turm gesperrt. Da jedoch damals der Glaube herrschte, daß solche Teufelsgenossen ihre Zaubermacht augenblicklich wieder bekämen, sobald sie mit bloßer Haut die Erde berührten, so hat man sie auf luftigen Bahren und Stiegen in das obere Verhörzimmer des Müllheimer Torturmes gebracht.

Der Freijäger

Gegen Ende des vorigen Jahrhunderts war auf dem Dörrhof bei Rauenberg ein Jäger, der, weil er drei Freischüsse getan hatte, alles, was er wollte, schießen konnte. Die Freischüsse tat er so, daß er auf ein Tuch kniete und das erste Mal gegen die Sonne, das zweite Mal gegen den Mond, das dritte Mal gegen Gott schoß, wobei vom Himmel drei Blutstropfen auf das Tuch fielen. Nachdem er gestorben war, ging er – sogar am Tage – im Wald beim Dörrhof in seiner Jägerkleidung samt Gewehr, Büchsenranzen und Jagdhund um. Durch den Schinder vom Laukenhof wurde er in einen Sack beschworen, in die obere Klinge zwischen Grünenwörth und Mondfeld getragen und dort unter einen Felsen gebannt, der die Schneiderkammer heißt. Seit dieser Zeit wird die Klinge vom Vieh gemieden; auch ist dort bei Nacht schon ein schwarzer Mann gesehen worden.

Doktor Faust

Eine Stunde von Maulbronn, in dem Städtchen Knittlingen, ist der berühmte Zauberer Johannes Faust geboren. Nachdem er viel studiert und spekuliert und mit Hilfe des Teufels, dem er dafür seine Seele verschreiben mußte, manchen höllischen Spuk allerorten angestiftet und ein ruch- und gottloses Leben geführt hatte, holte ihn endlich der Teufel zur bestimmten Stunde, als sich Faust gerade in Maulbronn aufhielt.

Dort kann man heute noch ein Gemach sehen, in dem der Zauberer hauste. An der Wand befindet sich noch ein unabwaschbarer Blutfleck. Hier schlug ihm der Teufel den Schädel ein, als er mit der Seele des Zauberers davonging.

Man erzählt vielerlei Geschichten von Dr. Faustus. Der Teufel mußte ihm in allem gefällig sein und ihm alles beibringen, was er nur haben wollte. So mußte er ihm mitten im Winter etwa reife Erdbeeren auftischen oder mitten im Hochsommer eine Schneebahn herrichten, damit sich Faust mit Schlittenfahren vergnügen konnte. Ferner befahl er oftmals dem Teufel, wenn Faust durch eine Stadt fuhr, das Straßenpflaster vor ihm aufzureißen und sogleich hinter ihm wieder zuzupflastern. Und dabei fuhr Faust nicht langsam. Umgekehrt mußte der Teufel ihm wohl auch einen Feldweg pflastern, und, sobald er darübergefahren war, das Pflaster augenblicklich wieder aufreißen.

Der grüne Jäger

Drunten im kleinen Odenwald bei Eberbach ging einmal ein armer Mann im Wald hin und her und sann darüber nach, wie er zu Geld kommen könnte. Da begegnete ihm ein Jäger in grasgrünem Gewand. Der Jäger fragte ihn, was er denn so ernst vor sich hin sinne; ob er Gold haben möchte? Der arme Mann bejahte die Frage, die ihm so willkommen war. „So komm nur mit mir, ich will dir geben", sagte der Jäger und führte ihn zu einer alten Eiche. Er steckte sein großes Waidmesser in die Rinde, riß dem Mann ein Haar aus und drückte es mit dem Messer in die Ritze hinein. Von jetzt an werde er, so oft er in die Tasche greife, einen Kronentaler darin haben, sagte der Jäger, und war im selben Augenblick verschwunden. Der arme Mann prüfte gleich nach, ob der Jäger auch die Wahrheit gesagt, – und siehe da, er zog einen blanken Kronentaler aus seiner Tasche! Von nun an arbeitete der Mann nichts mehr, lebte gut und köstlich und tat, wie große Herren tun. Nach kurzer Zeit fragten ihn seine Nachbarn und Verwandten, woher es denn komme, daß er auf einmal so dick tue. „Kommt mit, ich will's euch lehren!" gab er zur Antwort und führte sie hinaus zu der alten Eiche. Kaum aber hatte er sein Messer in die Rinde gestoßen, verschwand er in den Lüften; niemand wußte, wo er hingekommen. Die da standen, sahen nur noch seinen Hut durch die Baumwipfel herabfallen.

Doktor Faust auf dem Boxberg

Der berühmte Doktor Faust wohnte einst eine Zeitlang in Heilbronn und trieb sich mit seinen losen Künsten in der ganzen Gegend herum. Dabei kam er auch öfters auf die Burg Boxberg, wo er stets gastliche Aufnahme fand. An einem kalten Wintertag lustwandelte er einmal mit den Schloßfrauen in den Gartengängen an der Ostseite der Burg. Als sie nach einer Weile über Kälte und Frieren klagten, ließ er im Augenblick die Sonne scheinen, den schneebedeckten Boden grünen und die schönsten Veilchen aus dem Grase sprießen. Dann begannen auf sein Geheiß alle Bäume im Garten zu blühen, und weil die schönen Frauen es wünschten, ließ er gleich Äpfel, Pfirsiche und Pflaumen daran reifen. Endlich ließ er auch noch Weinstöcke ausschlagen und Trauben tragen. Er forderte jede seiner Begleiterinnen auf, sich eine Traube abzuschneiden; doch nicht eher, als bis er das Zeichen dazu gebe. Als die Damen zum Traubenschneiden fertig waren, nahm er die Verblendung von ihnen. Da blieb ihnen vor Staunen der Mund offen stehen, denn jede hielt die Nase einer andern in der Hand und hatte daran das Messer angesetzt. Der Garten, in dem all dies geschehen, wird seit jener Zeit der Veilchengarten genannt.

Ein andermal sollte Doktor Faust Schlag zwölf Uhr am Mittag bei einem Gelage in Heilbronn sein, war aber noch um dreiviertelzwölf auf dem Boxberger Schloß. Da griff er mit der leeren Hand dreimal in die Luft, und sogleich stand eine mit vier Rappen bespannte Kutsche im Burghof. In die setzte sich Doktor Faust und fuhr wie der

Wind querfeldein auf einer gepflasterten Straße davon. Ein Bauer, der in der Nähe auf dem Feld arbeitete, sah, wie eine Schar gehörnter Geister der dahinsausenden Kutsche den Weg eben pflasterte; eine andere Schar riß hinterher die Steine wieder aus dem Boden und entfernte sie, so daß jede Spur des Pflasters im Augenblick verschwunden war. Doktor Faust aber traf mit dem Glockenschlag zwölf in Heilbronn ein.

Der Zauberschuster

Ein Waldangellocher Schuster hatte einmal am Wirtshaustisch gewettet, er könne ganz allein vom Morgen bis zum Abend ein Paar Stiefel und ein Paar Schuhe fertig machen. Weil einige seiner Kumpane nicht glauben wollten, daß er dies allein zuwege bringe, ließ er sich von ihnen in der Werkstatt einschließen. Nachdem etliche Stunden vergangen waren, schlichen die mißtrauischen Wettbrüder vor die Tür der Schusterwerkstatt und schauten durchs Schlüsselloch. Da sahen sie den Schuhmacher müßig auf der Bank sitzen, dafür aber vier unbekannte Gesellen mit Hammer, Pfriem und Pechdraht emsig arbeiten. Schnell öffneten sie die Tür und traten in die Werkstatt. Obwohl sie alle Winkel durchsuchten, sahen sie keine Spur von den Männern, sondern fanden statt der vier Gesellen nur vier Mücken unter vier Fingerhüten. Sie schüttelten die Köpfe und ließen den Schuster wieder allein. Am Abend hatte er die Stiefel und Schuhe fertig und damit die Wette gewonnen.

Der Doktor mit den Böcken

Vor uralten Zeiten wohnte auf dem Eichelberg bei Wertheim in einem großen Gebäude ein alter Doktor, der in der Heilkunst wohl erfahren war. In der Stadt stand er aber in keinem guten Ruf. Man hielt ihn für einen Wettermacher, der nur mit Hexen und Gespenstern umging. Wegen seiner Geschicklichkeit wurde er jedoch häufig von den Leuten besucht. Wenn der Doktor beim Läuten an seiner Tür nicht gleich den Kopf zum Fenster herausstreckte, so wußte man, daß dem Kranken nicht mehr zu helfen sei, und der Besucher durfte dann sofort wieder nach Hause gehen. Die Kranken, die er annahm, besuchte der Doktor auch, und verschrieb ihnen Arznei. Wenn er dies tat, wußte jedermann, daß die Leidenden auch sicher wieder gesund wurden. Der Alte ging bei solchen Besuchen nie zu Fuß, sondern fuhr immer in einem kleinen Wägelchen, von zwei schwarzen Böcken gezogen.

Eines Abends schaute der Doktor zum Fenster seines Hauses hinaus auf den Main, da fuhr ein Nachen mit schönen Mädchen flußabwärts. Nicht fern von der Wohnung hielten sie bei einem alten Schlosse und stiegen dort aus, wo später die sogenannte weiße Scheuer stand. Es waren zwölf Mädchen, die hier zusammen wohnten. Auf den alten Doktor aber hatte dies Abenteuer einen so tiefen Eindruck gemacht, daß er am nächsten Morgen seine Böcke anspannte, hinab in das Schloß fuhr und dort seinen Heiratsantrag anbrachte. Die Jungfrauen wußten anfangs nicht, was sie machen sollten mit diesem sonderbaren Freier im langen Spitzbart. Da verlangte die älteste von ihnen drei Tage Bedenkzeit. Als aber der alte Freier nach dieser Frist wieder kam, empfingen ihn die

Mädchen freundlich und führten ihn in einen prachtvollen Saal. Hier saß auf einem Stuhl eine in tiefe Schleier gehüllte Gestalt; dieser sollte der Doktor den Schleier lüften und sie als Braut umarmen. Als er aber den Schleier hob, schaute ihn statt der ersehnten Braut nur eine Katze an. Unter dem Gelächter aller, auch der aus der Stadt hierzu eingeladenen Mädchen, eilte der getäuschte Freier racheschnaubend aus dem Saal und fuhr davon. In der folgenden Nacht zwischen 11 und 12 Uhr kam er wieder zum Schloß zurück und verwandelte zur Strafe alle Jungfrauen in Katzen; zugleich erhob sich ein Sturm und Hochwasser, so daß das Schloß in Trümmer zusammenstürzte. Noch oft zeigten sich die verwunschenen Katzen. Der Doktor war ebenfalls von jener Nacht an verschwunden. Nur jedes Jahr an dem Tag des Ereignisses fährt er nachts zwischen 11 und 12 Uhr den Eichelberg herunter in die weiße Scheuer. Funken sprühen dabei aus den Rädern des Wagens, und die Augen der Böcke leuchten wie glühende Kohlen; wenn dann beim Morgengrauen die Hähne krähen, kehrt er erst wieder nach dem Eichelberg zurück.

Unheimliche Gestalten und Geschehen

Der entführte Schneider

Vor vielen Jahren kamen ein Schneider aus Wössingen und sein Lehrjunge, als sie nachts vom Traishof heimgingen, zu einer Kutsche, worin ein Mann und auf dem Bocke der Kutscher saß, und neben welcher ein anderer Mann in grünem Rock einherschritt. Derselbe lud die beiden zum Einsteigen ein, was der Lehrjunge ablehnte, der Schneider aber annahm, worauf ihm der Grüngekleidete hineinhalf und dann selbst einstieg. Kaum war dies geschehen, so erhob sich die Kutsche in die Luft und fuhr schnell wie der Wind über Berg und Tal, so daß den Schneider die Besinnung verließ. Als er wieder zu sich kam, war es Morgen, und er lag allein am öden Meeresufer, wo ein Schiff anhielt. Er wußte sich nicht anders zu helfen, als daß er die Schiffleute bat, ihn mitzunehmen, was sie auch taten. Sie segelten nach Ostindien. Daselbst blieb der Schneider zwanzig Jahre lang, nach deren Verlauf er nach Wössingen, wo man ihn längst für tot gehalten, zurückkehrte. Weil er aber seine Frau an jenen Lehrjungen, der unterdessen Meister geworden war, verheiratet fand, nahm er seine beiden Söhne von ihr und begab sich mit ihnen an seinen vorigen Wohnort in Ostindien, von wo er nichts mehr von sich hat hören lassen.

Ein Gespenst pflügt

Auf dem Bauerbacher Felde bei Bretten ging ein Gespenst um, welches die Buben, die am nahen Wald ihr Vieh weideten, stets mittags zwischen 11–12 Uhr in den Furchen hin und her wandeln sahen. Um zu erfahren, was es wolle, schickten sie einen von ihnen zu ihm und ließen nach seinem Begehren fragen. Der Geist erwiderte bloß: „Komm morgen Mittag um 12 Uhr mit deines Vaters Pflug und Ochsen hierher!" – und verschwand. Auf Geheiß seiner Eltern, denen er dies erzählt hatte und die auf einen Schatz hofften, fand sich der Bube mit Pflug und Ochsen zur bestimmten Zeit wieder auf dem Feld ein. Das Gespenst winkte ihm und hieß ihn vorausgehen, es wolle hintennach zackern (Volkswort für ackern). Nachdem es dies getan und dadurch ein Stück Feldes an dem angrenzenden Acker gepflügt hatte, sprach es zu dem Knaben: „Jetzt bin ich erlöst! Nach sieben Jahren wirst du mir folgen und auch ein Engel im Himmel werden." – Hierauf verschwand der Geist. Der Bube starb richtig nach Verlauf der sieben Jahre.

Gespenst ins Haus gebracht

Ein Mann von Eppingen, der Nachts durch den dortigen Wald fuhr, hörte seitwärts vom Wege ein Blöken und fand, als er nachforschte, ein Milchkalb allein dort liegen. Er lud es auf seinen Wagen und sperrt' es zu Hause in seinen Stall. Als er vor dem Schlafengehen noch einmal nach dem Kalbe sehen wollte, traf er statt desselben eine hochbejahrte Frau in altertümlicher Tracht an. „Fürchte dich nicht", – sprach sie zu ihm – „ich tue dir nichts zuleide. Schon über hundert Jahre schwebe ich zwischen Himmel und Erde und kann nicht erlöst werden. Manchmal nehme ich die Gestalt eines Hundes, manchmal eines Schafes und manchmal eines Kalbes an. Weil ich in dein Haus gebracht worden bin, gehe ich nicht mehr heraus, will mich aber gerne mit jedem Winkelchen darin begnügen". – Darauf ließ der Mann für sie einen besonderen Kasten machen, worin der Geist noch heute sich befinden soll.

Wandelndes Feuer

Jakob Lohr aus dem Kloster Bronnbach erzählte: „Vor ungefähr 40 Jahren ging ich am Tage vor Weihnachten, morgens zwischen 3 und 4 Uhr, von Urphar nach Bronnbach. Als ich einige Zeit auf der Höhe fortgegangen, erblickte ich in der Ferne ein Feuer, das ich bald aus den Augen verlor, jedoch, als ich kaum durch den Schafhof gekommen, nahe vor mir auf dem Wege brennen sah. Es war über mannshoch, und ich erkannte darin deutlich eine menschliche Gestalt, deren Gesichtszüge, ja selbst Haare, ich unterscheiden konnte. Nicht lange, so verließ es seinen Platz, wandelte eine Strecke gegen das Kloster und stand dann wieder stille. Ich beschloß, meinen Weg fortzusetzen, aber nicht an dem Feuer vorbeizugehen, auch mich stets in einiger Entfernung davon zu halten. Wenn dasselbe ging, ging ich auch; wenn es stehenblieb, blieb auch ich stehen. Manchmal brannte es ganz ruhig, manchmal loderte es wild und sprühte Funken nach allen Seiten. In der Nähe von Bronnbach verließ es den Weg und wandte sich links einem Bildstock zu. Gerade hatte es diesen erreicht, als im Kloster die Frühglocke anfing zu läuten: da versank das Feuer augenblicklich in den Boden. Nachdem ich in Bronnbach die Sache erzählt, gingen, als es Tag geworden, einige Patres mit mir zu dem Bildstock, wir konnten aber keine Spur des Feuers irgendwo entdecken."

Feuriger Mann hilft

Ein Müller aus Bretzingen bei Buchen führte alle Jahre Grünkern nach Miltenberg, wobei ihm immer ein feuriger Mann begegnete. Als der Müller nun einmal wieder dahin fuhr, sprang ihm das Wagenrad von der Achse. Da sagte er: „Heute nacht, wo ich ihn brauchen könnte, ist der Feurige nicht da!" Kaum hatte er das gesagt, da stand der feurige Mann auch schon vor ihm und fragte: „Was willst du von mir?" Der Müller antwortete: „Hilf mir das Rad hineinheben!", was der Feuerige tat und gleich darauf verschwand.

Das helfende Flämmchen

Mehrere Buben aus Schwetzingen waren nachts in den Wald gegangen, um Holzäpfel aufzulesen. Da es sehr dunkel war, sagte einer von ihnen: „Wenn wir nur ein Licht hätten, das uns gut leuchtet; ich gäbe gern zwei Kreuzer dafür!" Kaum hatte er so gesprochen, da hüpfte aus weiter Ferne ein Flämmchen zu ihm heran und begleitete ihn, hell leuchtend, im Wald umher. Als die Knaben heimgingen, lief das Flämmchen mit und blieb vor dem Hause des einen Jungen stehen. Um es fortzubringen, warf er ihm endlich aus dem Fenster zwei Kreuzer zu, die es sogleich nahm und damit hinweghüpfte.

Arbeit in der anderen Welt

In alter Zeit starb in Flehingen eine Wöchnerin mit ihrem neugeborenen Kinde, und dies wurde ihr in den Arm gelegt und ins Grab mitgegeben. Die zwei folgenden Nächte schwebte ihr Geist vor das Bett der Großmutter und bat, sie möge ihr Faden, Nadel, Schere, Fingerhut, Wachs und Seife ins Grab geben, weil sie jenseits für ihr Kind noch nähen und waschen müsse. Die Großmutter erfüllte dieses Begehren, worauf der Geist sich nicht mehr sehen ließ.

Seitdem ist es zu Flehingen hie und da Sitte, den Wöchnerinnen, die mit ihren neugeborenen Kindern sterben und begraben werden, die Dinge, welche jene Frau verlangt hat, mit ins Grab zu geben.

Die zwölf silbernen Apostel

Auf dem Heiligenberg bei Heidelberg stand früher ein Kloster der Tempelherrn, von dem noch Mauerreste zu sehen sind. Als das Kloster zerstört wurde, sollen die adeligen Tempelherrn zwölf silberne Apostelfiguren an einem geheimen Ort innerhalb der Klostermauern vergraben haben. Einer der Ritter, der den Platz weiß, hütet sie bis auf den heutigen Tag – so berichtet die Sage. Vor Jahren geschah es hin und wieder, daß ein Spaziergänger um die Mittagszeit in der Nähe der Klosterruine dem Tempelritter begegnete. Gewöhnlich begleitete ihn ein schwarzer Bock. Einmal winkte der Tempelherr einer Frau, die des Weges kam, sie möge ihm folgen; er wollte ihr offenbar die vergrabenen Apostelfiguren zeigen. Die Frau fürchtete sich aber vor dem zottigen schwarzen Bock und ging nicht mit. Hätte sie Mut genug gehabt, dem Ritter zu folgen, so würde sie nicht nur ihn selbst erlöst, sondern auch die zwölf silbernen Apostel bekommen haben.

Das Teufelsloch

Zwischen Mannheim und Feudenheim abseits der Heidelberger Heerstraße liegt das Teufelsloch. Von ihm geht die Sage: In dem Dorf Dornheim lebten einst drei wohlhabende Brüder. Sie besaßen am Ende der Gemarkung ein großes Stück Land, dem es aber an Wasser fehlte. Sie beschlossen darum, dort einen Brunnen zu graben; als sie aber schon in eine bedeutende Tiefe gelangt waren, fanden sie seltsamerweise keine Spur von Wasser. Überdies geschah während der Grabarbeit allerlei Eigenartiges und Wunderliches. Öfters rollte die an den Rand der Grube heraufgeschaffte Erde wieder in die Tiefe zurück. Manchmal zerbrachen unbegreiflicherweise ihre Schaufeln in ganz lockerem Sande. Einmal kamen zahllose Raben angeflogen, ließen sich rings um die Brunnengrube nieder und krächzten wie wild. Ein andermal, als die drei Brüder in der Frühe zur Arbeit herauskamen, sahen sie eine weiße Frau in der Grube schweben. Sie ließen sich aber durch all dies nicht abhalten, weiter zu graben. Endlich stießen sie mit ihren Spaten auf eine große eiserne Platte. Die Erde wurde immer fester und schwerer, die Geschirre zerbrachen eins ums andere, und der Angstschweiß stand auf ihren Stirnen. Der jüngste von ihnen eilte ins Dorf, um Hilfe zu holen, während sich die beiden andern wieder ans Werk machten. Da war's plötzlich, als hörten sie tief im Innern der Erde dumpfes Donnerrollen. Erschrocken hielten sie eine Weile inne. Dann war's wieder stille geworden. Inzwischen war der jüngste Bruder mit einer Anzahl Gehilfen aus dem Dorf gekommen, und sie machten sich aufs neue an die Arbeit. Nach unsäglicher Mühe gelang es ihnen endlich, die eiserne Platte zu heben. Wie staunten sie aber, als sie drunten einen großen Sarg voll blanker Silberstücke erblickten! Alles drängte an den Rand der Grube, um den Schatz zu sehen. Da hob plötzlich wieder das unterirdische Donnern an, ein gewaltiger Wasserstrom brach aus der Tiefe hervor und verschlang den Schatzsarg und die drei Brüder. Nur wenige der Männer, die mitgeholfen hatten, kamen mit dem Leben davon und konnten den Dorfleuten erzählen, was Grausiges geschehen war. Nach kurzer Zeit entstand in dem einstigen Wiesengelände ein tiefer See, und eines Tages war auch das Dorf Dornheim spurlos untergegangen.

Der gespenstische Reiter im Rotloch

Dort oben in der Ecke des Brunnenfeldes, wo sich der alte Weinheimer Weg mit dem sogenannten Holzweg kreuzt, befindet sich der „Kühbrunnen". Ihm gegenüber, auf der anderen Seite des Holzweges, das rote Loch, oder kurzweg „Rotloch" genannt. Dieses Loch war bis vor ungefähr 15 Jahren ständig mit Wasser gefüllt, ähnlich einem Weiher, dessen Spiegel sich, je nach dem Stand des Grundwassers, hob und senkte. Dort soll sich ein Teil des großen Gemetzels abgespielt haben, das der wilde Pfälzer Fritz (Kurfürst Friedrich der Siegreiche) mit seinen Widersachern am Tage Pauli Gedächtnis des Jahres 1462 ausgefochten hat, von dem ja auch das bekannte Denkmal der Schlacht von Seckenheim herrührt. Unsere Jäger, Holzmacher, Rindenschäler, Waldhüter und sonstige Leute, die im Wald sich oft des Nachts aufhalten müssen, haben manches gesehen, wovon sie mit Schauder erzählen. In einer Nacht, da sich wieder der Tag der Schlacht jährte, soll sich ein Wilderer in den Dornen am roten Loch auf dem Anstand befunden haben, da der Wildreichtum in der damals einsamen Gegend besonders groß war. Nach einem heißen, schwülen Tag ballten sich in der Nacht schwere Wolken zusammen, und in der Mitternacht brach ein furchtbares Gewitter los, das unter Blitz und Donner oft sekundenlang die Gegend taghell erleuchtete. Der Wilderer im Dornbusch kauerte sich zusammen. Da! Ein neuer Blitz, und unter Rauschen und dröhnen sieht er aus dem Wasserspiegel des Weihers einen gespenstischen Reiter auftauchen, der grauenhaft anzusehen war. Er trug seinen Kopf, der aschfahl und blutbespritzt war, in der Linken an dem langen Haupthaar und versuchte, mit der Rechten die Zügel führend, durch stoßweises Untertauchen des Kopfes das Blut abzuwaschen. Von der Schulter herab bis ins Wasser hing ihm ein blutiger Schleier. Er machte im Wasser dreimal die Runde, und unter einem neuen Blitz verschwand er wieder, begleitet vom rollenden Donner, ebenso wie er gekommen war. Im Osten graute über den Höhen des Odenwaldes der Tag. Der Rehbock, nach erfrischendem Regen seinen gewohnten Lauf nehmend, kam am Dornbusch vorbei; aber es fiel kein Schuß. Der Wilderer im Dornbusch war tot.

Der Spuck im Mannheimer Schloß

In Gängen des Mannheimer Schlosses ging lange Zeit nachts eine gespenstische Hoffrau um. Sie hatte ein schneeweißes, mit schwarzen Blumen besticktes Seidenkleid an, trug feine Stöckelschuhe und war immer von einem Bologneser-Hündchen begleitet. Die Schildwachen mußten sich vor ihr in acht nehmen, wenn sie an ihnen vorüberging. Ein Soldat, der das Gewehr in der vorgeschriebenen Weise mit dem Bajonett nach oben präsentiert hatte, bekam einmal von ihr eine schallende Ohrfeige. Von nun an kehrten die Wachen ihre Gewehre um, die Kolben nach oben – und hatten seitdem von der wunderlichen Hoffrau nichts mehr zu befürchten.

Der feurige Mann von Dörlesberg

Auf dem alten Wege von Reicholzheim nach Dörlesberg geht seit uralter Zeit ein feuriger Mann um. Als vor vielen Jahren ein Fuhrmann nachts auf diesem Weg kam, brach ihm etwas an seinem Wagen. In der Dunkelheit wußte er sich nicht zu helfen; da sah er auf einmal den feurigen Mann und rief ihm zu, er solle herkommen und ihm leuchten. Derselbe kam auch herbei und ging so lange um den Wagen herum, bis der Fuhrmann fertig war. Da legte dieser ihm als Lohn einen Groschen hin, den der Geist auch zu sich nahm.

Der wilde Jäger von Schlossau

Über die Gegend von Schlossau im Odenwald fährt zuweilen nachts der wilde Jäger mit großem Jagdgetöse durch die Luft dahin. Wer dann im Freien ist und ihn herankommen hört, der muß ihm ausweichen oder sich mit dem Gesicht auf den Boden legen, sonst wird er vom Jagdnetz des wilden Jägers erfaßt, fortgenommen und in einem fremden Land auf die Erde gesetzt.

Gespenstischer Hund

Am Wege von Waldwimmersbach nach Dilsberg ist im Walde am ersten Markstein öfters ein schwarzer Pudel zu sehen. Er läuft schweigend neben den Leuten her, die hier durch den Wald gehen. Beim zweiten Grenzstein hat sich die Farbe des Hundes verändert. Er ist jetzt völlig weiß geworden. Dann verdunkelt sich seine Farbe wieder, so daß er beim dritten Markstein am Saume des Waldes wieder schwarz aussieht. Der Pudel tut niemandem etwas zuleide, wenn man ihn in Ruhe läßt. Fragt man ihn aber, was er wolle, so verwandelt er sich in einen fürchterlichen Riesen, gibt dem Fragenden eine Ohrfeige und verschwindet dann.

Der Pudel im Tannenwald

Ein Tauberbischofsheimer Bauer holte nachts Holz. Plötzlich sah er einen Pudel vor sich stehen, der einen Schlüssel im Maule trug. Der Pudel war kohlrabenschwarz und so groß wie ein Löwe. Er stellte sich vor den Bauern und sah ihn mit feurigen Augen an, sprang dann drei Schritte rückwärts, dann wieder vorwärts auf den Bauern zu, als wolle er ihm sagen, er solle ihm den Schlüssel aus dem Maule ziehen. Der Hund hätte ihn sicher zu verborgenen Schätzen geführt.

Der schwarze Hund am Karfreitag

Am Karfreitag, wenn das Vaterunser geläutet wird, kommt in Waldwimmersbach bei Heidelberg ein großer schwarzer Hund aus dem Friedhof, springt in einen Garten hinter der Kirche und wälzt sich dort, solange das Läuten dauert, zwischen zwei Bäumen. Sobald das Läuten aufhört, springt er wieder dem Friedhof zu und verschwindet dort. Nur Leute, die in der Adventszeit geboren sind, können dies alles sehen.

Die feurige Kutsche

In den Heiligen Nächten fährt aus dem Mannheimer Schloß eine feurige Kutsche, in der die Gespenster eines Hofherrn und einer Hoffrau sitzen. Sie rollt durch die breite Straße, wendet sich dann in die Planken und versinkt am Eintrachtshause in der Erde. Aus der Nähe darf man sie nicht betrachten. Einem Mann, der absichtlich zum Fenster hinaussah, als die Kutsche an seinem Haus vorbeifuhr, schwoll der Kopf an und wurde so groß wie ein Simmer. Man mußte den Kreuzstock des Fensters wegbrechen, damit der Mann den Kopf wieder in die Stube zurückziehen konnte.

Die wilde Frau im Knollenberg

I. Als die Riesen in ganz Deutschland verschwunden waren, erschienen an ihrer Stelle wilde Männer mit ihren Frauen. Diese waren bei weitem nicht so groß wie die Riesen, aber doch immer noch größer als die Menschen. Manche von ihnen zeigten sich am ganzen Leibe dicht behaart, während andere nur lange Bärte trugen. Im Sommer gingen sie gewöhnlich nackt; nur den Unterleib bedeckten sie mit einem Schurz aus grünen Zweigen und den Kopf gegen die Sonne mit einem Blätterkranz. Zur Winterszeit trugen sie Tierfelle, während sie die Füße mit einer eigenartigen Verschnürung bedeckten. Die Frauen trugen das ganze Jahr hindurch Kleider in den verschiedensten Farben gestrickt und gewoben.

Eine solche wilde Frau zeigte sich auch vor vielen Jahrhunderten zu Niklashausen. Eines Tages sah man sie, eine hochgewachsene Frau, an der alten Steige gegen den Knollenberg aus einer Höhle herauskommen. Am Ehrlisbrunnen schöpfte sie mit einem großen, silbernen Gefäße Wasser und verschwand wieder in der Höhle. So zeigte sie sich noch sehr oft, und zwar gewöhnlich morgens bei Sonnenaufgang, mittags, wenn die Sonne am höchsten stand, und abends, wenn sie unterging. Die Frau war meistens in grünem Kleide mit rotem Zierat und sah sehr stolz und vornehm aus. Später begegnete sie auch Männern im Walde; hier trug sie einen Spieß, mit dem sie das Wild auf weite Entfernung erlegte.

II. Einst graste eine arme Frau in der Nähe des Ehrlisbrunnen. Da kam die Wildfrau zu ihr und fragte sie nach ihren Verhältnissen. Als sie erfuhr, die Frau sei eine arme Witwe mit fünf Kindern, da griff sie auf den Boden, nahm eine Handvoll gelbes Laub und steckte es der Witwe in den Tragkorb mit dem Bemerken, nicht eher nach dem Laub zu sehen, als bis sie zu Hause die Dachtraufe ihrer Wohnung überschritten habe. Als die Arme daheim nachsah, lagen auf dem Boden der Kötze lauter blinkende Goldstücke, durch welche die Witwe aus ihrer Not befreit war.

Diese Wohltat wurde im Dorfe viel besprochen. Großes Erstaunen aber erregte die beschenkte Witwe, als sie erzählte, die wilde Frau sei zwar schön von Angesicht, an Händen und Füßen; aber ihr Leib sei mit langem, dunklem Zottelhaar bewachsen.

III. Eine ähnliche Geschichte begab sich bald darauf mit einer anderen alten Frau. Diese bekam ebenfalls eine Handvoll gelbes Laub in ihren Korb mit der Weisung, erst nach dem Überschreiten der Dachtraufe danach zu sehen. Allein die Neugierde, zu wissen, ob sich das Laub sogleich in Gold verwandelt habe, ließ der Beschenkten keine Ruhe. Sie schaute noch vor dem Dorfe auf den Grund ihres Gerätes, da war das Laub immer noch Laub. Die Törin hatte das Gebot der guten Frau übertreten.

IV. Ganz schlimm ging es einem Mann aus dem Dorfe Böttigheim. Er hatte von den Goldspenden der wilden Frau gehört. Trotzdem er ein reicher Mann war, wollte er sich noch mehr Geld verschaffen. Als Bettelmann mit einem großen Sack ging er zu guter Zeit zum Ehrlisbrunnen. Als die wilde Frau kam, jammerte der Bauer über sein Elend und bat ebenfalls um Laub. "Mit Laub kann ich dir dienen", antwortete die Frau, "aber gelbes Laub gibt es in der jetzigen Zeit nicht." Darauf fragte der Bauer, ob er nicht vielleicht auch die ganz kleinen Steinchen im Felde auflesen und in den Sack stecken könne. Als die Frau nichts dagegen einwendete, füllte er, in der Hoffnung, daß sie zu Golde würden, den ganzen Sack mit Steinen. Die wilde Frau half ihm sogar noch die schwere Last auf den Rücken und riet ihm, erst über der Dachtraufe seinen Sack zu öffnen. Mit Müh und Not kam der Bauer, keuchend unter seiner Bürde, endlich zu Hause an. Als er den Sack öffnete, waren jedoch nur Steine darin. Dazu hatte der Geizhals sich unter der großen Last einen gefährlichen Leibesschaden geholt, an dem er zeitlebens zu leiden hatte. So hatte die wilde Frau den Heuchler bestraft.

V. Ähnlich erging es einem Mann aus Gamburg, der Gebrechlichkeit vorschützend, auf zwei Krücken zu der wilden Frau kam. Diesem aber half sie dadurch sehr schnell auf die Beine, daß sie ihn mit ihrem Speer tüchtig durchprügelte und ihn so bis vor das erste Haus in Niklashausen verfolgte. Die Krücken, die der Heuchler weggeworfen hatte, steckte dann die Frau zur Warnung bei dem Ehrlisbrunnen in den Boden, wo sie noch lange zu sehen waren.

VI. Während erwachsene Leute von nun an nicht mehr gern zu dem Brunnen oder in die Nähe gingen, hatten die Kinder stets eine gute Aufnahme. Sie kamen oft dutzendweise dahin und erhielten Kuchen und Obst als Geschenk, so daß sich darüber allgemeine Freude unter der Jugend verbreitete. Soviel sie auch gab, ihr Vorrat war immer unerschöpflich, und das Obst war von der feinsten Art, wie man es in der ganzen Gegend nicht traf.

Diese und ähnliche Geschichten machten viel Aufsehen in der Gegend. Schlechte Leute aber hüteten sich hinfort, die Güter der wilden Frau in Anspruch zu nehmen, und wer nicht der Arbeit wegen in die Nähe gehen mußte, mied den Platz beim Ehrlisbrunnen.

Der schwarze Pudel

Im Wasserstock zwischen Granheim und Gundelfingen spukt es schon seit alten Zeiten. Dort steht ein Feldkreuz. Jeder Wanderer ist herzlich froh, wenn er daran vorbei ist. Als einst zwei Brüder von einer Hochzeitsfeier in Gundelfingen nach Hause gingen und zum Kreuze kamen, saß darunter ein schwarzer Pudelhund. Er stierte mit feurigen Augen die Heimkehrenden fürchterlich an, tat ihnen jedoch nichts. Der eine Bruder, der etwas zu viel getrunken hatte, wollte einen Stein nach dem Pudel werfen. Zu seinem Glück tat er es nicht, weil der andere ihn davon abhielt.

Oft läßt sich der Pudel auf dem Rücken der Leute vom Kreuz bis nach Luken herein tragen, wo man die Kirche sieht. Dann weicht er. Aber unter seiner Last schwitzen die Leute so, daß sie es kaum aushalten können.

Das Wilde Heer in Königshofen

An einem sehr stürmischen Tage zog ein Fuhrwerk, vollgepackt mit Weinfässern aus dem Odenwald kommend, zur Königshöfer Messe. Wo früher einmal die Bachmühle stand, wurde das Unwetter so stark, daß die Begleitmannschaft die Tiere ausspannte und in der Mühle versorgen mußte. Der Sturm entwickelte sich zu einem Orkan. Bäume bogen sich, wurden zum Teil entwurzelt, Blitze zuckten vom Himmel und tauchten die Landschaft in eine gespensterhafte Welt. Ein Mann der Begleitmannschaft wagte einen Blick nach draußen und sah das Wilde Heer vorbeiziehen. Die wilden Gesellen machten an den Weinfässern halt, traten heran, tranken daraus und entfernten sich stillschweigend, nur das Hufgetrappel der Reitpferde war eine Minute lang noch zu hören. Kurz danach lichtete sich der Himmel, der Sturm legte sich rasch, und die Begleitmannschaft des Weinwagens konnte ihre Fahrt nach Königshofen hinein fortsetzen. Die ganze Messe über leerten sich die Fässer nicht. Kaum war ein Faß leer geworden, füllte es sich rasch wieder bis zum Rande. So verhalf das Wilde Heer einem Weinbauern zu Erfolg und klingender Münze.

Die Sage von den Mördergruben

Nicht weit von Beckstein liegt der Königshöfer Gemeindewald Walterstal. Wo dieser Wald nach Südosten umbiegt, führt (nach etwa 150 Metern) ein Waldweg nach Osten. Wenn man diesen Weg etwa 200 Meter gegangen ist, gewahrt man linker Hand ein etwa 2,80 Meter tiefes und acht Meter breites kreisrundes Loch. Ungefähr 50 Meter weiter östlich stößt man auf ein zweites Loch, das etwa 2,20 Meter tief ist und einen Durchmesser von ungefähr 15 Metern hat. Von diesen beiden Löchern, im Volksmunde die Mördergruben genannt, erzählt man sich in Beckstein folgendes:

Vor langer Zeit (vermutlich waren es die wilden, unsicheren Zeitläufe des 30jährigen Krieges) haben in den beiden Gruben, die durch einen unterirdischen Gang miteinander verbunden waren, Räuber gehaust. Sie waren für die ganze Gegend ein Schrecken und eine große Plage. Was man zu ihrer Vernichtung auch unternehmen mochte, man erwischte sie nie, denn man kannte ihren Schlupfwinkel nicht. Über den Weg hatten sie bei Nacht einen Draht gespannt, der mit einer Schelle in ihrer Höhle verbunden war. Stieß nun jemand an den Draht, so läutete es in der Höhle; dann kamen die Räuber eilig hervor, überwältigten und beraubten ihre Opfer und töteten sie meist.

Zur Besorgung ihres Hauswesens hatten sie in Beckstein ein Mädchen fortgeschleppt. Es mußte einen Eid schwören, sie nie zu verraten. Wenn sie auf Raub ausgingen, sperrten sie das Mädchen ein. Als die Wegelagerer eines Tages nun einen besonders reichen Fang getan, hielten sie ein Zechgelage ab und sanken danach in einen tiefen Schlaf. Das Mädchen benützte diese Gelegenheit zur Flucht. Um aber wieder zurückfinden zu können, nahm es ein Säcklein Erbsen mit und streute sie auf den Weg.

Die Eltern freuten sich über die Maßen, als sie ihre längst verlorene Tochter wiedersahen. Dann aber alarmierten sie die umliegenden Dörfer. Die Bauern scharten sich zusammen und machten sich am frühen Morgen auf den Weg; das Mädchen führte sie. Und sie töteten die Räuber und zerstörten die beiden Raubnester.

Das Mädchen hatte freilich seinen Eid gebrochen. Weil er indessen erzwungen war, wurde es nicht verdammt; nur muß es an den Muttergottesfeiertagen im Wald umgehen. Es gibt bejahrte Leute, die es an solchen Feiertagen, angetan mit einem weißen Kleide, gesehen, und die gehört haben, wie es das alte Muttergotteslied sang: "Maria, Jungfrau reine".

Der Fuhrknecht mit dem Fahrsamen

Bei einem Bauern in Waldangelloch diente einmal ein Eschelbacher Bursch als Knecht; der hatte sich vom Teufel Fahrsamen verschafft. Den trug er immer in der Tasche bei sich und konnte mit seiner Hilfe fahren, wie und wohin er wollte. Oft jagte er mit einem vierspännigen, voll beladenen Heuwagen die steilsten Berghänge hinab, und wenn dabei das Gefährt auch noch so gefährlich auf die Seite hing, es stürzte niemals um. Eines Tages kam er mit einem Wagen Frucht in die Scheune gefahren. Als er aber niemand fand, der ihm beim Abladen helfen konnte, fuhr er schnurstracks die senkrechte Leiter bis zur Obertenne hinauf und warf dort die Frucht ab. Währenddessen kam der Bauer in die Scheune. Der aber, als er das Fuhrwerk samt den Pferden auf der obersten Tenne sah, eilte schweigend hinaus. Nachdem der Knecht oben abgeladen hatte, fuhr er wieder die Leiter hinunter, ging zu seinem Herrn auf den Hof hinaus und sagte: „Das war ein Glück, daß Ihr in der Scheuer kein Wort gesprochen habt; ich wäre sonst samt Pferden und Wagen herabgefallen!"

Auch zu bannen verstand der Knecht mit Hilfe des Fahrsamens. Einmal, an einem Samstagabend, besuchte er mit einem Waldangellocher Kameraden ein Mädchen, das im „Engel" in Menzingen bediente. Sie trafen dort zwölf Burschen aus dem Ort an, die an einem Tisch beisammen saßen, verstohlen und böse herüberblickten und insgeheim etwas berieten. Als es dunkle Nacht war, schlichen die zwölf nach und nach davon. Daran merkte der Waldangellocher, daß sie ihm und seinem Gefährten draußen auflauern wollten. Er sagte das auch dem Kameraden. Doch der Knecht lächelte bloß, beruhigte ihn und sagte: „Nur keine Angst! Die werden uns kein Härchen krümmen!"

Sie gingen erst um elf Uhr miteinander heim. Eine Viertelstunde vor Menzingen draußen trafen sie wirklich die zwölf Burschen an. Aber, wie staunte da der Waldangellocher Freund: alle zwölf standen mit Äxten, Mistgabeln und Prügeln bewaffnet regungslos in den verschiedensten und lustigsten Stellungen am Waldrand. Der Knecht forderte den Freund auf, die Gebannten einmal ganz aus der Nähe zu betrachten, und es auch zu versuchen, dem einen dort die Tabakspfeife aus dem Mund zu ziehen. Der Kamerad probierte es, brachte es aber nicht fertig. Die beiden machten sich eine schöne Weile über die Menzinger Helden lustig und setzten dann ihren Weg fort. Kurz vor Waldangelloch sagte der Knecht: „Jetzt habe ich gerade die zwölf Burschen von ihrem Bann befreit." Von da an konnte der Knecht nach Menzingen in den „Engel" auf Besuch kommen, so oft er wollte – ihn ließen die Burschen in Ruhe.

Der Waldangellocher wollte nun auch gern Fahrsamen haben und bat den Knecht, ihm ein wenig davon zu verschaffen. „Gut! In der Christnacht um elf Uhr will ich dir dazu verhelfen!" sagte der Eschelbacher. Am bestimmten Tag gingen die beiden aufs Feld hinaus an einen Kreuzweg. Dort machte der Knecht auf dem Boden einen Kreis, stellte sich mit dem andern mitten hinein und ermahnte ihn, ja keinen Laut von sich zu geben, es möge kommen, was da wolle. Hierauf zog er ein Büchlein hervor und fing an, still darin zu lesen. Eine halbe Stunde vor Mitternacht hörten sie ein Getöse wie vom wilden Heer durch die Lüfte ziehen. Sie ließen sich aber dadurch nicht beirren. Plötzlich hing ein Mühlstein an einem dünnen Faden über ihnen und drohte, auf sie herabzustürzen. Doch sie zeigten keine Angst und ließen sich nicht stören. Dann rasselte eine vierspännige Kutsche heran. Einer beugte sich heraus und fragte nach der Entfernung bis zum nächsten Ort. Er erhielt jedoch keine Antwort. Als die Kutsche schon eine Weile davongerast war, kam einer in einer großen Holzwanne mühsam dahergerutscht und fragte: „Kann ich

die Kutsche noch einholen?" Da mußte der Waldangellocher laut lachen. „Du Dummkopf!" sagte der Knecht und gab ihm im Zorn eine Ohrfeige, „jetzt ist's vorbei! Dein Gelächter hat dich für alle Zeiten um den Fahrsamen gebracht!"

Bestrafter Frevel

Der Grenzsteingeist

Im Wiesental zwischen Mückenloch und Waldwimmersbach spukte einstmals ein Grenzsteingeist. Bei seinen Lebzeiten war er ein Feldmesser, der sein Amt ungerecht führte und der verübten Betrügereien wegen viele Jahre in dieser Gegend umgehen mußte.

War einer noch spät nachts unterwegs, so konnte es geschehen, daß hinter der steinernen Brücke am Anfang des Mückenlocher Waldes plötzlich ein gespenstischer Reiter vor ihm auftauchte. Er saß auf einem Schimmel und trug seinen eigenen Kopf wie einen Hut unterm Arm. Ging man ihm aus dem Weg, indem man rasch auf die andere Seite des Baches hinübersprang, so konnte einem der Schimmelreiter nichts anhaben. Einen, der sich nicht rechtzeitig retten konnte, führte er jedoch stundenlang irre. Bei einem großen Markstein, der ein Stück weit vom Waldrand entfernt war, verschwand der Reiter so blitzschnell, wie er gekommen war.

Beim ersten Grenzstein am Weg zwischen Waldwimmersbach und Dilsberg wurden die Leute öfters in den größten Schrecken versetzt, wenn plötzlich ein kohlschwarzer Pudel aus dem Wald hervorsprang und neben ihnen herlief. Während er aber, ohne einen Laut von sich zu geben, weiter trottete, wandelte sich zusehends seine Farbe: beim zweiten Markstein war er schneeweiß, beim dritten wieder schwarz wie zuvor. Bei jedem Stein blieb er eine kurze Zeit stehen und sah seinen Begleiter an, als ob er ihm etwas sagen wolle. Ein junger Mann fragte ihn darum einmal: „Was willst du denn, Kerl?" Da verwandelte sich der Pudel augenblicklich in einen fürchterlichen Riesen und versetzte dem Frager eine solche Ohrfeige, daß er auf dem Ohr taub blieb für sein Lebtag.

Der Feldschieder im Wiesenbach

Ein Holzhauer machte im Wiesenbach bei Tauberbischofsheim Holz. Plötzlich hörte er ein Geräusch, wobei er zuerst glaubte, es nahe sich ein Reh. Doch war es ein großer Mann, der mit einer Meßrute auf ihn zuging. Der Holzhauer ergriff vor Angst die Flucht, doch der Feldschieder folgte ihm in der Luft schwebend solange nach, bis der Holzhauer atemlos stehen blieb. Sogleich kehrte der Geist auf demselben Weg, den er gekommen war, wieder zurück. Der Feldschieder hatte zu Lebzeiten Grenzsteine in betrügerischer Weise versetzt und muß jetzt dafür umgehen.

An Allerheiligen werden in dieser Gegend oft zwei Feldschieder gesehen, die mit ihren Meßruten aufeinander losgehen und einander bekämpfen.

Der Kornwucherer

Ein reicher Geizhals zu Wiesloch, der während eines Hungerjahres im Besitz einer großen Menge von Korn und Mehl war, trieb damit solchen Wucher, daß er sich einen Laib Brot häufig mit einem Acker oder einer Wiese bezahlen ließ. Viele Leute wünschten ihm daher, daß er im Grabe keine Ruhe haben möge. Als man nach seinem Tode den Leichnam zum Hause hinaustrug, schaute er leibhaftig zu einem oberen Fenster heraus. Auf dem Weg zum Friedhof setzte sich ein schwarzer Vogel auf seinen Sarg. Als dieser in das Grab hinabgesenkt worden war, fiel es wie von selbst zusammen. In seinem Schlafrock, schwarzen kurzen Hosen, weißen Strümpfen und Schuhen mit Schnallen spukte der Geizhals im Hause umher und ängstigte dessen Bewohner so sehr, daß sie es alle verließen. Nachdem es längere Zeit leergestanden war, ließ der nachmalige Eigentümer durch einen Juden den Geist bannen und in einem Winkel des Kellers einmauern, worin er noch jetzt ist und sich zu gewissen Zeiten hören läßt.

Das Badersmännle

Vorzeiten lebte in Tauberbischofsheim ein Weber, der die Leute betrog, indem er stets für eine Elle nur dreiviertel maß. Dafür mußte er nach seinem Tode umgehen. Schon am Tage seiner Beerdigung begann er zu spuken. Als seine Leiche zum Friedhof geführt wurde, da schaute er, ganz schwarz im Gesicht, zum Giebelloch des Hauses heraus. Von nun an spukte es im Hause. Es polterte und rumpelte, daß die Leute nicht mehr schlafen konnten. Ein alter Mann verschwor für dreihundert Gulden den Geist in eine Bütte. Dann trug er diese ins Gewann Wiesenbach und leerte sie dort aus. Deshalb spukte es dort. Der Geist ist sichtbar zwischen Weihnachten und Neujahr. Er trägt einen grünen Gehrock, grüne Hose, grüne Weste und einen großen schwarzen Hut. Unterm Arm hat er ein Bündel Leinwand. Alle, denen er begegnet, redet er mit den Worten an: „Dreiviertel für eine Elle!" Das Badermännle ist wohl nicht zu erlösen, da es ganz grün ist und keinen weißen Fleck an sich trägt. Es tut niemandem etwas zuleide.

Das Villingertalfräule

Im Villinger Tal zwischen Mergentheim und Wachbach ging lange Zeit ein kleines, steinaltes Weiblein in altmodischer Tracht um, vom Volk das Villingertalfräule oder „Fräle" genannt. Sie war einst, wie eine alte Sage weiß, eine Gräfin von Wachbach gewesen und war wegen ihres Geizes und ihrer Unbarmherzigkeit weitum bekannt und gefürchtet. Ihre vier prachtvollen Pferde ließ sie jeden Tag mit Wein waschen; das Hausgesinde aber bekam nie einen Tropfen zu trinken. Den armen Leuten, die sich keine Kuh und keine Ziege halten konnten und auf der Burg die Milch kaufen mußten, ließ sie nur gewässerte verabreichen. „Drei Schoppen Milch, ein Schoppen Wasser gibt auch ein Maß!" sagte sie und wies die Mägde an, ihr Gebot ja nicht zu übertreten.

Als sie einmal Winters im Schlitten durchs Tal fuhr, lag ein alter Mann im Wege, der vor Hunger und Müdigkeit in den tiefen Schnee gesunken war. Der Knecht hielt die Pferde an und wollte dem Alten beistehen. Seine Herrin aber rief böse und ungeduldig: „Fahr' zu! Fahr' zu!" Sie griff selbst in die Zügel und überfuhr den Mann, der andern Tags tot aufgefunden wurde.

Für ihre Untaten mußte das Edelfräulein nach ihrem Tode im Villinger Talwald umgehen. Vielen begegnete sie nächtlicherweile in ihrer zerlumpten Altweibleingestalt, sprach aber nie ein Wort. Häufig führte sie Leute, die zu später Stunde noch durch den Wald gingen, irre, oder sie lockte Fuhrwerke vom Weg ab, so daß sie plötzlich mit Pferd und Wagen mitten im Bach standen. In stürmischen Winternächten war oftmals ihr Ruf: „Fahr' zu! Fahr' zu!" im Villinger Tal zu hören.

Ein zweiter Geßler

In einem noch jetzt stehenden Hause in der Stadt Königshofen an der Tauber wohnte einst ein Edelmann. Dieser verlangte von seinen Untertanen gleiche Achtungsbezeugungen vor seinem außerhalb des Ortes auf einem Pfahl aufgesteckten Hute wie der Landvogt Geßler in der Schweiz und schoß von seinem Fenster aus jeden nieder, der dieses Gebot nicht beachtete. Die darüber empörten Bürger stürmten aber sein Haus, stürzten ihn zum Fenster des oberen Stockwerkes hinaus und schlossen sich dem damals ausgebrochenen Bauernkrieg an.

Der Rentamtmann von Messelhausen

Gegen die Mitte des vorigen Jahrhunderts lebte im Amthaus in Messelhausen ein Freiherrlich Zobel'scher Rentamtmann, der gegen die Bauern, die Abgaben in das Schloß zu entrichten hatten, äußerst streng und hartherzig verfuhr. Nachsicht kannte dieser Mann nicht, und man sagte im Dorf, er habe ein Herz von Stein. So kam es, daß kein Mensch im ganzen Orte des Amtmanns Freund war. Einige Jahre vor dem achtundvierziger Aufruhr geschah es nun, daß der Rentamtmann nach Distelhausen hinunter in den Taubergrund gehen mußte, um dort einen säumigen Schuldner zur Zahlung zu zwingen. Nach verrichtetem Dienstgeschäft aber starb er dort eines plötzlichen Todes. Seitdem nun hatte sein Geist keine Ruhe. Als Spaziergänger zeigte er sich oft auf dem Wege hinter dem Löhlein; doch tat er niemand etwas zuleide. So lange, sagten die Leute, müsse der Amtmann noch ruhelos umgehen, bis der letzte Bauer, gegen den er zu strenge verfahren, im Grabe ruhe. Dann werde auch seine Seele Ruhe finden.

Der Küfer von Waldenhausen

Vor etwa 300 Jahren lebte in Waldenhausen ein sehr geschickter Küfer, der so auf sein Geschäft erpicht war, daß er selbst an Sonn- und Feiertagen arbeitete und darüber oft den Gottesdienst versäumte. Wegen der Entheiligung der dem Höchsten geweihten Tage konnte er nach seinem Tode den Frieden in der Ruhe des Grabes nicht finden, so daß man ihn auch jetzt noch im Keller seines Hauses am Lindenbrunnen hämmern hört. Besonders geschieht dies in der Zeit vom ersten Adventsonntag bis zum Dreikönigstag, in welcher Zeit der Küfer auch gestorben ist. Je deutlicher und häufiger das Klopfen vernommen wird, desto reicher soll der Herbst des nächsten Jahres ausfallen. Horcht man aber auf das Geräusch oder sieht danach, so hört es augenblicklich auf.

Das wilde Leben im „Hohen Haus"

Im „Hohen Haus" in Königshofen lebte einst ein Edelmann, der einen Bürger vom Fenster des Schlößchens aus niederschoß, weil dieser den vom Edelmann aufgestellten Hut nicht gegrüßt hatte. Von einer anderen Sage aus dem Schlößchen, die in die Christnacht fällt, soll die Rede sein. Das „Hohe Haus", eines der ältesten Häuser in Königshofen, beherbergte auch einmal einen jungen Ritter, der ein wildes Leben führte und dem aber auch gar nichts heilig war. Oft hatte ihn seine Mutter – einen Vater hatte der junge Herr nicht mehr – vor der göttlichen Gerechtigkeit gewarnt. Doch der Sohn hatte für die gutgemeinten Ratschläge seiner Mutter nur ein spöttisches Lächeln übrig. Einmal hielt er sogar in einer Christnacht mit seinen wüsten Zechgenossen ein Gelage ab. Bevor seine Mutter zur Christmette ging, suchte sie nochmals ihren Sohn auf. Im großen Saal lagen schon etliche Saufkumpane des Ritters betrunken unter dem Tisch, einige tanzten wie wild im Kreis herum und sangen unanständige Lieder. Die Mutter bat ihren Sohn, das wilde Treiben heute Nacht sein zu lassen; schließlich würden alle Menschen in dieser Nacht die Geburt des Jesuskindes feiern. Doch der Sohn lachte nur, lachte schallend und laut. Entsetzt wandte sich seine Mutter ab und ging betrübt zur Christmette. Als die Mitternachtsstunde herannahte und überall alt und jung die Christnacht feierlich beging, erbebte plötzlich das „Hohe Haus". Der Ritter öffnete ein Fenster, beugte sich hinaus, um nachzusehen, woher das Be-

ben käme. Da erfaßte ein heftiger Windstoß den jungen Mann und warf ihn auf den Weg hinab, wo er mit gebrochenem Genick liegenblieb.

Die meineidige Hochzeit

In einem Bergwäldchen bei Wölchingen versprachen ein Bursch und ein Mädchen aus diesem Dorfe sich wechselseitig die Ehe mit dem Schwur: dasjenige von beiden, welches sein Wort breche und einen anderen heirate, solle am Hochzeitstage hier vom Teufel zerrissen werden. Trotz dieses Versprechens nahm das Mädchen später einen anderen, wobei das Hochzeitsfest in einer Scheuer gefeiert wurde. Bei demselben fand sich auch ein stattlicher Jäger ein, den niemand kannte, welcher, wie jeder Gast zu tun pflegt, mit der Braut drei Ehrentänze machte. Am Ende des dritten zog er sie aus der Scheuer und aus dem Dorf mit sich den Berg hinauf, und als die übrigen Hochzeitsleute, welche anfänglich die Sache für einen Scherz hielten, ihnen nachsetzten, waren beide nicht mehr zu sehen. Von Arbeitern auf dem Felde erfuhren sie dann, daß der Jäger mit dem Mädchen in das Bergwäldchen verschwunden sei; sie eilten dahin und fanden dort, zu ihrem großen Schrecken, die Kleider und den Kranz der Braut in Stücke zerrissen und teils auf dem Boden zerstreut, teils auf den Bäumen umherhängen. Der Ring, den das Mädchen von ihrem früheren Geliebten hatte, worin dessen Namen stand, war sorgfältig in ein Halstuch gewickelt, von ihr selbst aber, die ohne Zweifel auch vom Teufel zerrissen worden, nichts mehr zu sehen. Von dieser Geschichte heißt der Berg Reißberg, das Wäldchen Reißhölzchen und der Weg, welchen der Böse mit der Braut dahin eingeschlagen, höllisches Weglein.

Der Sichelsacker

Auf dem Reicholzheimer Bergfelde gegen Wertheim zu, war man einst am Tage vor Mariä Himmelfahrt bei der Erntearbeit. Als abends das Fest eingeläutet wurde, hörten die Leute mit der Arbeit auf. Sie ermahnten auch ein Mädchen, das zu arbeiten fortfuhr, das gleiche zu tun. „Es mag Gott lieb oder leid sein, mein Acker muß heute noch fertig geschnitten werden!" antwortete sie und fuhr mit doppeltem Eifer fort. Nachdem sie den letzten Schnitt getan, fiel sie plötzlich rückwärts in die Sichel und starb an der Wunde. Zum Andenken an diesen Vorfall wurde auf dem Acker ein Stein mit einer eingehauenen Sichel errichtet. Daher heißt die Stelle auch Sichelacker. Bei diesem Stein wächst kein Hälmlein Gras und kein Korn; wenn man ihn verrückt oder entfernt, so kommt er doch allemal wieder auf dem alten Platz zum Vorschein.

Der Bronnbacher Klosterschatz

In Kriegszeiten, so erzählen die alten Leute von Dörlesberg, wollte ein Bronnbacher Abt den Klosterschatz in Sicherheit bringen. Der geheimste Platz im Schönertswald war vorbereitet. Aus dem Klosterhofe rollte nach Mitternacht die schwerbeladene Kutsche mit Eisentruhen dem Versteck entgegen.

Unterwegs kamen dem Abte Bedenken, ob der Kutscher nicht doch ein Verräter sein könnte, und er ließ ihm die Augen zubinden. Der Abt selbst leitete die Pferde weiter zum Versteck. Nach der Heimkehr zum Kloster kamen ihm wieder die Zweifel an der Aufrichtigkeit des Kutschers. Er könnte doch am Ende wissen, wo der Schatz liege, denn zum Mithelfen beim Ausladen und Verstecken mußte ja die Binde etwas gelockert werden. Der Argwohn ließ ihn nicht in Ruhe, er wollte sich Gewißheit verschaffen und ließ den Kutscher zu sich rufen. Darauf begann er heuchlerisch: „Höre, mein lieber Mitbruder! Ich habe dir ein Unrecht zugefügt, da ich dir die Augen verbinden ließ. Du warst ja immer mein liebster Reisegefährte und bester Freund. Wenn ich so an die Zukunft denke, was alles in diesen schrecklichen Kriegswirren noch kommen könnte, dann kommt mir immer wieder die Sorge um das Kloster und um meine lieben Mitbrüder. Der erste, den sie totschlagen werden, werde natürlich ich, euer Abt, sein. Auch mein geistlicher Mitbruder, der dir die Augen verbunden, könnte erschlagen werden, dann ist kein Zeuge mehr da, der später einmal den Klosterschatz auffinden könnte. So stelle ich nun als euer besorgter Vater an dich die Frage, da ich weiß, daß du dich von dem Jagen her im Wald gut auskennst: Würdest du, wenn beide umkämen, vielleicht doch das Versteck im Schönert auffinden?" Ohne Argwohn sagte der Kutscher nach angestrengter Überlegung „Hoher gnädiger Herr! Ich bin ja im Schönertswald zu Hause. Die Stelle bei den Dachslöchern werde ich wohl wieder finden." In diesem Augenblick sank der Kutscher von einer Kugel durchbohrt nieder. Der Abt hatte sich, da er dem Kutscher mißtraute, zum Morde hinreißen lassen.

Der Fürstbischof von Würzburg ließ den Mörder enthaupten. Die Kutsche mit dem toten Abt, das Haupt im Schoße, ließ er zur Abschreckung über den Gau nach Bronnbach zurückfahren. Seitdem, so erzählen sich die Bauern in der Umgebung, hörte man jede Nacht nach dem zwölften Uhrschlag Wagengeratter und Hufeschlagen mit Peitschenknallen und drei Schüssen am Kloster vorbeizieh'n.

Von verwünschten und vergrabenen Schätzen

Der Schatzgeist von Wiesloch

Auf dem Kreuzweg zwischen Wiesloch und Baiertal saß lange Zeit alle Nacht ein dreifüßiger Hase. Wer ihn zu fangen vermocht hätte, wäre durch ihn zu einem großen Schatz gekommen. Einmal war ein kleiner, buckliger Schuhmacher unterwegs, erblickte den Glückshasen, sprang voller Freude auf ihn zu und rief: „Halt, Häslein, du bist mein!" Da war auch schon der Dreifuß verschwunden. Auf dem Rücken des Schusters aber hing ein Sack, der bei jedem Schritt schwerer wurde und den er wohl eine Stunde lang schleppen mußte. Alsdann fiel der Sack mit einem lauten Plumpser zu Boden. „Nun sei froh, du Zwerg, daß du bloß noch eine Last auf deinem Rücken trägst!" rief eine Stimme, und noch lange war hinterher ein höhnisches Gelächter zu hören.

In dem Kellergewölbe des einstigen Klosters Frauenweiler, nächst der Wieslocher Heilquelle, liegt viel Geld vergraben. Man weiß, daß es sich schon als glühender Kohlenhaufen gezeigt hat. Früher schwebten in manchen Nächten auf dem Platz des Klosters blaue Flämmchen umher. Um die Mittagsstunde erschienen auch ab und zu weiße Nonnen und ein schwarzer Hund mit goldenem Halsband. Man sah ihn aus dem Gewölbe kommen und auch wieder hineingehen.

Als einst am Mittag ein Schäfer dort weidete, wurde vor seinen Füßen ein großer Maulwurfshaufen aufgeworfen. Er stieß mit seiner Schippe hinein, und da war ihm, als ob er ein silbernes Klingeln vernehme. Schnell grub er nach und fand im Boden einen eisernen Kessel, der bis zum Rande mit Geld gefüllt war. Er wollte ihn gerade herausheben; da kam einer, der wie ein Handwerksbursche aussah, vorbei, trat herzu und packte mit an. Er benahm sich aber dabei so ungeschickt, daß sie den Kessel nicht herausbrachten. Da schrie ihn der Schäfer, der bisher weislich kein Wort gesprochen hatte, ungeduldig an: „So heb doch!" Augenblicklich versank der Kessel mit dem Geld, und auch der Handwerksbursche war verschwunden, als ob ihn der Erdboden verschluckt habe.

Vergiß das Beste nicht!

Am Heuchelberg, in der Nähe der Ruine Blankenhorn, hütete einst im Spätherbst ein armer Kuhhirt aus Eibensbach seine Herde. Als er gegen Abend eintrieb, bemerkte er am Berghang eine große schöne Schlüsselblume, wie er um diese Jahreszeit sonst nie eine hatte blühen sehen. Er brach sie darum voller Freude ab und steckte sie an den Hut. Alsbald kam ihm der Hut so auffallend schwer vor, daß er ihn abnahm, und siehe – statt der Blume steckte ein silberner Schlüssel dran. Als er sich umschaute, stand eine schneeweiße Jungfrau unter einer Pforte, die in den Berg führte. Sie winkte ihn heran und sprach: „Nimm den Schlüssel und öffne diese Tür. In dem Gewölbe, das dahinter sich auftut, wirst du einen großen Schatz finden. Nimm dir von dem Gold und Silber, soviel du willst." Dann fügte sie hinzu: „Vergiß aber das Beste nicht!" und das wiederholte sie dreimal.

Darauf öffnete der Hirte die Tür mit dem silbernen Schlüssel und füllte seine Taschen und Ärmel mit Gold und Silber. Plötzlich wurde er aber von einer solchen Angst befallen, daß er mit seinen Schätzen davonrannte und in der Eile nicht daran dachte, auch den Schlüssel mitzunehmen. Hätte er den nicht vergessen, so wäre ihm auch später der Zugang zu den Schätzen geöffnet geblieben, und er hätte die verschwundene Jungfrau erlösen können. So aber konnte er die Tür in den Berg nicht wiederfinden, obwohl er mehrmals danach suchte. Für sich freilich bedurfte er keiner weiteren Schätze, denn er hatte sich gleich das erste Mal reichlich versehen. Nach ihm hat schon mancher bei der Ruine Blankenhorn nach Schätzen gegraben, aber keiner hat etwas gefunden.

Das Vogelnest

Ein begüterter Bauer aus Eibensbach stieg einmal abends auf die Ruine Blankenhorn. Da kam ein weißes Fräulein zu ihm und lud ihn ein, ihr zu folgen. Er tat es ohne Bedenken und wurde von ihr durch einen langen unterirdischen Gang geführt. Am Ende kamen sie in ein mächtiges Gewölbe, in dem viele Truhen umherstanden. Das Fräulein gab dem Mann ein Vogelnest und sprach: „Nimm dieses Nest und halte es an die Truhen! Sie springen von selbst auf, und du kannst daraus so viel Geld nehmen, wie du willst. Aber vergiß darüber das Beste nicht!" Ohne mehr auf die letzten Worte des weißen Fräuleins zu hören, hielt der Bauer das Nest sogleich an eine der Schatztruhen, und im Augenblick sprang sie auf und war bis oben mit Geld gefüllt. Gierig wollte er zulangen. Da fuhr ein großer schwarzer Pudel wütend auf ihn los und versetzte ihn dermaßen in Schrecken, daß er das Nest von sich warf und eilig durch den Gang entfloh. Als er draußen war, hörte er hinter sich ein lautes Getöse und eine Stimme, die ihm nachrief: „Wehe mir, du hast das Beste vergessen! Du hast das Vogelnest zurückgelassen!" Traurig und böse über seine Gleichgültigkeit, mit der er sein Glück verscherzt hatte, ging er nach Hause. Er wurde trübsinnig und arbeitsscheu und vernachlässigte sein Hofwesen, so daß er nach und nach alle seine Güter verkaufen mußte. Er starb in tiefster Armut und hinterließ nichts als einen Zettel, auf dem der Spruch stand:

Eibensbach und Blankenhorn
sind mir im Aug' ein großer Dorn!

Die Stiftung von Heiligkreuz

Vor langer Zeit lebte im Odenwald ein Bauer, welcher einen einzigen Sohn hatte. Wie es heute dort noch gebräuchlich ist, so hatte auch dieser schon, in einem Nebenbau, seine Taglöhnerfamilie wohnen. Trotz dem Unterschiede des Reichen und Armen, des Herrn und Tagelöhners, lebten sie miteinander in gutmütiger Redlichkeit. Des Bauern Sohn Hansjörg entzweite sich mit seinem Vater, lief fort und wurde Soldat. Nach zwei Jahren erfuhr der Vater, daß sein verlorener Sohn in Straßburg diene und freute sich, daß sein Einziger noch bei Leben sei.

Auch die Familie des Taglöhners nahm herzlichen Anteil an der Nachricht; besonders aber des Taglöhners einziger Jörgnickel, der treue Jugendgefährte des Hansjörgs.

Um diese Zeit träumte nun dem Jörgnickel, daß er zu Straßburg auf der Brücke einen großen Schatz gefunden hatte. Morgens erzählte er diesen Traum seinem Vater, welcher aber, da er den großen Schatz nicht sah, nichts aus dem Traume machte. Allein der Vater wurde aufmerksamer, als ihm der Sohn denselben Traum, am andern Morgen, abermals mitteilte. Bedenklicher wurde dem Vater die Sache, als er am dritten Morgen hörte, daß sein Jörgnickel zum dritten Male dasselbe geträumt hatte.

Endlich besprach er sich mit seinem Sohne und sagte: „Höre! unsers Bauern Sohn, dein Kamerad Hansjörg, ist in Straßburg; wenn du dem Bauern sagtest, du wolltest seinen Sohn besuchen, so wird er dir gerne Geld und Fleisch, Brot und Käse mit auf den Weg geben. Findest du den Schatz, so werden wir glücklich, und findest du ihn nicht, so hast du doch Straßburg gesehen!"

Der Bauer horchte hoch auf und war über die Freundschaft zu seinem Sohn voller Freude. – Es wurde sogleich ein ganzer Zwergsack voll Dürrfleisch, Handkäse, Brot und auch Geld zusammengepackt. Jörgnickel machte sich, von vielen Segenswünschen begleitet, auf den Weg und kam am dritten Tage bei Straßburg an. Anstatt des oft fürchterlichen „Wer da?" erscholl eine bekannte Stimme von dem Wachtposten: „Jörgnickel! grüß dich Gott!" – Der Erstaunte sah richtig seinen Freund Hansjörg mit der Hellebarde vor sich stehen. Zuerst wurden die vielen Grüße, unter Hinweisung auf den Zwergsack, ausgerichtet und dann bemerkt, daß die Wache bald abgelöst würde. Als der Posten abgelöst war und die beiden Freunde sich in der großen Stadt, in einem Wirtshause, unter Zuzug des väterlichen Mundvorrats gütlich taten, sprach Hansjörg: „Sage, Jörgnickel, wie kamst du auf den Einfall, hierher zu gehen!" Dieser sagte nun offen und ehrlich, daß sein dreifacher Traum die Veranlassung gewesen wäre, jedoch, daß er auf der Brücke keinen Schatz, trotz aller Aufmerksamkeit, gefunden habe. Unser Soldat war schon aufgeklärt und lachte über den Traum und sprach: „Gerade so habe ich dreimal nacheinander geträumt, in dem Garten meines Vaters, unter dem großen Holderstock, hätte ich einen herrlichen Schatz gefunden, und darum gehe ich doch nicht heim. Doch es ist recht, daß du hier bist. Wir wollen recht lustig sein, und dann gehest du wieder in den Odenwald, grüßest Vater, Mutter und die Deinen herzlich und sagst, daß ich nach einem Jahr komme!"

Nach zwei Tagen ging Jörgnickel wieder fort, kam zur Freude der Seinigen gesund an und richtete alles pünktlich aus. – Als er mit dem Vater allein war, erzählte er, daß er keinen Schatz gefunden, aber auch von Hansjörg einen ähnlichen Traum erzählt bekommen habe. – Dem Vater war die Sache nicht gleichgültig. In der Nacht nahm er sein Grabscheit, ging zu dem bekannten Holderbusche und fand einen großen, eisernen Hafen voll Geld. Dieses Geld hielt er verborgen, kaufte sich nur langsam nach und nach eigenes Gut und wurde ein vermögender Mann. Da aber sein ehemaliger Bauer und dessen Sohn gestorben waren, kaufte er auch noch dessen Gut und übergab es seinem Sohne.

Als er aber auf das Todesbett kam, ließ ihm sein Gewissen keine Ruhe, und er entdeckte seinem Beichtvater, daß er ehemals in seines Bauern Garten einen großen Schatz gefunden und behalten habe. Der Beichtvater gab ihm den Trost, weil man doch nicht bestimmt wüßte, wem das Geld gehört hätte, er solle für die Ruhe seiner Seele, zu Ehren des heiligen Kreuzes, eine Kirche stiften.

Dieses geschah, und somit starb der Mann beruhigt. Heutigen Tages aber steht noch die Kirche, und von ihr erhielt das dabei entstandene Dörflein „Heiligkreuz" seinen Namen.

Mit dieser Sage steht aber eng in Verbindung die Sage von den „Teufelstrappen".

Es ist bekannt, daß dem Teufel nichts widerwärtiger ist als das Kreuz. Da er aber vernahm, wie ein Bauer eine Kirche zu Ehren des heiligen Kreuzes gestiftet habe, entwarf er Pläne, wie er dieses Vorhaben hintertreiben könnte.

Was kann ein Teufel nicht? – Er merkte bald, daß der Schulze des Tälchens über das Vermächtnis des ehemaligen Taglöhners erbost war, weil er sah, wie diese Familie täglich reicher, er aber sogar ärmer wurde. Der Teufel spornte die Gläubiger des Schulzen mächtig an, und als der bald ganz verarmte Schulze in die Enge getrieben war, erschien ihm Satan, als Jäger gekleidet, und brachte ihn bald dahin, einen Vertrag mit ihm einzugehen.

Der Vertrag wurde folgendermaßen abgeschlossen: Der Teufel mußte auf jedes Verlangen dem Schulzen eine jede beliebige Summe Geldes bringen, dagegen mußte der Schulze die Erbauung einer Kirche zum heiligen Kreuz verhindern. Würde aber die Kirche gebaut, ehe der Schulz stürbe, so verfiele derselbe dem Teufel lebendig. Lange Zeit verhinderte der reich und übermütig gewordene Schulze den Bau der neuen Kirche, aber endlich bestund der Bischof auf den Bau, und gegen alle Einwendungen des Schulzen wurde derselbe nun angefangen.

Kaum war der erste Stein gemauert, als Herr Satan erschien und den Schulzen abholen wollte. Doch durch vernünftige Vorstellungen, daß doch nicht ausgemacht wäre, der Bau dürfte nicht beginnen, und daß er jedenfalls, ehe die Einrichtung der Kirche statt finde, deren Abbruch wieder bewirken würde, ließ der Teufel sich beruhigen.

Alle aufgewandte Mühe des Schulzen war vergebens. Der Tag der Einweihung erschien. Das Volk aus dem Odenwalde und der Bergstraße strömte herbei, nur der Schulze hoffte noch voll Angst jeden Augenblick auf einen hochbezahlten Einhaltsbefehl. Jedoch, sobald die Einweihung begonnen hatte, entstund ein fürchterliches Gebrüll und Geheul in der Luft, die Frommen erschraken sehr und drangen aus der Kirche. O Schrecken! der Teufel kam in höllischer Freude, beladen mit dem verzweifelten Schulzen, im Galopp daher.

Noch lange konnte der aufmerksame Wanderer nur einige hundert Schritte von der Kirche in einem Granitfelsen die Geisentrappen unter dem Namen „Teufelstrappen" sehen, über welchen der Teufel mit seinem Schulzen davon sprengte.

Jetzt ist der schaurige Felsen herausgebrochen.

Schatzhöhle bei Waldangelloch

Ein Junge von Waldangelloch hütete auf den Wiesen am Schülzert Vieh. Er geriet dabei in eine Höhle und stand unversehens vor einer Kiste, auf der ein schwarzer Pudel lag. „Herunter!" sagte der Bube zu dem Hund. Dieser sprang auch sofort von seinem Sitz herab. Darauf hob der Hütejunge den Deckel der Kiste und sah, daß diese mit Silbergeld gefüllt war. Davon nahm er sich eine Handvoll, schloß die Kiste wieder, und gleich war der Hund wieder auf dem Deckel. Das ging einige Tage so, bis die Eltern des Jungen das Geld entdeckten und er gezwungen war, zu sagen, woher er es habe. Einigen Männern mußte er die Stelle im Schülzert zeigen. Aber er vermochte die Höhle nicht mehr zu finden.

Schatz in Flehingen

In einem Hausgarten zu Flehingen spukte nachts ein weißer Mann. Einst frug ihn der Eigentümer des Hauses nach seinem Begehren, worauf der Geist erwiderte: „Ich muß wegen eines Schatzes umgehen, den ich bei meinen Lebzeiten hier an diesem Platze vergraben habe. Du kannst ihn heben und mich dadurch erlösen, mußt aber dann nach zehn Jahren sterben!" – Weil der Hauseigentümer schon ziemlich bejahrt war, trug er kein Bedenken, in einer bestimmten Nacht auf dem bezeichneten Platze zu graben. Er fand im Boden eine Backmulde voll Geld, die er mit Hilfe unsichtbarer Hände stillschweigend zu dem Fenster brachte, das aus der Stube in den Garten ging. Als er die Mulde zum Fenster hineinschob und seine Frau, welche drinnen harrte, das viele Geld erblickte, rief sie: „Gottlob! jetzt ist uns geholfen; nun können wir all' unsre Schulden bezahlen!" – Bei diesen Worten verschwand Mulde und Geld, und der Geist mußte nach wie vor im Garten umgehen.

Das mildtätige Männlein

Ein armes Mädchen aus Heidelsheim, welches im dortigen Wald einem Männlein begegnete, fragte dasselbe, wo sie Späne finden könnte. „Späne habe ich keine gesehen, wohl aber Kohlen!" erwiderte das Männlein, führte darauf das Mädchen zu einem Haufen Holzkohlen und sprach: „Mache deinen ganzen Korb voll; sie werden gewiß gut brennen." Nachdem das Mädchen solches getan, schied sie von dem Männlein, um nach Hause zu gehen. Unterwegs ward ihr der Korb so schwer, daß sie ihn fast nicht mehr fortbrachte, weshalb sie einen gerade vorbeifahrenden Mann aus Heidelsheim bat, ihre Last auf seinen Wagen zu nehmen. Da er ihr dies abschlug, warf sie den Korb unmutsvoll auf die Erde. Kaum lagen die Kohlen da, so gewahrte sie, daß sie zu lauter Gold- und Silbermünzen geworden waren; mit Hilfe des Schulzen, der dazu kam, las sie nun all' das Geld sorgsam auf und trug es glücklich nach Hause.

Der Schatz auf dem Gamburger Feld

Ein Bauer sah einst nachts auf dem Gamburger Feld ein Feuer, das er für einen Schatz erkannte. Um denselben zu gewinnen, ging er stillschweigend darauf zu; da hörte er jubeln, und eine Kutsche fuhr schnell an ihm vorüber. Nach dieser kam einer in einer Schänze (besonderer Korb) mühsam herangerutscht und fragte, ob die Kutsche schon weit voraus sei. Der Bauer hütete sich zu antworten. Aber als der andere sagte: "O, die will ich bald einholen" und weiterrutschte, mußte er lachen, und augenblicklich was das Feuer verschwunden.

Von der Burg im Schönert und dem Schatz daselbst

In dem großen und schönen Walde bei Kloster Bronnbach, der seinen Namen Schönert (schöne Hard) nicht umsonst trägt, wird eine Stelle gezeigt, die der Schloßplatz oder das „Schlößle" heißt. Es stand nämlich hier ein Schloß, das im Kriege vor uralten Zeiten zerstört wurde und dessen Trümmer später den Klosterherren einen ergiebigen Steinbruch abgaben, so daß man jetzt gar kein Mauerwerk mehr an der Stelle erblickt. Nur an den Spuren, die der allerwärts aufgewühlte Boden darbietet, ist zu erkennen, daß einst ein Bau hier stand.

Der älteste Eigentümer des Schloßbaues, von dem man noch weiß, hieß der „Alte vom Berg". Er ließ sich vor den Leuten wenig sehen, hielt sich meist zu Hause auf oder jagte im Schönert. Nur dann und wann machte er eine Reise nach Würzburg in einem Wagen, den sechs wilde Fuchsen zogen. Mit diesem Gespann fuhr er wie Blitz und Wetter am steilen Berg herab über die alte Brücke (die jetzt nicht mehr besteht), dann auf der „Feuersteig" hinaus, bei Höhefeld über den Götzberg, immer auf den Bergen fort bis ans Ziel seiner Reise. Ebenso rasch fuhr er mit seinen Rossen wieder zurück, so daß sich die Leute oftmals verwunderten, daß ihm bei der furchtbaren Schnelle, womit er fuhr, kein Unglück zustieß. Übrigens war er ein finsterer, strenger Mann, dem man gern aus dem Wege ging.

Später kam das Schloß in den Besitz der Herren von Rüd. Deshalb nennen es manche Leute auch die „Rüdenburg". Von diesen erhielt es der Prinz von Waldeck, der hier gern sich aufhielt, nie heiratete und zuletzt seine Schätze im Betrage von mehreren Millionen vergrub. Oft ist schon danach gesucht worden, aber der Fund ist noch keinem geglückt.

II. Am nächsten daran, den Schatz zu erlangen, war ein Wirt aus Reicholzheim, der längere Zeit einen vertriebenen Geistlichen beherbergte, von dem man bald erfuhr, daß er im Schätzeheben und Geisterbannen sehr erfahren sei. Als daher einst die Rede auf den Schatz in der Rüdenburg kam, erklärte sich der Geistliche bereit, einen Versuch zu machen, ob es möglich sei, sich desselben zu bemächtigen. Auf seine Anordnung gingen nachts vier beherzte Männer mit Schaufeln und Körben in den Schönert und stellten sich, als sie auf dem Platze angekommen, wo ungefähr der Schatz liegen mußte, in Richtung Morgen, Abend, Mittag und Mitternacht davon auf. Dann hob jeder drei Schaufeln voll Erde auf und legte sie in der Ordnung, wie sie aufgehoben worden, in seinen Korb. Zu Hause wurden die zwölf Erdschollen dem geistlichen Herrn übergeben, der sie in strenger Ordnung in einen Kreis legte, wobei die Himmelsgegenden sorgfältig beobachtet wurden und zwischen je zwei eine geweihte Kerze stellte. Hierauf begann er laut aus einem lateinischen Buche zu lesen. Dies dauerte längere Zeit. Auf einmal, gerade als die Uhr Mitternacht verkündete, donnerten drei furchtbare Schläge wider die Haustüre. Alle Anwesenden mit Ausnahme des Beschwörers erschraken auf den Tod. Der Geistliche sprach ihnen aber Mut und Trost zu, hieß den Wirt eine geweihte Kerze in die Hand nehmen und ohne Sorge die Haustüre öffnen; es werde niemand ihm ein Leid antun. Mit Mühe verstand sich der Mann dazu. Kaum aber war er in der Stube zurück, als auch an die Stubentüre drei gewaltige Schläge fielen. Der Beschwörer rief: „Alle guten Geister loben Gott, den Herrn!" – Tiefe Stille folgte. Der Spruch wurde wiederholt. Immer noch keine Antwort. Erst als zum neunten Mal unter der stärksten Beschwörung die Worte tönten: „Alle guten Geister loben Gott, den Herrn!" sagte eine dumpfe Stimme vor der Türe: „Und ich auch!" – Der Beschwörer war damit nicht zufrieden. „Geist, du mußt es dreimal sagen!" Dies geschah, und beim dritten Mal wehte die Tür, ohne daß sie jemand berührt hätte, ganz sanft auf. Da stand der Prinz von Waldeck auf der Schwelle, eine mächtige Gestalt in glänzender Rüstung. Er trug auf der Brust einen großen Stern, der einen so grellen Schein ins Zimmer warf, daß des Wirts Frau, die im Nebenzimmer zu Bette lag und alles mit ansehen konnte, vor Angst und Schreck augenblicklich die „Kränk" (fallende Sucht) bekam, mit der sie von Stund an ihr ganzes Leben lang behaftet blieb. Der Geist sprach: „Was begehrst Du mit Deinen grausamen Worten?" – Der Beschwörer erwiderte: „Du sollst wahrhaft angeben, wie und wo man den Schatz heben kann, den du einst im Schönert vergraben hast." Der Geist sprach: „Den Schatz kann nur derjenige heben, welcher das Buch des Lebens mitbringt und anwendet; das wird im Kloster der schwarzen Karmeliter in Würzburg aufbewahrt." – „Hast Du wahr gesprochen?" fragte der Beschwörer. Der Geist antwortete: „So wahr Gott lebt!" Da schlug der Geistliche das Kreuz über ihn: „So gehe in Deine ewige Ruhe!" und augenblicklich war der Geist verschwunden.

Einige Tage darauf, als der Wirt und seine Genossen sich von den Schrecken bei dieser Geisterbeschwörung erholt hatten, traten sie die Reise nach Würzburg an, begaben sich ins Kloster der Karmeliter und begehrten das Buch des Lebens. Nachdem sie von den Klostergeistlichen genau waren ausgefragt worden und über alles getreulich berichtet hatten, hieß es: „Wir können das Buch des Lebens nur hergeben, wenn ihr uns mit zehntausend Gulden für die Zurückgabe Bürgschaft leistet." Diese Summe aufzutreiben, waren die Reicholzheimer Männer außerstande, und so mußte auch der Schatz ungehoben bleiben.

III. Vor etwa dreißig Jahren fiel eine andere Geschichte bei der Rüdenburg vor. Da gingen eines Abends die Gebrüder Eisenhauer, zwei ehrbare Männer von Külsheim, über den „Berberich" – so heißt der höchstgelegene Teil des Schönerts – nach Bronnbach. Unterwegs kamen sie an eine Stelle im Wald, die ihnen ganz verändert vorkam, und als sie um eine Ecke bogen, stand auf einmal ein großes schönes Schloß vor ihnen. Es bestand aus einem langen Hauptbau mit zwei Seitenflügeln. Der Hof, den die Gebäude umgaben, war vorn mit einem kunstreichen Eisengitter geschlossen. In der Nähe des Haupteinganges stand eine Hundehütte, und ein großer, schwarzer Hund lief da an der Kette unruhig hin und her. Während nun beide Brüder, die schon viele hundertmal an dieser Stelle vorübergegangen waren, aber noch nie etwas hier gesehen hatten, voll Erstaunen diesen Bau betrachteten, in dessen Fensterscheiben sich die roten Abendwolken spiegelten, wurde oben plötzlich ein Fenster geöffnet, ein vornehmer Herr mit einem Stern auf der Brust und eine Dame mit Federn auf dem Hute lehnten sich daraus hervor, schauten aufmerksam über den schweigenden Wald hin, in dessen Wipfeln kein Blättchen sich rührte, und bemerkten endlich die beiden Brüder. Augenblicklich bedeutete sie der vornehme Herr und die Dame durch eifriges Winken mit der Hand, sie sollten zu ihnen herauf ins Schloß kommen. Aber vor Entsetzen konnten es die Brüder nicht länger aushalten. Sie fingen an zu laufen und kamen mit käsbleichen Gesichtern und atemlos im Wirtshaus zu Bronnbach an. Der Wirt Veit sah es sogleich den beiden Männern an, daß ihnen etwas Ungewöhnliches müsse begegnet sein. Auf sein Befragen erzählten sie, was sie gesehen; was aber die Geschichte zu bedeuten habe, hat noch niemand erklären können.

Der Schatz beim Bildstock vor Gamburg

Eine Frau aus der Mühle bei Gamburg sah einst an dem Bildstock vor dem Dorfe einen großen Haufen glühender Kohlen liegen. Stillschweigend strich sie ihn in ihre Schürze und trug ihn nach Hause. Als sie dort die Schürze ausleerte, fielen statt der Kohlen gegen 800 Gulden heraus.

Der Schatz in Handschuhsheim

In Handschuhsheim wohnte ein armer Mann in einem kleinen Boden-Häuslein. Der hatte zwei Kinder. Einmal hörte er nachts ein furchtbares Krachen in der Stubenkammer. Er ging dem Lärm nach, da war der Kammerboden durchgebrochen, und seine beiden Kinder lagen unten in einem Gewölbe und schrien. Der Mann stieg auf einer Leiter hinab, um die Kinder wieder heraufzuholen. Als er unten war, sah er sich um und bemerkte in einer Ecke einen großen irdenen Hafen, in einer anderen Ecke einen ebenso großen. Der Mann deckte das erste Gefäß auf, da war es mit lauter blanken Dukaten bis zum Rande gefüllt. Er deckte den anderen Hafen auch auf, da stieg ein dünner Rauch heraus; es war ein Geist darinnen. Der trieb von nun an sein Unwesen im Hause und war nicht mehr zu vertreiben.

Der goldene Flachs

Am Heiligen Abend, als tiefer Schnee lag, ging einmal ein Mann auf einem Fußweg dem Dorfe zu. Als er in die Nähe der Häuser kam, sah er eine schöne junge Frau, die wie eine der dortigen Bäuerinnen gekleidet war und einen breitrandigen Sommerhut trug, die Wiese auf und ab gehen und mit einem Rechen den ausgebreiteten Flachs umwenden. „Nun, Jungfer, tut sich's so?" rief er ihr zu und nahm dabei eine Handvoll Flachs vom Boden auf. Sie gab ihm keine Antwort, schaute ihn nur mit ihren großen blauen Augen an und schlug ihn mit dem Rechenstiel halb ernst, halb scherzhaft auf die Hand. Der Mann steckte das kleine Flachsbündel in die Rocktasche und ging seines Weges weiter.

Als seine Frau ihm am Abend eine kleine Weihnachtsgabe überreichte, erinnerte er sich wieder an die Flachswenderin. „Da schau", sagte er und griff in seine Tasche. „Ich hab dir auch etwas mitgebracht." Und siehe da – die Flachshalme waren in blankes Gold verwandelt! Eilig lief er hinaus auf den Platz, wo er die schöne Fremde bei der Arbeit angetroffen hatte. Da waren wohl seine eigenen Fußstapfen, die er hinterlassen, noch deutlich im Schnee zu sehen, doch weder von der Jungfrau, noch von dem goldenen Flachs war mehr eine Spur zu entdecken.

Der Schatz bei Sinsheim

Vor mehr als hundert Jahren ging eine arme Witfrau hinaus in den Wald „auf den drei Buckeln", um für ihre Ziegen Wildgras zu schneiden. Da sah sie vier dünne Eisenketten, im Viereck ausgelegt, aus dem Boden hervorstehen. So sehr sie sich auch anstrengte, sie vermochte die Ketten nicht herauszuziehen. Die Frau ging heim und erzählte den Nachbarn, was ihr Sonderbares begegnet war. Da gingen gleich vier Männer, jeder mit einer Hacke versehen, mit ihr hinaus in den Buckelwald. Sie fanden auch wirklich die vier Ketten an dem bezeichneten Platz. Während die Frau ein Stück weit entfernt wieder Gras schnitt, gruben die Männer nach und bemerkten, daß an den vier Ketten eine schwere Geldtruhe befestigt war. Auf ihr saß ein kohlschwarzer Pudel mit aufgesperrtem Rachen und feurigen Augen. Die Männer scherte das nicht weiter; stillschweigend fuhren sie zu graben fort und zogen die Truhe an den vier Ketten heraus. Da kam gerade die Frau zurück und schrie beim Anblick des wilden Tieres laut auf: „O Jesus!" Im Nu versanken Truhe, Pudel und Ketten in den Erdboden, und niemand hat sie je wieder gesehen.

Die weiße Frau

Auf dem schmalen Wiesenpfad, der von Waldwimmersbach zur Mühle führt, zeigte sich vor Zeiten um Mittag und Mitternacht eine weiße Frau mit einem Schlüsselbund in der Hand. Zu Lebzeiten soll sie Kammerfrau auf einer nahegelegenen Burg gewesen sein. In einem Krieg mußte ihre gräfliche Herrschaft fliehen und vertraute ihr das ganze Vermögen zur Aufbewahrung an. Die Kammerfrau begrub den großen Schatz an Gold und Silber und kam bald darauf ums Leben.

Als der Graf mit der Familie später auf seine Burg zurückkehrte und niemand den Ort wußte, wo der Schatz vergraben lag, stand er mit einemmal so verarmt da, daß er von Almosen leben mußte. Er verfluchte im Zorn die schuldlose Kammerfrau, die nun in der Gegend, wo sie den Reichtum vergraben hatte, umgehen muß. Ihre Erlösung ist nur alle sieben Jahre möglich: Die weiße Frau kündet sich durch dreimaliges Niesen an, und der sie erlösen will, muß ihr jedesmal: „Helf dir Gott!" zurufen. Tut er das, so zeigt sie ihm den Ort, wo der Schatz verborgen liegt, und sagt ihm, wie er gehoben werden kann. Da aber derjenige, der die weiße Frau erlöst, nach drei Jahren sterben muß, hat es noch niemand gewagt, zum dritten Mal „Helf dir Gott!" zu sagen.

Der Schatz im Heiligenberg

Auf dem Heiligenberg bei Heidelberg stand einst ein reiches Kloster, das die Raubritter, die in der Gegend hausten, sich zur Beute ausersehen hatten. Sie töteten alle Bewohner und ließen keinen Stein auf dem andern. Die großen Schätze an Gold und Silber, Prunkgewändern und andern Kostbarkeiten fielen aber dennoch nicht in ihre Hand. Die Mönche hatten sie zuvor in den geheimen Gewölben im Bergesinnern verborgen. Dort ruhen sie heute noch, und einige Leute, die auf wunderbare Weise in den Berg geführt wurden, haben sie auch schon gesehen.

Einmal war eine arme Frau aus Handschuhsheim auf dem Heiligenberg, um ein wenig Reisig zu sammeln. Da trat plötzlich ein vornehmer Fremder zu ihr und sagte: „Gehe sogleich in das Wiesental hinunter und bitte den Schäfer um die Schlüsselblume, die er auf seinem Hute trägt. Kehre mit der Blume an diesen Ort zurück, dann werde ich dich reich und glücklich machen." Die Frau tat's, und als sie wieder auf dem Berg war, führte der Mann sie durch einen unterirdischen Gang in ein Gewölbe voll kostbarer Schätze. „Nimm, soviel du willst, doch vergiß das Beste nicht!" sagte der Begleiter. Mit einemmal überfiel die Frau ein solches Grausen, daß sie die Blume wegwarf und eilends davonlief. Kaum war sie wieder im Freien, verschwand das Tor zu dem unterirdischen Gange, und sie gewahrte es auch später nie wieder. Die Schlüsselblume hätte ihr den Weg gezeigt, und so oft es die Frau gewünscht hätte, sich in einen Schlüssel verwandelt, der alle Türen im Heiligenberg geöffnet hätte.

Ein andermal gruben zwei Bauernknechte von Münchhof bei Neuenheim auf dem Berg nach Geld. Da trat plötzlich ein Mann aus dem Gebüsch hervor und fragte sie: „Was sucht ihr hier?" Sie gaben ihm aber keine Antwort. Gleich darauf ritt einer auf einem Schimmel an ihnen vorüber und fragte: „Was macht ihr da?" Sie kümmerten sich jedoch nicht um ihn und gruben ruhig weiter. Schon hatten sie eine schwere, eisenbeschlagene Truhe aus dem Boden gegraben und auf ihren Wagen gehoben, als ein dritter auf einem dreifüßigen Geißbock dahergeritten kam und fragte: „Kann ich den Schimmelreiter noch einholen?" – „Jaja, beeil dich nur!" entgegnete spöttisch einer der Knechte. Da versank im nächsten Augenblick die Schatzkiste in die Erde. Voller Angst jagten die beiden Männer mit ihrem Fuhrwerk dem Münchhof zu. In der Eile rissen sie aber beim Einfahren einen Teil des steinernen Torbogens weg. Das Tor konnte nachher nicht wieder hergestellt werden. So oft man's auch versuchte, stets fiel, was man am Tag aufmauerte, in der Nacht wieder ein.

Von Wallfahrten, Heiligen und Wundern

Nachgeholte Wallfahrt

Ein Mann in Weingarten hatte einst gelobt, von dem Orte aus ein hölzernes Kreuz von dreiunddreißig Pfund über den Engelsberg nach Walldürn zu tragen und auf jeder der vielen Staffeln des Engelsbergs ein Vaterunser und ein „Gegrüßet seist du Maria" zu beten; außerdem wollte er in Walldürn ein Amt halten lassen. Er verstarb aber, ohne das Gelübde erfüllt zu haben. Gleich nach seinem Tode erschien er seiner ledigen Tochter und bat sie, das, was er gelobt hatte, für ihn zu tun. Ihre vier Geschwister würden ihr dabei behilflich sein. Und wirklich, sie ließen gerne das Kreuz machen und begleiteten ihre Schwester auf der Wallfahrt. Aber als sie begannen, den Engelsberg zu besteigen, da zwang ein unsichtbarer Teufel das Mädchen mehrmals nieder, so daß die Geschwister sie mitsamt dem Kreuz von Staffel zu Staffel hinauftragen mußten. In Walldürn opferte das Mädchen das Kreuz in der Kirche und ließ nachher das Amt halten. Da erschien den Kindern der Vater in weißer Gestalt und dankte für seine Erlösung. Alsdann legte er seine Hand in die des Mädchens und verschwand.

Das Mädchen hatte aber seine Hand mit einem Tuche bedeckt. Wo die Hand des Vaters gelegen hatte, war deren Abbild schwarz eingebrannt.

Protestanten geloben Marienwallfahrt

Seit vielen Jahren bemerkt man zur Zeit, wo die Pfarrgemeinde von Hafenlohr einen gelobten Wallgang nach Mariabuchen unternimmt, nämlich am Kreuzerfindungsfeste, einzelne Protestanten unter dem Haufen der Andächtigen. Man erzählt sich, daß diesen Leuten einmal etwas Auffallendes begegnet sei, wodurch sie veranlaßt wurden, ihre Andacht zur Mutter Gottes öffentlich zu beweisen. Und so ist es auch wirklich. Einmal ritten etliche Protestanten durch den Steinfelder Wald. Anfangs hatten sie gute Wege und gelangten wohlgemut bis an den Kreuzweg, der von Sendelbach nach Steinfeld führt. Hier überfiel sie ein Regenschauer, sie wollten daher eilig zum nahen Kloster Mariabuchen reiten, um dort mit ihren Pferden einzukehren. Oben bei dem Bildstock am Wege rief einer von ihnen: „Nun kommen wir sogleich hinunter nach Buchen, wo die Maria ihre Windelwäsche hat." Kaum hatte er dieses Wort gesprochen, so blieben die Pferde auf dem Platz wie gebannt stehen. In der Meinung, daß Ermüdung die Ursache wäre, spornten sie die Pferde heftiger; doch je mehr sie trieben, desto höher bäumten sich die Pferde und konnten keinen Schritt weitergebracht werden. Wie alle Mühe vergebens war, dachte der Älteste von ihnen bei sich: „Wer weiß, ob dieses Ereignis nicht eine Strafe für unseren Frevel ist? Zur Sühne will ich ein Gelübde machen, jährlich zu Fuße die Maria Buchenkirche zu besuchen, zur Zeit, wo die Katholiken aus den umliegenden Ortschaften dorthin betend und wallfahrend gehen." Dieser Vorsatz war nicht so bald gefaßt, als die Pferde leichten

Fußes ihre Reiter nach Mariabuchen trugen, gleichsam, als wollten die Tiere den Menschen dienen, um ihre Andacht und Dankbarkeit vor dem Bilde der Muttergottes abstatten zu können.

Die heilige Hildegunde zu Schönau

In der Nähe der Stadt Köln lebten zwei fromme Eheleute in Wohlstand und Ansehen. Eines fehlte aber zu ihrem vollkommenen Glücke: ihre Ehe war nämlich seither kinderlos geblieben. Alle Gebete und Gelübde, die sie gen Himmel schickten, schienen lange nicht Erhörung zu finden. Als eine besondere Gunst desselben sahen sie daher die endlich erfolgte glückliche Geburt zweier Zwillingsschwestern an. Eine derselben war Hildegunde. Kaum waren die beiden Schwestern den Jahren der hilfsbedürftigen Kindheit entwachsen, so brachten sie die Eltern, um ihr Dankgelöbnis zu erfüllen, in ein Frauenkloster zu Neuß, damit sie dort erzogen würden, und begaben sich auf die weite Pilgerreise nach dem gelobten Lande.

Kein Unfall störte die Reise des frommen Paares, und es kehrte glücklich in die Heimat zurück. Allein bald darauf starb die Mutter. Da entschloß sich der Vater, vom Drange seines gotterfüllten Herzens getrieben, noch einmal die heiligen Stellen zu besuchen, wo der Heiland gelebt und gelitten. Als er Hildegunde sein Vorhaben mitteilte, lag sie ihm mit Bitten und Tränen so lange an, bis er ihr erlaubte, ihn zu begleiten. Schnell waren ihre Zurüstungen gemacht, und um jedem Anstoße vorzubeugen, den ihr Geschlecht auf der weiten Reise hervorrufen möchte, zog sie, als junger Pilgersmann verkleidet, mit ihrem Vater aus der Heimat auf die Wallfahrt, indem sie sich den Namen Joseph beilegte. Ein einziger Knecht folgte ihnen.

Allein auf der langen Seereise überfiel ihren Vater eine Krankheit, welche rasch seinem Leben ein Ende machte. Dennoch setzte sie unerschrocken die Reise fort, gelangte glücklich nach Palästina und besuchte schon die heiligen Stellen, wo der Herr einst gewandelt, gelehrt und gewirkt hatte.

Noch war sie aber nicht bis Jerusalem gekommen, als eines Tages ihr treuloser Knecht mit all' ihrer Habe sich aus dem Staube machte und sie hilflos und arm in dem fremden Lande zurückließ.

Ein frommer Mann sah ihre Not, und mitleidig nahm er den jungen Pilgerknaben mit sich nach Jerusalem, wo er ihn bei den Tempelherren unterbrachte. Diese behielten ihn ein ganzes Jahr bei sich, bis sie endlich in einem Landsmann einen Begleiter für ihn fanden, der ihn nach Köln zurückbrachte. Obwohl nun der Heimat so nah, war Hildegunde doch in Köln ganz fremd. Sie behielt ihre Kleidung und den Namen Joseph bei und trat, hilflos, wie sie war, bei einem Kanonikus in Dienste. Geschäfte riefen diesen bald darauf nach Rom. Er machte die Reise zu Pferde, und Hildegunde-Joseph, als sein Diener, mußte ihm zu Fuße folgen. Da gesellte sich auf freiem Felde einst ein Mann zu ihm, der einen Sack auf seinem Rücken trug. Sie waren schon eine Strecke miteinander gegangen, als ihnen einige Männer eilig nachfolgten: „Willst du nicht so gut sein", – sprach da sein Gefährte zu ihm – „meinen Sack eine Strecke zu tragen? Dort im Walde will ich mir nur einen Reisestecken schneiden. Geh indessen nur langsam voran, ich hole dich bald wieder ein."

Nichts Arges ahnend, nahm ihm der gutmütige Joseph den Sack ab, hängte ihn auf seinen Rücken und schritt damit langsam weiter, während sein Gefährte schnell nach dem nahen Walde seitwärts eilte und in dem Dickicht desselben verschwand.

Die nacheilenden Männer waren inzwischen näher und näher gekommen, und Joseph hörte sie nun deutlich rufen: „Haltet den Dieb!" – Bei diesem Rufe sah er sich um, den Dieb mit den Augen suchend, der da gehalten werden sollte. Da er aber niemanden erblickte, hielt er das Ganze für einen Scherz und schritt unbesorgt weiter. Jetzt hatten ihn aber die Männer eingeholt und fielen mit

Ungestüm über ihn her, entrissen ihm den Sack und führten den Armen unter Schlägen und wilden Drohreden in das nächste Städtchen.

„Warum mißhandelt ihr mich also?" – fragte Joseph. – „Wie? Du fragst noch?" – versetzten die Männer – „Hast du doch deinen Ankläger, den Sack mit dem gestohlenen Gute, selbst auf dem Rücken getragen! Du mußt hängen!" – Unter diesen und ähnlichen Vorwürfen ward der Knabe vor den Ortsrichter gebracht. Hier sprach er: „Ich bin unschuldig! Ich erkenne nun aber, daß man mich für schuldig halten muß. Denn der Schuldige hat sich indessen gerettet und dafür mich mit diesem Sacke in den Verdacht gebracht. Ich bin bereit, meine Unschuld durch ein Gottesurteil zu beweisen."

„Es sei", – sprach der Richter. Darauf brachte man eine glühende Pflugschar, und unversehrt wandelte der Beklagte langsamen Schrittes mit bloßen Füßen darüber hin. Richter und Kläger sahen's mit Staunen und riefen: „Unschuldig!" Und nun erzählte Joseph den Hergang, wie er zu dem Sacke gekommen. Dabei beschrieb er den Dieb so genau, daß man in ihm einen Einwohner derselben Stadt erkannte. Der Richter läßt ihn sogleich herbeiholen. Er war inzwischen auf Nebenwegen nach Hause gekommen. Man ergreift ihn; bei Josephs Anblick gesteht er sogleich im Verhör seine Schuld und muß sie noch am selbigen Tage mit dem Leben büßen.

Als Joseph aber darauf wieder von dannen zog, umringten ihn auf einer einsamen Stelle im Walde, durch welchen sein Weg führte, die Verwandten und Diebsgenossen des Gehängten: „Du bist der Urheber seines Todes! du hast unsern Meister verraten! dein Tod soll ihn rächen!" Mit diesem Geschrei stürzten sie auf ihn los, hingen ihn am nächsten Baume auf und eilten davon.

Da kamen einige Hirten zufällig in die Nähe. Den hängenden Körper sehen und vom Stricke losschneiden, war das Werk eines Augenblicks. Da jedoch der Jüngling kein Lebenszeichen mehr von sich gab, schickten sie sich an, ihn zu begraben. Indem sie aber noch beschäftigt waren, sein Grab aufzuwerfen – siehe, da sprengt vom nahen Hügel daher ein Ritter in weißem Gewande auf schneeweißem Rosse, von strahlendem Lichtglanz umflossen. Die Hirten werfen sich demütig zur Erde nieder und beten: „Herr, Herr! erbarme dich unser!" Der lichtglänzende Reiter schwingt sich vom Pferde, faßt die Leiche in seine Arme, besteigt mit ihr seinen Schimmel wieder und ist im Fluge den Blicken der staunenden Hirten entschwunden.

Es war ein Engel des Herrn gewesen. In seinen Armen belebte sich die Leiche wieder, und als Joseph zu sich selbst kam, fand er sich bei dem Amphitheater in Verona liegen und sah seinen Herrn, der ihm voraus gereist war, gerade auf sich zukommen. Nachdem er ihm sein wundervolles Abenteuer erzählt, geleitete ihn der Knabe nach Rom und kehrte später mit ihm nach Deutschland zurück.

In Speyer hörte Joseph von dem frommen Wandel der Mönche im Kloster Schönau, und sogleich entschloß er sich, zu ihnen zu gehen, um sich durch fromme Übungen des ewigen Heiles würdig zu machen.

Die Brüder nahmen den neuen Zögling bereitwillig auf und unterrichteten ihn in den Regeln ihres Ordens; er aber kam als Novize seinen Pflichten aufs Pünktlichste und Getreueste nach.

Noch war aber das Probejahr nicht ganz vorüber, als Joseph erkrankte. Die Anstrengungen seiner weiten Reise, die ausgestandenen Gefahren und Kasteiungen hatten die Kräfte seines Körpers aufgerieben.

Am 20. April 1188 entschlief er selig in dem Herrn.

Sein Geschlecht war bis zu seinem Tode unerkannt geblieben; erst jetzt entdeckte man, bei Einkleidung des Leichnams, daß der vermeinte Knabe Joseph die Jungfrau Hildegunde war. Sie ward im Kloster Schönau begraben, ist aber später als Verklärte vielen Frommen erschienen und hat manche Wunder gewirkt. Wo aber jetzt ihre Reliquien aufbewahrt werden, ist unbekannt.

Die Sage vom Ottilienberg

Das Frauenkloster auf dem Ottilien- oder Jägersberg bei Eppingen ist einst von der heiligen Ottilie gestiftet und eine Zeitlang regiert worden. Im Schwedenkrieg wurde es zerstört, nachdem die Nonnen Geld und Glocke auf dem Berg vergraben und sich dann geflüchtet hatten. An dem Platz, wo der Geldschatz verborgen lag, gingen nachher eine weiße Frau und eine weiße Ziege als Geister um. Sie hatten beide ein Gebund Schlüssel um den Hals hängen. Wegen dieses Spuks blieb der Pachthof, in den das Kloster später umgewandelt wurde, lange Zeit unbewohnt.

Da geschah's, daß es dem Kuhhirten des benachbarten Dorfes Mühlbach drei Nächte nacheinander träumte, er solle auf die Heidelberger Brücke gehen, dort werde er sein Glück machen. Unverweilt begab er sich dahin. Er stand dort einen halben Tag und wartete auf das ihm verheißene Glück. Da kam ein Heidelberger Bürger vorüber und fragte ihn, worauf er denn hier so lange warte. Der Kuhhirt erzählte ihm seinen Traum, worauf der Mann entgegnete: „Ach, auf Träume ist nicht zu gehen. Mir hat auch geträumt, auf dem Ottilienberg sei unter dem Waschkessel viel Geld verborgen, derweil weiß ich nicht einmal, wo dieser Berg liegt." Mit dieser Nachricht wohl zufrieden, kehrte der Kuhhirt nach Hause zurück, suchte auf dem Ottilienberg an der bezeichneten Stelle und fand den Geldschatz. Unverzüglich machte er sich mit ihm außer Landes. Seitdem sind die weiße Klosterfrau und die weiße Ziege vom Berge verschwunden und der Pachthof wieder bezogen.

Später einmal sah ein Knecht des Hofpächters beim Ackern das Öhr der Glocke aus dem Boden ragen; als er aber am andern Tag nach der Glocke grub, war sie nicht mehr zu finden.

Die Eppinger Glocke

Im Dreißigjährigen Krieg wurde die große Glocke der Eppinger Kirche von den Schweden weggeführt; aber im Birkenwald versank sie in die Erde. Lange Zeit nachher wühlten dort die Schweine, die der Elsenzer Hirt hütete, im Morast und brachten die Glocke zutage. Die Elsenzer luden sie auf einen Wagen, um sie in ihr Dorf zu schaffen. Allein, sie brachten die Glocke nicht von der Stelle, obgleich sie zuletzt zwölf Paar Ochsen an den Wagen spannten. Endlich bemerkten sie, daß die Glocke folgende Inschrift trug:

>Ich heiß Anne Susanne,
>zu Eppingen muß ich hangen,
>muß läuten und schlagen,
>und alle Gewitter verjagen.

Die Elsenzer benachrichtigten die Eppinger, die mit einem Wagen herbeikamen, dem nur ein Paar Pferde vorgespannt waren. Sie zogen die Glocke mit Leichtigkeit in die Stadt, und die Eppinger hängten sie wieder an den gewohnten Ort auf ihren Kirchturm. Der Platz, an dem die Schweine die große Glocke ausgewühlt haben, wird jetzt noch die Saugrube genannt.

Das Gnadenbild zu Waghäusel

Vor etlichen hundert Jahren geschah es, daß ein Schäfer, der am Lußhardtwalde seine Herde weidete, in demselben einen wunderschönen Gesang vernahm. Er ging den Klängen nach und kam an einen Sumpf, in dessen Mitte ein abgelöster Baumstamm und darauf ein feines Muttergottesbild stand, aus dessen Munde der herrlichste Gesang ertönte. Er bemühte sich, das Bild mit seinem Krummstabe zu erlangen, um es zu sich zu ziehen, war aber zu weit davon entfernt; auf einmal rief es ihm zu: „Wag' es nur!" worauf ermutigt, er durch den Sumpf watete und dasselbe herabholte. Freudig trug er es in seine Hütte, aber am folgenden Morgen war es verschwunden und wieder an seinem vorigen Platze. Abermals trug er es vom Sumpfe mit sich nach Hause, allein in der nächsten Frühe fand er es wieder auf dem Baumstumpen, und ebenso, nach nochmaligem Heimtragen, am dritten Morgen; worauf er es ruhig dort stehen ließ. In der Folge kamen auf einer ihrer Wanderungen einige Kapuziner an diesen Ort und bauten, nachdem ihnen der Schäfer sein Wunderbegebnis berichtet, eine Kapelle über den Stamm mit dem Bilde, und daneben für sich eine Wohnung. Diese Ansiedelung erhielt, nach dem Zuruf der Madonna „Wag' es" den Namen „Waghäusel", und bald wurde von nah und fern zu dem Wunderbilde gewallfahrt.

Der entheiligte Gürtel

Zu der Kapuzinerwohnung auf dem Michelsberg bei Untergrombach pflegten häufig die Hirsche des benachbarten Waldes zu kommen. Einem derselben warf ein Kapuziner seinen Gürtel ums Geweih und schleppte den so Gefangenen daran nach Hause. Wegen dieser Entheiligung des Gürtels und Verletzung des frommen Gastrechts mußte der Kapuziner nach seinem Tode noch lange Zeit, den Gürtel um den Leib, als Geist umgehen.

Die Kapelle zu Waghäusel

Vor etlichen hundert Jahren geschah es, daß zwei Ritter im Lußhardtwalde sich ein Treffen lieferten. Schon wich die Mannschaft des einen; er selbst lag erschöpft unter einem Baum und rief die seligste Jungfrau um Beistand an. Da vernahm er eine wunderbare Stimme, welche aus der Krone des Baumes ihm zurief: wage, wage! Hierdurch mächtig gestärkt, kehrt er in das Treffen zurück und erlangt einen vollständigen Sieg. Zum Danke ließ er nachmals da, wo der Baum stand, eine Muttergotteskapelle bauen, die den Namen „Waghäusel" erhielt, und bald das Ziel vieler Pilgerfahrten wurde.

Die Gründung der Abtei Bronnbach

Als der Heilige Bernhard von Clairvaux auf seiner Pilgerreise auch in Wertheim weilte, zeigte er eines Tages nach einer Wildnis des Taubertals und sprach: „Auch dort wird ein Kloster meines Ordens gegründet werden." Diese Weissagung des berühmten Abtes ging noch bei seinen Lebzeiten in Erfüllung. Einige fränkische Edelleute hatten nämlich beschlossen, ein Zisterzienserkloster zu stiften, und als sie dafür in dem stillen anmutigen Taubertale einen Platz suchten, flogen plötzlich aus jener Gegend drei weiße Lerchen, ihr fröhliches Morgenlied singend, in die heiteren Lüfte empor. In dieser außerordentlichen Erscheinung erblickten die adeligen Herren einen Fingerzeig Gottes und bauten an der bezeichneten Stelle die Abtei Bronnbach. Diese nahm in ihr Wappen eine der Lerchen auf, die von den Händen des Jesuskindes, das auf seiner Mutter Schoß sitzt, gehalten wird.

Die Frau von Rosenberg

Auf der Burg zu Boxberg lebte vor Zeiten eine Freifrau von Rosenberg, die den Armen im Namen Gottes viel Gutes tat. Um dies vor ihrem Manne zu verbergen, unternahm sie manchen heimlichen Gang. Doch schöpfte der Ritter zuletzt Verdacht und meinte, sie sei ihm untreu geworden. Er schlich ihr daher, als sie wieder einmal weggegangen war, mit dem Beile in der Hand nach, um sie zu bestrafen, wenn er sie auf frischer Tat ertappen sollte. Die Frau ging in den Burggraben, wo sich, wie so oft, die Armen und Notleidenden aus der Umgebung eingefunden hatten. Hier tat sie, was sie oft schon getan hatte, sie verteilte Brot und Wein. Da sah der Mann seinen Irrtum ein, bereute sein Mißtrauen und lebte fortan mit seiner Frau in ungestörter Einigkeit und Liebe. Beide sind im Schlosse noch in voller Leibesgröße in Stein zu sehen: er mit dem Beil in der Hand und sie mit dem Korbe, aus dem sie Brot und Wein verteilte.

Die Zerstörung des Klosters auf dem Gotthardsberg

Im Dreißigjährigen Krieg zerstörten die Schweden das Frauenkloster auf dem Gotthardsberg bei Amorbach. Sie plünderten es, zerschlugen viele Weinfässer und ließen den Wein in den Boden laufen. Den Nonnen wurde erklärt, sie müßten lutherisch werden oder sterben. Alle Klosterfrauen ohne Ausnahme wählten den Tod. Daraufhin schlugen die Schweden lange Eisennägel in leere Fässer, daß die Spitzen in das Faßinnere ragten, warfen die Nonnen in die Fässer, verschlossen sie und ließen sie dann von der Höhe des Berges in das Tal rollen. Nur einer Klosterfrau war es geglückt, sich zum Altar zu flüchten und Gott um Rettung anzurufen; allein, die Schweden rissen auch sie aus der Kirche und behandelten sie auf gleiche Weise wie ihre Schwestern. Das Faß, worin sie in die Tiefe stürzte, fiel in einen Bach, trieb hinab bis zum Main und in diesem nach einiger Zeit ans Ufer. Dort fanden Leute das Faß, sie öffneten es, und siehe – die Nonne war lebend und unversehrt, ja, sie hatte nicht den geringsten Schmerz erlitten. Man brachte sie nach Würzburg. Dort trat sie wiederum in ein Kloster ein und gelangte in den Ruf der Heiligkeit. Die andern Klosterfrauen vom Gotthardsberg hatten dagegen allesamt ihr Leben verloren. Weil die Fässer teils in das sumpfige Tal, teils aber in einen Bach gerollt waren, erhielt das Tal den Namen Pfaffengrund, das Wehr im dortigen Bach den Namen Nonnenwehr.

Die Kölner Wallfahrt nach Walldürn

Als Vorzeiten in Köln die Pest herrschte, gelobte die Einwohnerschaft, um die Seuche abzuwenden, eine jährliche Wallfahrt nach Walldürn zu veranstalten. Aus den Reihen der Pilger, so baten sie, möge Gott einen zum Opfer erwählen und ihn zu sich nehmen. Nach diesem Gelübde hörte die Pest sogleich auf. Seitdem wallt jedes Jahr eine Schar Kölner nach Walldürn. Alle bereiten sich vorher auf den Tod vor, und jedesmal stirbt unterwegs einer von ihnen. Auf einem Wagen, den der Pilgerzug mit sich führt, wird der Leichnam des Opfers nach Hause zurückgebracht.

Ursprung der Schneeberger Wallfahrt

In einem Dorfe bei Amorbach wurde einst neben der Kirche auf einem Hollerbusch ein hölzernes Standbild Marias und des Jesuskindes gefunden. Die Leute stellten es auf den Hochaltar der Kirche, fanden es aber am nächsten Morgen wieder auf dem Strauche. Noch zweimal brachte man es auf den Altar, allein ebensooft kehrte es in der Nacht wieder auf den Busch zurück. Die Wächter, die in der Kirche aufgestellt worden waren, lagen jedesmal in unbezwingbarem Schlaf. Man beratschlagte, was hier zu tun sei. Und siehe! Am folgenden Morgen lag um den Strauch schuhtiefer Schnee, der genau den Grundriß einer Kapelle abzeichnete. Und das ereignete sich mitten im Sommer. Ohne Säumen erbaute man nun über dem Busch eine Kapelle nach den Maßen, wie der Schnee sie vorgezeichnet hatte, und widmete sie der Mutter Gottes. Noch jetzt steht in der Kapelle das Bild auf dem Strauch, und es wird oft zu ihm gewallfahrt. Von dem Schnee erhielt das Dorf den Namen Schneeberg.

Die schöne Buche

Nahe Steinsfurth führt, an dem Abhang eines Berges, ein Fußpfad durch ein freundliches Wäldchen bis nach Kirchardt. Überrascht fühlt sich hier der Wanderer beim Anblick eines wunderschönen Baumes. Seine Zweige sind so dicht, daß man von fern eine große dunkelgrüne Laube zu sehen vermeint, und in der Tat, wenn du die Zweige auseinander biegst und in das schattige Heiligtum eintrittst, da ergreift dich freudiges Erstaunen. Rings unter dem reichen Laubnetze wölbt sich die lieblichste kühle Halle, die kein Sonnenstrahl zu durchdringen vermag.

Als ich das erste Mal hier ruhte, drängte sich mir unwillkürlich die Dichtung der Alten auf. Eine holde Dryade, dachte ich, wohnt in dieser schönen Buche, wartet ihrer mit sorgsamer Pflege und spricht zu mir in sanftbewegten Blättern. Ein altes Männchen mit eisgrauen Haaren, das ebenfalls hier Schatten suchte, erzählte mir folgendes von diesem Baume:

"Schon von meiner Großmutter hörte ich, daß vor alten Zeiten ein gelber Zwerg hier auf diesem Platze gewohnt habe. Oft erschien er den Leuten, besonders den armen Holzlesern, denen er ihre Bürde aufladen half. Wenn diese nach Hause kamen, fanden sie meistens einiges Geld in dem Bündel versteckt. Dieser Zwerg soll zu seinen Lebzeiten ein stattlicher Ritter gewesen sein. An der Stelle, wo die Buche steht, fand er eines Tages die Leiche seiner Geliebten, welche von wilden Tieren zerrissen worden war. Er begrub sie auf derselben Stätte, pflanzte die Buche auf ihr Grab und trauerte daselbst viele Jahre lang, bis auch ihn die stille Gruft mit der Teuren vereinte.

„Liebende Pärchen wallfahrten seither oft zu der geheiligten Buche, schwuren sich darunter ewige Treue, und Segen folgte ihrer Verehelichung. Noch jetzt, erscheint gleich der Zwerg nicht mehr sichtbar, ist er Beschützer dieses Baumes. Niemand wagt es, ihn zu beschädigen, und solch ein Frevel würde gewiß auch nicht ungerächt bleiben."

Das Opfer

Als ein Mann von Bruchsal in einer Erdgrube arbeitete, stürzte diese unvermutet ein. Zum Glück konnte sich der Mann unter eine große Steinplatte retten. Diese bildete ein festes Dach über ihm und hielt die eingestürzte Erdmasse von ihm ab. Seine Frau hörte von dem Einsturz der Grube, dachte aber gleich, ihr Mann könne noch am Leben sein. Deshalb opferte sie für ihn eine angezündete Kerze und einen Laib Brot und brachte beides auf den Altar der Kirche. Sogleich stand vor dem Mann in der Grube eine brennende Wachskerze, daneben lag ein Laib Brot. Von dem Brot ernährte er sich so lange, bis er herausgegraben wurde. Dies gelang erst nach einigen Tagen. Die Kerze brannte noch, und auch von dem Laib Brot war noch ein Rest vorhanden.

Notburga

Noch stehen am Neckar Türme und Mauern der alten Burg Hornberg. Darauf wohnte vorzeiten ein mächtiger König mit seiner Tochter Notburga. Diese liebte einen Ritter und hatte sich mit ihm verlobt; er aber war in Kriegsdiensten ausgezogen und nicht wiedergekommen. Da beweinte sie Tag und Nacht seinen Tod und schlug jeden andern Freier aus. Ihr Vater indessen war hartherzig und achtete wenig auf ihre Trauer. Einmal sprach er zu ihr: „Bereite deinen Hochzeitsschmuck, in drei Tagen kommt ein Bräutigam, den ich dir ausgewählt habe." Notburga aber sprach in ihrem Herzen: „Lieber will ich fortgehen, so weit der Himmel blau ist, als daß ich meine Treu brechen sollte."

In der Nacht darauf, als der Mond aufgegangen war, rief sie einen treuen Diener und sprach zu ihm: „Führe mich in die Waldhöhle hinüber zu der Kapelle Sankt Michael, da will ich, verborgen vor meinem Vater, im Dienste Gottes mein Leben beschließen." Als sie dann die Burg verließen, rauschten die Blätter, und ein schneeweißer Hirsch kam herzu und stand neben Notburga still. Da setzte sie sich auf seinen Rücken, hielt sich an seinem Geweih fest und ward schnell von ihm fortgetragen. Der Diener sah, wie der Hirsch mit ihr über den Neckar leicht und sicher hinüberschwamm und drüben verschwand.

Am anderen Morgen, als der König seine Tochter nicht fand, ließ er sie überall suchen und schickte Boten nach allen Gegenden aus, doch sie kehrten zurück, ohne eine Spur gefunden zu haben. Der treue Diener wollte Notburga aber nicht verraten. Als es Mittagszeit war, kam der weiße Hirsch auf Burg Hornberg zu ihm, und als er

ihm Brot reichen wollte, neigte er seinen Kopf, damit er es ihm an das Geweih stecken möge. Dann sprang er fort und brachte es der Notburga hinaus in die Wildnis, und so kam er jeden Tag und erhielt Speise für sie; viele sahen es, aber niemand außer dem treuen Diener wußte, was es zu bedeuten hatte.

Endlich bemerkte auch der König den weißen Hirsch und zwang dem Alten das Geheimnis ab. Andern Tags zur Mittagszeit setzte er sich zu Pferd, und als der Hirsch wieder die Speise holen kam und damit forteilte, folgte er ihm durch den Fluß hindurch bis zu einer Felsenhöhle, in der das Tier verschwand. Der König stieg ab und ging hinein in die Höhle. Da fand er seine Tochter vor einem Kreuze kniend, und neben ihr ruhte der Hirsch. Der König sprach zu ihr: „Kehre mit nach Hornberg zurück." Und sie antwortete: „Ich habe Gott mein Leben gelobt und suche nichts mehr bei den Menschen." Was der König auch sprach, sie war nicht zu bewegen, ihm zu folgen und gab ihm immer die gleiche Antwort. Da geriet er in Zorn und wollte sie wegziehen, aber sie klammerte sich ans Kreuz, und als er Gewalt gebrauchte, löste sich der Arm, an welchem er sie gefaßt hatte, vom Leibe und blieb in seiner Hand. Da ergriff ihn ein Grauen, daß er forteilte und sich nimmer wieder der Höhle näherte.

Als die Leute hörten, was geschehen war, verehrten sie Notburga wie eine Heilige. Viele Pilger und Wallfahrer kamen zu ihr. Sie betete mit ihnen und nahm ihnen die schweren Lasten von ihrem Herzen. Im Herbst, als die Blätter fielen, kamen die Engel und trugen ihre Seele in den Himmel. Die Leiche hüllten sie in ein Totengewand und schmückten sie mit Rosen, obgleich die Blumen längst verwelkt waren. Zwei schneeweiße Stiere, die noch kein Joch auf dem Nacken getragen hatten, trugen sie über den Fluß, ohne die Hufe zu benetzen, und die Glocken von den naheliegenden Kirchen fingen von selbst an zu läuten. Die Tiere brachten, ohne daß sie geführt oder gelenkt wurden, den Wagen nach dem Dorfe Hochhausen an die Stelle, wo jetzt die Kirche steht. Hier wurde Notburga beigesetzt.

Von Städten und Dörfern

Der Mannheimer Rosengarten

Zur Zeit des Dreißigjährigen Krieges wohnte vor den Toren Mannheims am Neckarufer ein junger Fischer. Er war immer gut aufgelegt und wurde von allen „Singbastel" genannt. Lisbeth war seine Braut, und bald sollte Hochzeit sein.

Eines Tages hatte er einen besonders schönen Fang gemacht und ihn auch in der Stadt gut verkaufen können. So blieb er eine Weile im Wirtshaus sitzen und merkte nicht, wie er auf Soldatenwerber hereinfiel, die ihn immer wieder aufforderten, mit ihnen anzustoßen. Erst am nächsten Morgen erwachte er auf einem ratternden Wagen mit einem Brummschädel und wurde sich langsam bewußt, daß er nun bei den Soldaten war.

Jahre vergingen. Lisbeth war inzwischen in die Fischerhütte eingezogen und versorgte den kranken Vater des Singbastels. Beide hofften immer noch, daß er eines Tages zurückkehren würde.

Eines Morgens weckte sie Kriegslärm. Erschrocken trat der alte Fischer vor die Hütte. Ringsum lagerten Soldaten. Ein Hauptmann trat auf ihn zu, fragte höflich nach seinem Namen, nickte dann befriedigt und sagte dem Alten, daß seine Hütte unter besonderem Schutz stünde und er keine Angst zu haben brauche.

In der Nacht tobte ein furchtbarer Angriff auf Mannheim. Plötzlich wurde in die Fischerhütte der Hauptmann getragen, der am Nachmittag den alten Fischer angesprochen hatte. Er war schwer verwundet und sprach: „Einst hat mir mein Diener das Leben gerettet. Heute ist er in sein Vaterhaus zurückgekehrt." Da schaute der Begleiter des Hauptmanns auf, und Lisbeth und der Alte erkannten den Singbastel. Groß war die Wiedersehensfreude. Bald darauf starb der Hauptmann in der armen Fischerhütte. Den Singbastel aber hatte er zu seinem Erben eingesetzt. Zum Dank begruben die Fischersleute den Hauptmann hinter ihrer Hütte und pflanzten auf sein Grab die edelsten Rosen. Jeden Sommer blühten sie schöner und üppiger. Die Stelle, an der Hauptmann beigesetzt wurde, trägt seit dieser Zeit den Namen „Rosengarten".

Wie Bruchsal den Eichelberg verlor

Von ihrem Fürstbischof hatte die Stadt Bruchsal einen namhaften Geldbetrag geliehen. Sie hatte ihm dafür den bewaldeten Eichelberg verpfändet. Es war ausgemacht worden, daß die Rückzahlung der Geldsumme in einer bestimmten Zeit zu geschehen habe, andernfalls werde das Pfand dem Fürstbischof zufallen. Als die Frist sich ihrem Ende näherte, verreiste der Bischof und kehrte erst nach ihrem Ablauf wieder zurück. Er erklärte nun den Eichelberg als sein Eigentum. Doch die Bruchsaler, die am letzten Tage ihre Schuld hatten abtragen wollen, erhoben dagegen beim Kaiser Klage. Vom kaiserlichen Gericht erhielt sie ein günstiges Urteil. Es war mit goldenen Buchstaben auf Pergament geschrieben. Allein der Fürstbischof wollte den Eichelberg behalten. Er lud daher die zwölf Ratsherren von Bruchsal zu einer Aussprache auf sein Schloß, bewirtete sie köstlich und bestürmte sie mit Bitten und Drohungen, ihm den Eichelberg zu überlassen. Aber die Ratsherren blieben standhaft und verweigerten ihre Zustimmung. Darauf ließ er sie zwangsweise in den Burghof führen und einen nach dem andern durch den Scharfrichter enthaupten, so daß das Blut wie ein Bach den Burghof hinunterfloß. Als die Reihe schließlich an den zwölften kam, fragte der Bischof den Scharfrichter, wie ihm das Kopfabschlagen gefalle. „Wenn's Krautköpfe wären, gefiele es mir schon; so aber gefällt es mir nicht!" gab dieser zur Antwort. Der Fürstbischof wurde darauf zu Mitleid bewogen und begnadigte den letzten Ratsherrn.

Als in Bruchsal bekannt wurde, was sich auf der Burg zugetragen hatte, verabredeten die Bürger, sich zu rächen. Bei der nächsten Durchreise des Bischofs sollte die gesamte bewaffnete Bürgerschaft zusammengerufen werden, um sich seiner zu bemächtigen. Das Zeichen sollte die Notglocke geben. Aber der Fürstbischof erfuhr von diesem Plan. Bei seiner nächsten Durchreise ließ er vorher heimlich den Schwengel aus der Glocke nehmen und dafür einen Fuchsschwanz hineinhängen. Als er dann über die Salbrücke fuhr, wollte man in dem Kirchlein läuten, aber die Glocke tönte nicht, und so kam der Bischof unangefochten durch die Stadt. Den Eichelberg hat sie bis auf den heutigen Tag nicht mehr zurückbekommen.

Das Hündchen von Bretten

An einer Kirche zu Bretten im Kraichgau ist ein Hündchen ohne Schwanz in Stein abgebildet. Hierüber erzählt man sich folgendes: Es hatten Feinde das Städtchen Bretten schon ziemlich lange belagert und wollten es aushungern. In ihrer Not legten die Bürger die Reste ihrer letzten Lebensmittel zusammen und mästeten damit ein Hündchen. Als dieses so recht dick und fett war, ließ man es zum Stadttor hinaus ins feindliche Lager laufen. Sobald die Soldaten das fette Hündchen sahen, dachten sie: „Haben sie den Hund so füttern können, dann müssen sie gewiß noch genug zu beißen haben." Sie gaben die Belagerung auf und zogen ab. Zuvor aber hieben sie dem Hündlein den Schwanz ab und schickten es verstümmelt wieder in die Stadt. Zum Dank an das Hündchen ließen die Brettener ihren Retter in Stein aushauen und anfangs auf das Stadttor, später außen an die Laurentiuskirche setzen.

Andere erzählen die Geschichte so: In Bretten lebte Vorzeiten ein Mann, welcher ein Hündchen zu mancherlei Diensten abgerichtet hatte. Das pflegte er auf Besorgungen zu schicken, indem er ihm einen Korb ins Maul gab, worin ein Zettel mit dem nötigen Geld lag. Auf diese Weise brachte es auch vom Metzger Fleisch und Wurst nach Hause, ohne auch nur einen Bissen davon anzurühren.

Einmal aber sandte es sein Herr, der evangelisch war, an einem Freitag zu einem Metzger, der katholisch war und sich streng an die Fastenzeit hielt. Als nun das Hündchen mit seiner Bestellung zu ihm kam, hielt der es fest, schnitt ihm den Schwanz ab und legte ihn in den Korb mit den Worten: „Da hast du Fleisch!" Das Hündlein aber, beschimpft und verwundet, trug den Korb dennoch treulich über die Gasse nach Hause, legte sich nieder und verstarb. Die ganze Stadt trauerte, und das Bild eines Hündleins ohne Schwanz wurde in Stein gehauen übers Stadttor gesetzt.

Ein Kind rettete Ladenburg

Die Schweden hatten Ladenburg eingenommen. Ihr König wollte es anzünden und alle Einwohner niederhauen lassen. Als diese auf dem Marktplatz der Stadt um Schonung flehten, erwiderte er: „So wenig verschone ich euch und eure Stadt, als ein siebenjähriges Kind den wilden Hengst halten kann, auf dem ich sitze." Da trat ein siebenjähriges Kind hervor, faßte die Zügel des königlichen Reitpferdes, und dieses blieb so ruhig, als wenn es von der stärksten Hand gehalten würde. Dieses Wunder erstaunte den König so, daß er die Stadt und ihre Einwohnerschaft verschonte. Der Vorfall ist an der Außenseite des Martinstores abgebildet.

Die kleine Fürstengruft

Als in Bruchsal die Peterskirche gebaut werden sollte, fragte der Baumeister den Fürstbischof Schönborn, wie groß die fürstliche Gruft anzulegen sei. Der Fürstbischof gab ihm folgende Antwort: Die Gruft solle für drei Särge ausreichen, mehr sei nicht nötig. Zum Erstaunen aller wurde die Gruft so klein gebaut. Allein sie war, wie der Fürst vorhergesagt hatte, groß genug. Denn unter dem dritten Nachfolger wurde das bischöfliche Fürstentum aufgehoben; der zweite war in Passau verstorben und dort auch begraben worden. So reichte die Gruft gerade aus für den Fürstbischof Schönborn sowie seinen ersten und dritten Nachfolger.

Das Schulzenkreuz

Zwei Ritter von Rosenberg waren in den Krieg gegen die Türken gezogen. Nach kurzer Zeit kam der Jüngere wieder nach Hause, gab seinen Bruder für tot aus und ließ sich von den Gemeinden des Amtes Boxberg huldigen. Als er ein Jahr regiert hatte, kehrte der Totgesagte zurück und vertrieb ihn aus dem ungerechten Besitze. Hierauf berief er die Schulzen des Amtes miteinander nach Boxberg, erklärte die Versammelten, weil sie so voreilig und gern seinem Bruder gehuldigt, für treubrüchig und ließ sie durch den Möckmühler Scharfrichter bei der Wolfsgrube enthaupten. Der Schulze von Schillingstadt kam erst nach der Hinrichtung herbei und wurde am Richtplatz, wo ihn der Weg vorbeiführte, vom Scharfrichter ergriffen. Diesen wußte er aber zu gewinnen, indem er ihm fünf Gulden versprach, die derselbe für jeden Kopf von dem Ritter erhielt, worauf er mit Hinterlassung von Weib, Kind und Hof in das Mainzische Dorf Wittstadt floh. Von dieser Zeit an bis zum heutigen Tage kommt der Schillingstadter Schulze allemal zu spät, wenn die Schulzen vor Amt in Boxberg erscheinen müssen.

An der Stelle, wo die Hinrichtung stattfand, steht jetzt ein Holzkreuz, das den Namen Schulzenkreuz trägt.

Die schlauen Bauern von Dilsberg

In längst vergangenen Zeiten versuchten einmal Feinde die Burg und das Städtlein Dilsberg zu stürmen. Die Dilsberger, an Zahl weit unterlegen, wehrten sich tapfer; doch die Angreifer stellten schon die Sturmleitern an die Stadtmauer. Da hatte ein Bürger einen guten Einfall, dem gleich alle zustimmten. Sie liefen eilends nach Hause, holten ihre Bienenkörbe aus den Gärten und schüttelten sie über die Belagerer aus. Die gereizten Bienen stürzten sich wütend auf die anstürmenden Feinde, stachen sie übel zusammen und trieben sie in die Flucht. So wurde Dilsberg gerettet, und für alle Zukunft wagte kein Feind mehr, die Stadt anzugreifen.

Wölchingen

Als der Ort nur erst einen Weiler bildete und die Wälder den Leuten noch bis nahe an die Häuser gingen, da zog eine Schar Knaben auf die nächste Anhöhe, um sich mit Schlittenfahren zu belustigen. Aber wie schrecklich wurde ihr Spiel unterbrochen, und wie traurig war ihre Heimkehr! Eine Wölfin brach aus dem Walde hervor und stürzte sich unter die Kinder, sie tötete sie in grausamer Weise und fraß einige davon. Davon hat man das Dorf „Wölfingen" genannt. Der Ort, wo das Schreckliche geschah, heißt die Wolfsgrube, und den Weg, auf dem die klagenden Mütter die zerfleischten Überreste ihrer Kinder nach Hause trugen, nennt man noch jetzt den Totenweg.

Schweigern

Romechete der Große, ein sieghafter Held, kriegte gegen die Chatten und Thüringer in dem Taubergrund und erschlug ihren Herzog. Er hatte zu seiner Gemahlin Swita, des Wendenkönigs Tochter; mit dieser zeugte er Gerara, welche er mit einem Gallierkönig vermählte. Als nun Romechete allenthalben Frieden mit den Galliern, Sygambrern und Wenden hatte, erbaute er im Taubergrund mehrere Orte und nannte einen nach seinem Weibe Swita und seiner Tochter Gerara „Swydgeresheim", welchen die alten Umwohner, alte Deutsche, Swidgern genannt haben, von dem das Dorf Schweigern erwachsen.

Windischbuch

Über die Entstehung des Dorfes Windischbuch geht folgende Sage: Der Ort war früher mehr gegen Assamstadt hin im Tal gelegen, wo jetzt noch ein ausgemauerter Brunnen steht, hieß nur Buch und brannte einmal gänzlich ab. Da durch Feuersgefahr und schwere Gewitter mehrere Heimsuchungen die Einwohner trafen, so glaubten sie, auf der Stätte, da der Ort stand, ruhe der Fluch Gottes, weshalb sie nach dem Brande mehr auf die Höhe bauten. Beim ersten Zimmermannsspruch wurde der Wunsch ausgesprochen: „Wend dich Buch! Bleibe fern mit dem auf dir ruhenden Fluch und ziehe nicht mit uns herüber auf die neue Stelle in den neuen Ort." So entstand daraus nach und nach „Windischbuch".

Der Schwedenhut

Das Dorf Schillingstadt, das schon 722 urkundlich erwähnt wird, soll früher bedeutend größer gewesen sein als heute. Im Mittelalter war es mit schützenden Mauern umgeben und hatte drei starke Tore, deren letztes um das Jahr 1833 abgebrochen wurde. An dem „unteren Tore", gegen Berolzheim zu, war früher der „Schwedenhut" angenagelt, über den die Sage folgendes berichtet:

Als im Dreißigjährigen Kriege die Schweden in dieser Gegend hausten, wollte eines Tages ein Trupp Soldaten in das fast menschenleere Dorf Schillingstadt eindringen. Die wenigen Leute, die noch darin zurückgeblieben waren, verschlossen die Tore und vollführten hinter den Mauern großen Lärm. Ein Bürger sprengte auf seinem Pferde unaufhörlich hin und her, um den Anschein zu erwecken, als sei man zur Abwehr wohl gerüstet. Die entschlossene Tochter des untern Torwarts aber schoß aus der Wohnung über dem Tor den schwedischen Anführer nieder, dessen Hut als Wahrzeichen an das Tor genagelt wurde.

Durch die kühne Verteidigung irregeführt und entmutigt, zogen die Feinde ab. Die Einwohner, die sich in die trichterförmige Grube im Belsberg am Wintergrünrain geflüchtet hatten, sahen mit innerlichem Behagen dem Abzuge der unliebsamen Gäste nach.

Die Schlacht bei Seckenheim

Als einer der bedeutendsten Kurfürsten der Pfalz erscheint Friedrich I., der Siegreiche, ein Enkel des deutschen Kaisers Ruprecht. Er regierte die Pfalz als Vormund seines Neffen Philipp von 1449 bis 1476.

Friedrich I. war ein kühner Streiter, der es mit Kaiser und Reich aufnahm, ein rücksichtsloser Draufgänger, der auch vor Gewaltmitteln nicht zurückschreckte, wenn es sich um Großes handelte, ein Mann kraftvoller Tat, dem erst wohl war, wenn es galt, sich aus ringsum dräuenden Gegnern herauszuhauen, jeder Zoll ein ritterlicher Fürst. So lebt er fort in der Erinnerung seiner Pfälzer, und mit Begeisterung verkünden Chroniken und Lieder von seinem herrlichen Sieg am Walde bei Seckenheim.

Es war eine Zeit wilder Fehden. Friedrich war von Feinden umlauert, die jeden günstigen Augenblick benützten, um über ihn herzufallen und ihre Rache an ihm zu kühlen. Im Juni 1462 brachen Graf Ulrich von Württemberg, Markgraf Karl von Baden und dessen Bruder, Bischof Georg von Metz, brennend und sengend in des Pfalzgrafen Land ein. Auf den Feldern prangte im vollen Ährenschmuck eine reiche Ernte. Ihre Rosse stampften sie nieder, und die übermütigen Ritter schwelgten förmlich im Verwüsten und Zerstören.

Friedrich, den Gefürchteten, wähnten sie im fernen Land, und er begünstigte heimlich diese irrige Meinung, während er sich rüstete und ihnen unbemerkt nachzog.

In Leimen lag er auf der Lauer und beschloß, sie am 30. Juni zu überfallen, als Feuerschein vom Neckar ihm verkündete, daß sie in der Nähe von Seckenheim standen. In aller Stille ging's durch den

Wald bei Schwetzingen, und plötzlich brach er vom Fronholz oder Bannwald her im Rücken seiner Feinde mit seinen erzgepanzerten pfälzischen Rittern und den Reisigen des verbündeten Erzbischofs von Mainz hervor. Sie mußten ihm standhalten, der Neckar hinderte ihr Entweichen. Ein heißer, blutiger Kampf begann. „Heut' Pfalzgraf oder nie", mit diesem Ruf stürmte Friedrich den Seinigen voran in die feindlichen Reihen. Ein glänzender Sieg ward erfochten. Nach tapferer Gegenwehr mußten sich die drei fürstlichen Anführer des gegnerischen Heeres dem Kurfürsten gefangen geben. Der Markgraf und sein Bruder, der Metzer Bischof, wurden schwer verwundet vom Kampfplatz getragen.

Begeisterter Jubel schallte Friedrich entgegen, als er am Abend des Schlachttages an der Spitze seiner mit reicher Beute beladenen tapferen Schar in seiner Residenz Heidelberg einrückte. Die Gefangenen kamen in strengen Gewahrsam. Markgraf Karl von Baden und Graf Ulrich von Württemberg wurden auf dem Heidelberger Schloß gefangen gehalten, Bischof Georg von Metz wurde auf die Zollburg Eichelsheim bei Mannheim gebracht. Erst nach mehrmonatiger Haft wurden die Fürsten gegen hohes Lösegeld von Friedrich wieder freigegeben.

An diese Schlacht bei Seckenheim knüpfte spätere sagenhafte Erfindung, die zum ersten Mal um die Mitte des 16. Jahrhunderts auftaucht, die Geschichte vom „Mahl zu Heidelberg" am reichbesetzten Tische ohne Brot. Durch Gustav Schwabs gleichnamiges Gedicht ist diese Geschichte heute in aller Mund. Aber dieses Mahl hat nach der Schlacht schon deshalb nicht stattfinden können, weil zwei von den Fürsten an ihren Wunden schwer krank darnieder lagen.

Zur ewigen Erinnerung an den Sieg ließ Kurfürst Friedrich auf dem Schlachtfelde ein mächtiges Kruzifix aus rotem Sandstein aufstellen und auf dem Sockel die Geschichte der denkwürdigen Schlacht einmeißeln. Drei Jahrhunderte lang stand das Seckenheimer Siegeskreuz dort draußen im Felde und sah manchen Sturm an sich vorüberbrausen. Dann ließ es Kurfürst Karl Theodor von der Pfalz, als es anfing, schadhaft und brüchig zu werden, in seine Altertumssammlung im Mannheimer Schloß verbringen, und in den vereinigten Sammlungen der Großh. Altertumssammlung und der des Mannheimer Altertumsvereins ist es heute noch zu sehen. Das unter Karl Theodor an den Ort des Denkmals errichtete neue Kreuz wurde schon 1823 von böswilliger Hand umgestürzt. Im Jahre 1890 aber ließ der Mannheimer Altertumsverein das Denkmal in einfacher Form wiederherstellen als ein althistorisches Ehrendenkmal pfälzischer Tapferkeit. Es steht auf Seckenheimer Gemarkung an der Seckenheimer Straße, unweit des Schnittpunkts der Main-Neckarbahn, die heute dort nach Ladenburg vorüberfährt.

Burgen, Schlösser und Ihre Herren

Die Wettenburg

Eine halbe Stunde oberhalb von Wertheim, auf einem Berg, den der Main auf drei Seiten umfließt, lag einst die Wettenburg. Seine letzte Besitzerin war eine geizige Gräfin, die einen Teil des Flusses auch um die vierte Seite leiten wollte, um dadurch ganz sicher vor den vielen Bettlern zu sein. Sie belegte daher ihre Untertanen rücksichtslos mit schweren Fronarbeiten zu allen Tag- und Jahreszeiten. Auch den Vorstellungen des Schloßvogtes, Gott könne es mißfallen, wenn sie den Lauf des Flusses so willkürlich abändere, schenkte sie kein Gehör. „Es mag Gott lieb oder leid sein, mein Vorhaben muß ausgeführt werden, und so wenig ich diesen Ring wiedersehe, so wenig unterbleibt es!" erwiderte sie. Bei diesen Worten zog sie einen Ring vom Finger und warf ihn in den Fluß. Noch an demselben Tag, als auf der Burg ein Gelage sein sollte, fand der Koch den Ring in einem frischgebackenen Karpfen und brachte ihn der Gräfin, die sorglos bei ihren Gästen saß. Als sie den Ring erblickte, erschrak sie sehr und erbleichte; zugleich zuckte ein greller Blitz durch den Raum, ein Donnerschlag folgte, und das Schloß mit allen Anwesenden versank mit großem Getöse im Berg.

Alle sieben Jahre, am Untergangstag der Burg, ist diese auf dem Grund des Mains in allen Einzelheiten zu sehen. Oben auf dem Berg, wo die Burg einst stand, erscheint ebenfalls alle sieben Jahre eine Höhle mit einem Felsen daneben, in dem ein großer Ring eingedrückt ist. Darauf legte einst ein Küfer sein Bandmesser und schlief dabei ein. Beim Erwachen sah er keinen Felsen und kein Messer mehr; erst nach sieben Jahren fand er beide wieder, als er am gleichen Tage dahinkam.

Ein Schäfer, der sich einst vor dem Regen in die Höhle geflüchtet hatte, verfiel darin in Schlaf; nach seinem Erwachen waren unterdessen siebenmal sieben Jahre vergangen, und er traf zu Hause alles so verändert an, daß er sich nicht mehr auskannte.

Zu dem tiefen Schacht, der nach dem Untergang der Burg auf deren altem Platz geblieben war, kam einmal der Schäfer von Kreuzwertheim und erblickte in der Öffnung einen eisernen Handlauf, welcher über Stufen in die Tiefe führte. Er stieg hinab und kam in eine helle leere Stube. Daneben lagen einige weitere Zimmer. Als er weiterging, begegnete ihm eine alte Frau. Sie führte ihn durch viele prächtige Gemächer mit kostbaren Einrichtungen und in einen schönen Garten. Hier ließ sie ihn allein. Er blieb längere Zeit an diesem Ort. Endlich, nach langem Suchen, entdeckte er einen unterirdischen Gang und gelangte durch ihn ins Freie. Als er dann nach Hause kam, wollte seine Frau mit einem anderen Manne gerade Hochzeit machen. Sie hatte ihn längst für tot gehalten; denn nicht sieben Tage, wie er glaubte, sondern sieben ganze Jahre hatte er sich im Berge aufgehalten. Während dieser Zeit war ihm der Bart bis zum Gürtel gewachsen.

Die weiße Frau zu Guttenberg

Auf dem Schloß Guttenberg am Neckar ist vor etlichen und achtzig Jahren die weiße Frau vielen Leuten erschienen, besonders dem Hausgesinde. Sie schlich umher wie der Wind; wenn eine Magd backen wollte, so sprang ihr die weiße Frau auf das Genick, doch war sie leicht, und man hielt sie oftmals für den Alp. Zuweilen stand sie auch am Waschzuber und half den Mägden; sie war gewöhnlich weiß, auch grau, ihr Gesicht voller Falten, ihre Gestalt lang, auch war sie, wie die Leute sagten, die sie gesehen, wohl über hundert Jahre alt. Winters schlich sie aus dem neuen Bau in das neue Schloß, das auf dem Platze des alten erbaut ist, und kehrte alle Sachen um. Ein herzhafter Diener des Burgherrn sah ihr oft nach, wenn sie davon schlich, dafür nahm sie ihm seine Kleider und sein Deckbett, wenn er schlief, und trug sie in eine andere Stube. Der Schloßherr hat sie niemals gesehen, hörte sie wohl aber in den Gängen, wenn sie eine starke Tracht Brennholz vor den Ofen niederwarf. Allein sobald er sie ertappen wollte, war sie verschwunden, und er fand kein Holz auf dem Gang. Morgens schlich sie dann gewöhnlich in das Backhaus, wo sie sich versteckte, wie das Gesinde oft gesehen hat. Sie tat fast niemand etwas zuleide; wo sie einem aber bei der Arbeit half, da mußte er fleißig sein, dann sah sie ihm zu, und verschwand wieder, ohne ihn zu beleidigen. Als einmal zwei Kammermädchen im Waschhaus ein Bad nahmen, öffnete die weiße Frau die verschlossene Tür, so daß die Mädchen erschrocken davonliefen. Da ließ der Burgherr an der Ecke des Waschhauses, wo die weiße Frau zu verschwinden pflegte, aufgraben, und man fand die Gerippe eines großen Menschen und eines Kindes. Letzteres war von der weißen Frau, denn sie soll in ihrem Leben ein Kammermädchen gewesen sein, die ihr Kind umgebracht und verscharrt hat. Sie konnte nicht sterben, bis sie die Mordtat gestanden hatte, und sie verlangte, daß der Burgvogt sie zu ihrem Kinde in die Ecke des Waschhauses begraben sollte. Das geschah, und so entstand die weiße Frau. Als man ihre Gebeine wieder gefunden hatte, ließ sie der Burgherr auf dem Kirchhof ehrlich bestatten, und seitdem hat die weiße Frau Ruhe und geht nicht mehr zu Guttenberg.

Belagerung von Burg und Stadt Boxberg

Vor Zeiten hieß Boxberg Wüstenberg und bestand nur aus der Burg und einigen Häusern im Tale. Nun wurde der Ort einmal von Feinden belagert. Die Männer fanden sich mit Wehr und Waffen beim Tor zusammen, unter ihnen auch ein Schneider. Der tat sehr mutig und hieb mit seinem Schwert Hecken und Stauden zusammen, um den Feinden zu zeigen, wie er es ihnen machen würde, falls sie den Angriff wagen sollten. Als dann aber die Belagerer die Mauern zu stürmen begannen, schlich der Schneider nach Hause, riegelte den Stall zu und verkroch sich in das Fell einer frischgeschlachteten Ziege. Nachdem Wüstenberg erobert war, durchsuchten die Feinde jeden Winkel des Dorfes nach etwas Eßbarem, und als sie die Ziege fanden, freuten sie sich auf den fetten Braten und wollten sie gleich abschlachten. Da schrie der Schneider mit kläglicher Stimme aus seinem Versteck: „Erbarmen! Erbarmen! Verschont das Kind im Mutterleibe!" Der Schneider rettete dadurch wohl sein bißchen Leben, verschaffte aber seinem Heimatort den Namen „Boxberg" auf ewige Zeiten.

Als in einem späteren Krieg die Burg Boxberg belagert wurde, bewahrte sie ein Stallknecht vor der sicheren Zerstörung. Dies trug sich so zu: Auf einem Hügel jenseits der Umpfer, der Burg Boxberg gerade gegenüber, hatte der feindliche Anführer sein Zelt aufgeschlagen. Er tat sehr geringschätzig und ging im Angesicht der Boxberger Verteidiger aufrecht und unbewehrt im Lager umher. Dem wollen wir doch ein bißchen Achtung einflößen, dachte der Stallknecht und bat den Burgherrn um die Erlaubnis, dem feindlichen Obersten den Hut vom Kopfe schießen zu dürfen. Der Burgherr willigte ein, und der Knecht schoß zweimal über das Tal hinüber und beide Male dem Anführer den Hut vom Kopf, ohne daß er dem Mann auch nur ein Härchen gekrümmt hätte. „Alle Ehre! Das ist ein Schütze!" sprach der Führer des feindlichen Heeres, sandte einen Boten zu den Belagerten hinüber, dankte dem Burgherrn und seinem tapferen Schützen für die erwiesene Großmut und ließ von nun an Burg und Stadt in Frieden.

Das Täubchen von Sachsenflur

Im Anfang des 16. Jahrhunderts, als der Geist des Aufruhrs unter den gedrückten Bauern des Taubergrundes sich zu regen begann, lebte in Sachsenflur die Witwe Arnolds von Rosenberg, eine geborene von Tottenheim, mit ihrem Sohne und ihrer Tochter. Diese hatte eine besondere Vorliebe für Tauben, deren sie eine ganze Schar hatte; die Tiere aber taten den Landleuten durch ihre große Zahl vielen Schaden, und doch durfte ihnen kein Leid geschehen. Als die Tauben jedoch zu viel Unheil anrichteten, wurde nach ihnen geworfen und unglücklicherweise gerade das Lieblingstäubchen des Edelfräuleins getroffen. Der Missetäter war der Sohn des Nachbarn, dem man aber auf offenem Wege nicht beikommen konnte, denn er hatte noch fünf erwachsene Brüder. Daher beschloß der Junker, eine Gelegenheit abzuwarten, die ihm den Täter in die Hände liefern würde. Dies sollte nur zu bald kommen.

Um die Faschingszeit des Jahres 1525 veranstalteten die jungen Leute des Dorfes allerlei Scherz und Mummerei. Eine Schar zog vor das Schloß, voran eine Närrin mit einem Kleide von lauter Taubenfedern und einem Käfig voll Tauben auf dem Rücken, die sie mit lauter Stimme zum Kaufe anbot und deren Anpreisung mit hellem Gelächter begleitet wurde. Da öffnete sich plötzlich das Tor des Schlosses, und hervor sprang der Junker, ergriff die Närrin, riß ihr die Larve vom Gesichte und erkannte des Nachbars Sohn, der das Täubchen geworfen hatte. Während die übrigen auseinanderstoben, schleppte er seinen Gefangenen in den Turm, um schwere Rache an ihm zu nehmen. Des Gefangenen Mutter konnte mit allem Bitten nichts ausrichten, und so begab sich dann der Vater nach Ballenberg zu Georg Metzler. Sie beredeten sich miteinander, daß sie von Ort zu Ort ziehen und die Geschichte des gefangenen Sohnes den Leuten erzählen wollten. Dies hatte aber so kräftige Wirkung, daß man überall schwor, dem armen Vater beizustehen. Zuerst zerstörten die Aufständischen das Schloß Oberschüpf, dann zogen sie nach Sachsenflur in hellen Haufen, um das Schloß zu belagern. An dem Tore entspann sich ein harter Kampf, der durch die Dazwischenkunft des Ritters Florian Geyer von Giebelstadt, der mit den Bauern von Ohrenbach dem Georg Metzler von Königshofen her zu Hilfe gekommen war, beendigt wurde. Der Friede wurde dadurch geschlossen, daß der Zehnt von den Sommerfrüchten nachgelassen wurde.

Punker von Rohrbach

Punker von Rohrbach stand im Dienste des im Jahre 1436 verstorbenen Pfalzgrafen bei Rhein, Ludwig des Bärtigen. Punker diente dem Pfalzgrafen als Armbrustschütze. Diese Waffe handhabte er gleichsam als Künstler, denn er verfehlte niemals weder das kleinste, noch das fernste Ziel. Daher kam es auch, daß er im Ruche der Zauberei stand.

So sehr der Pfalzgraf seine Treffsicherheit zu nutzen verstand, so sehr auch fürchtete er sich vor einem Manne, vor dessen Schießkunst auch ein Pfalzgraf nicht sicher sein konnte. Der Pfalzgraf beschloß daher, ihn auf die Probe zu stellen, um herauszubringen, ob er es mit einem Zauberer zu tun habe oder nicht.

Er befahl ihm eines Tages, vom Kopfe seines eigenen Söhnchens einen Pfennig bei Strafe des Leibes und Lebens im Falle einer Weigerung oder eines Mißlingens herabzuschießen. Der Pfalzgraf hoffte, ihn sich auf diesem Wege auf die beste Weise aus dem Wege schaffen zu können. Alle Bitten und Beschwörungen Punkers waren vergebens. Der Knabe mußte sich mit dem Pfennig auf dem Kopfe in einer gewissen Entfernung aufstellen. Da zog der unglückliche Vater einen zweiten Pfeil hervor und steckte ihn in seinen Koller, drückte los und schoß den Pfennig glücklich vom Haupte des Jungen herab, ohne auch nur das Haupthaar zu streifen.

Auf die Frage des Pfalzgrafen, warum er einen zweiten Pfeil in seinen Koller gesteckt habe, gab ihm Punker zur Antwort: „Wenn ich meinen Knaben erschossen hätte, dann, o Herr, würde ich augenblicklich Euch selbst mit diesem anderen Pfeile erschossen und so meinen Sohn gerächt haben!"

Der Geist des Burgkochs auf Windeck

Kaum lebt noch in weniger Leute Munde die Sage von dem geisterhaften Burgkoch von Windeck. Wo solcherlei alte Kunden noch den Stoff zur Unterhaltung liefern, da wird gewöhnlich auch die Ursache der Strafe des betreffenden Geistes mit Nachdruck und als Eingang der Erzählung beigefügt; aber gerade hier tritt der Fall nicht ein.

Worin nun das Verbrechen des Windecker Küchenmeisters bestand, – ob er durch Giftmischerei, Mord oder durch Entwendung großer Geldsummen sich seine Buße zugezogen? – darüber erzählt man sich nichts Gewisses. Daß er aber eine frevelhafte Tat an einem grünen Donnerstag verübte, das findet die Erzählung schon in dem Umstand als wahr begründet, weil der Geist bloß am genannten Tage sein Wesen in der Burg treibt. Kurzum, es spukte, – denn gegenwärtig spukt es nicht mehr – jedesmal am grünen Donnerstag auf der Burg. Mancher Waghals erdreistete sich, an diesem Tag die Burg zu betreten. Mit Steinwürfen aber empfangen, ward er auch mit Steinwürfen wieder entlassen, und doch war keine menschliche Seele allda zu sehen, noch zu hören.

Einst besuchte auch ein verwegener Kammerherr am grünen Donnerstage diese Burg. Da sausten ihm plötzlich rechts und links Steine hart am Ohr vorbei, ohne daß trotz seines freundlichen Zurufs darin Einhalt geschah. Als er nun aber zu schimpfen und zu fluchen begann, schmetterte ein ganzer Hagel von Steinen auf ihn los. Noch obendrein durch unsichtbare Prügelfaust von Kopf bis Fuß durchgewalkt, gelang es ihm nur mühsam, von der Burg sich zu schleppen und bluttriefend die Stadt zu erreichen, wo er mehrere Wochen zu seiner Heilung verwenden mußte. Die Sage fügt noch bei, der Geist des Burgkochs habe auch solches alles verübt.

Zwingenberg

Im schönen Neckartal, acht Kilometer unterhalb Eberbach, erhebt sich auf turmhohen, roten Felswänden, hoch über die schlanken Tannen hinausragend, die ehemalige Burg Zwingenberg, die sich mit ihrem stattlichen Bergfried und ihren vier schmucken Rundtürmen gar herrlich im Glanze der Abendsonne spiegelt. Zu den Füßen dieses majestätischen Schlosses liegt schüchtern das gleichnamige Dörflein, dem die mächtige Feste den schmalen Landstreifen zwischen ihren steilen Felswänden und dem schäumenden Flusse großmütig abgetreten hat.

Das Schloß Zwingenberg ist noch so wohl erhalten, daß man meinen sollte, es sei erst vor wenigen Tagen der letzte Hammerschlag der Bauleute verklungen. Und doch mögen es schon sechs Jahrhunderte sein, seitdem die kühne Bergfeste gebieterisch die reizende Tallandschaft beherrscht. Die frühesten Bewohner und wohl auch die Erbauer der Burg waren die Herren von Zwingenberg, die erstmals im 13. Jahrhundert in Urkunden vorkommen.

Kaiser Karl IV. (1347 bis 1378) ließ im Jahre 1363 die Burg zerstören, weil sie ein gefährliches Raubritternest geworden war. Noch heute mahnen das Burgverlies und drei düstere Gewölbe über demselben an die bangen Schrecknisse der Vergangenheit. Der letzte Sproß der ehemaligen Burgherren war Hans von Zwingenberg. Er verkaufte 1474 die ihm noch gehörigen prächtigen Waldungen, und mit ihm scheint das mächtige Geschlecht erloschen zu sein.

Die Burg Zwingenberg war indessen nach ihrer Zerstörung mit Genehmigung Karls IV. wieder langsam aus den Trümmern erstanden und bildete am Ende des 14. Jahrhunderts ein pfälzisches Lehen. 1403 wurden die Edlen von Hirschhorn mit dem „verbrochenen Burgstadel" belohnt und erbauten daselbst die neue Burg, die sie mit kurzer Unterbrechung bis 1632 bewohnten.

Nach dem Erlöschen dieses Geschlechts betrachtete die Kurpfalz Zwingenberg als erledigtes Mannslehen. Aber ein fast 100jähriger Prozeß (1632 bis 1728) mit den Erben der Herren von Hirschhorn wurde vom Reichshofrat zu Gunsten der letzteren entschieden. 1746 erwarb die Kurpfalz die Besitzung durch Kauf von der Familie Göler von Ravensburg.

Kurfürst Karl Theodor von der Pfalz schenkte 1779 die Burg dem Reichsgrafen von Bretzenheim. Von dessen Angehörigen erwarben sie 1808 die Markgrafen von Baden, die sie vollständig wiederherstellten und im Innern prächtig ausstatteten. Oft weilten die glücklichen Besitzer dort oben, um in den schattigen Waldungen ringsum dem edlen Weidwerk obzuliegen. Der Rittersaal der Burg ist mit den Wappen sämtlicher früherer Besitzer und Lehnsmänner der Burg ausgeschmückt. Andere Räume enthalten Bilder fürstlicher Personen (die Regenten und Prinzen Badens) und eine Sammlung seltener Hirsch- und Rehgeweihe.

Aus der Erbschaft des Markgrafen Max fiel im Jahre 1882 die Herrschaft Zwingenberg S. K. H. dem Großherzog zu, in höchstdessen Besitz sie heute noch ist. Die Burg dient hauptsächlich als Jagdschloß. 27 wohleingerichtete Zimmer stehen dem hohen Besitzer und seinen liebwerten Gästen zur Verfügung.

Die aus dem 16. Jahrhundert stammende Burgkapelle enthält wertvolle Wandgemälde (Fresken).

Das Dorf Zwingenberg bestand 1557 aus neun Wohnhäusern. Nach Zerstörung der Burg Stolzeneck siedelten sich die Bewohner des dazu gehörigen Dorfes Gröselbach in Zwingenberg an.

Die zwei letzten Burgherren

Die letzten Sprossen der Familie von Windeck waren zwei Brüder, die sich aus Geiz nie verheirateten und überhaupt auf alles, woran ein gewöhnliches Menschenkind Lust und Freude findet, verzichtet hatten. Eine einzige Gesellschafterin war im Schlosse, welche ihnen dessen leere Hallen etwas beleben half, nämlich eine Meise, die sie täglich, trotz ihres Geizes, mit einer ganzen Nuß regalierten. Eines Tages jedoch erwogen sie, welcher entsetzlichen Anzahl von Nüssen sie das Jahr hindurch zum Unterhalte des kleinen Lieblings bedürften, und der Schrecken über diese arge Verschwendung wirkte so stark auf ihr Gemüt, daß sie nicht allein das halbverhungerte Tierlein sofort zum Fenster hinaus fliegen ließen, sondern am folgenden Tage, zur Freude der Stadt Weinheim, aus Gram über die verschwendeten Nüsse, des Todes verblichen.

Sage vom Minneberg

Hugo von Habern hinterließ drei Söhne; früh schon wurden sie an ritterliche Übungen und die Beschwerlichkeiten der Jagd gewöhnt. In den weitausgedehnten Forsten des Odenwaldes streiften sie bis zu den freundlichen Talwindungen des Neckars und verfolgten tagelang das Gewild. Ihr Begleiter war ein Windspiel von seltener Treue und ein trefflicher Jagdhund, der sie stets auf die richtige Fährte leitete.

Eines Tages führte sie dieser kundige Wegweiser auf den Gipfel eines steilen Berges am Neckar, vor den Eingang einer düsteren Höhle. Die Jäger folgten auch diesmal dem klugen Vorläufer, der sie noch niemals irregeleitet hatte, und zwar in die Tiefe der Grotte hinein, in deren Hintergrunde sie zu ihrer großen Überraschung drei weibliche Gestalten erblickten, welche betend auf den Knien lagen. Die Jünglinge wähnten drei Heilige im überirdischen Glanze geistiger Verklärung vor sich zu sehen, doch bald überzeugten sie sich, daß diese nur Bewohnerinnen dieser Erde waren, die vom Schicksale verfolgt hier einen Zufluchtsort gefunden hatten. Sie waren entsprossen aus dem berühmten Geschlechte der Ritter von Handschuhsheim, allein dieser alte Stamm war mit ihrem Vater ausgestorben und ihre Besitzungen dem Lehensherrn wieder heimgefallen. Die Mutter ruhte schon längst im Grabe, und das geringe Erbteil, welches den drei Schwestern noch übrig geblieben, hatte ihnen die Habsucht eigennütziger Menschen entrissen. Als verlassene Waisen, ohne Schutz und Hilfe, hatten sie sich nun vor den Nachstellungen arglistiger Verführer in diese abgelegene Felsenklause flüchten müssen, denn sie waren schön, und mit welchen Gefahren ist Schönheit nicht verbunden? Ein alter treuer Diener war den Jungfrauen gefolgt und sorgte, als Einsiedler verkleidet, für ihren Unterhalt; doch waren, in der tiefen Einsamkeit und gänzlichen Abgeschiedenheit von den Menschen ihre sanften weiblichen Gefühle nicht erstorben, und die edlen Jünglinge machten denselben Eindruck auf sie, den die Jungfrauen auf jene gemacht hatten. Das unauflösliche Band reiner Liebe schloß sich in der Folge unter ihnen und knüpfte sich mit jedem Tage fester. Die drei Brüder erbauten auf jener Stelle eine stattliche Burg und nannten sie Minneburg. Lange lebten sie dort mit ihren holdseligen Frauen im glücklichsten Vereine; erst viele Jahre nachher verschwand auch ihr Name aus den Registern der edlen Geschlechter des Neckartals. Zum ewigen Gedächtnis ließen die Ritter das Windspiel, welches sie zu den Einsiedlerinnen geleitet hatte, in Stein aushauen. Noch vor wenig Jahren behauptete dieses Denkmal der Erkenntlichkeit seine Stelle auf dem hohen Portale über der Einfahrt zum Minneberg; allein rohe Hände haben es entwürdigt und an der Ziegelhütte unten im Tale bei dem Dörfchen Guttenbach, über einer Stalltür, in eine ärmliche Lehmwand eingemauert.

Das Heidenloch

Nahe beim Aussichtsturm auf dem Heiligenberg befindet sich der Eingang zum sogenannten Heidenloch. Zu Römerzeiten soll hier eine heidnische Orakelstätte gewesen sein. Wie man sich erzählt, ist dieses Loch der Ausgang eines unterirdischen Ganges, der vom Heidelberger Schloß aus unter dem Neckar hin bis hieher gebaut worden ist.

Einmal wurde ein zum Tode verurteilter Übeltäter an einem langen Seil in den Gang hinabgelassen. Man hatte ihm versprochen, wenn er glücklich wieder herauskomme, solle ihm das Leben geschenkt sein. Als der Mann wieder ans Tageslicht heraufgezogen wurde, waren seine Haare vor Schrecken und Angst schneeweiß geworden. Er erzählte: Nachdem er sich ein gutes Stück durch den dunkeln Gang vorgetastet habe, seien da plötzlich zu beiden Seiten zwei eiserne Truhen gestanden, auf jeder ein fürchterlicher Löwe. Mutig habe er sich zwischen den Ungetümen hindurchgewagt, und sie hätten ihm kein Leid zugefügt. Darauf sei er an eine Tür und durch diese in ein großes Kellergewölbe gekommen. Darin seien an einem Tisch drei Männer mit langwallenden Perücken gesessen, hätten viele Pergamentblätter vor sich liegen gehabt und immerzu geschrieben. Einer habe gefragt: „Was willst du hier?" Drauf habe er ihnen seine Geschichte erzählt. „Gut", habe der eine gesagt, „nimm dir aus der Kiste dort Geld, soviel du willst. Du bist aber der letzte, der lebendig aus diesem Gange wieder herauskommt. In Zukunft soll sich ja keiner mehr herunter wagen! Sage dies denen da oben!" Zum Zeugnis, daß er wirklich da gewesen und die Wahrheit gesagt, gaben sie dem Mann ein Stück

Pergament mit, das mit unlesbaren Schriftzügen beschrieben war. Es heißt, das Pergament sei noch heute in der Heidelberger Bibliothek aufbewahrt.

Das Wertheimer Bergschloß

In einem Streit zwischen Würzburg und Wertheim drohte der Bischof dem Grafen von Wertheim, er werde ihm das Schloß schleifen lassen, wenn er nicht nachgeben würde. Daraufhin ließ der Graf an der Außenseite des ersten Schloßturmes gegen Würzburg zu zehn dicke Eisenringe anschmieden und dem Bischof ausrichten, er habe seine Burg mit starken Ringen versehen, um dem Bischof die Arbeit zu erleichtern. Dieser möge kommen, Stricke an die Ringe binden und die Burg daran wegschleifen, wohin er wolle.

Heute noch hängen die Ringe an dem Turm, der daher den Namen Ring- oder Ringelturm hat.

Das Fräulein auf Stolzeneck

Gegen Ende des 13. Jahrhunderts (um 1280) saß auf Stolzeneck der junge Ritter Otmar, ein Lehnsmann des Pfalzgrafen Ludwig II. Er war noch unvermählt, und seine junge, schöne Schwester Williswinde besorgte ihm das Hauswesen. Einst wurde der Pfalzgraf in eine Fehde verwickelt, und auch Otmar mußte seinem Lehnsherrn in den Krieg folgen. Traurig war der Abschied der beiden Geschwister, die sich zärtlich liebten. Zum Schutze Williswindens waren einige treue Knechte und Dienerinnen auf der Burg zurückgeblieben.

Das Burgfräulein war von früher Kindheit an die Einsamkeit gewöhnt. Täglich lustwandelte sie im Garten und im Walde, wobei sie ein Rabe, den sie selbst aufgezogen hatte, begleitete. Jakob, so hieß ihr Liebling, war ganz zahm. Er lief bald vor, bald hinter seiner Herrin, und wenn er Hunger hatte, zupfte er sie am Gewande.

Eines Abends saß Williswinde auf einer Bank im Garten und schaute hinab ins Tal und auf den vorüberrauschenden Strom. Da nahte sich ihr der alte Burgvogt Eberhard, der schon ihrem Vater treu und redlich gedient hatte, und meldete einen Pilger, der um eine Nachtherberge bitte. Das Fräulein übte gerne Gastfreundschaft und ließ deshalb die Pforte öffnen.

Der Fremde trat ein, grüßte höflich und erzählte dann von den Mühsalen seiner weiten Reise und den Bedrängnissen der Christen im Heiligen Lande. Aufmerksam lauschte Williswinde seinen Worten, obgleich der heimtückische Blick und das unheimliche Wesen des

Pilgers ihr verdächtig erscheinen mußte. Doch dachte sie an keine Gefahr, setzte ihrem Gaste selbst den Abendimbiß vor und ließ ihm ein weiches Ruhebett für die Nacht bereiten. Des andern Morgens entließ die edle Wohltäterin den Pilger mit einem reichlichen Zehrpfennig und sah ihm sinnend nach, als er durch die Krümmen des Forstes dahinzog.

Zu Williswinde aber trat der treubesorgte Eberhard, in dessen Obhut die Burg gegeben war, und beteuerte: „Der Mann gefällt mir nicht und führt wohl gar etwas Arges im Schilde; denn ich bemerkte, wie er alle Mauern und Türme, Tore und Gänge unserer Burg ausspähte."

„Ihr seid wohl mißtrauisch gegen den armen Fremden", erwiderte vorwurfsvoll die Jungfrau. „Vielleicht mit Recht", entgegnete der Burgvogt; „denn was die Augen sehen, glaubt das Herz". Zugleich gebot er den zurückgebliebenen Insassen der Burg, wachsam zu sein.

Wenige Tage darauf ließ der Turmwächter sein Horn erschallen: ein Ritter mit mehreren Reisigen bat um Einlaß. Beim ersten Blicke erkannte Eberhard den verdächtigen Pilger und gab seiner Gebieterin davon Kunde. „Euer Argwohn, guter Eberhard, war also begründet", sprach Williswinde; „doch führt den Ritter in den Saal, ich will mit ihm reden und dabei gewiß recht vorsichtig sein".

Der Ritter wurde in den Saal geführt, neigte sich tief vor Williswinde und sprach: „Ich bin der Ritter Rambald, und mein Schloß liegt nicht weit von hier. Ich komme, hochedles Fräulein, Euch um Eure Hand zu bitten." Williswinde erschrak, faßte sich aber wieder und entgegnete: „Eure Werbung ist seltsam, Herr Ritter, da sie zu einer Zeit geschieht, wo mein Bruder abwesend ist. Ohne seinen Willen kann ich nichts tun."

Kalt und höhnisch verließ der erzürnte Ritter das Gemach, bestieg sein Roß, das sein Knappe im Schloßhofe bereit hielt, und jagte davon. „Eberhard", sagte jetzt ängstlich das Mädchen, „Ihr hattet wirklich recht, auch ich fürchte diesen Mann. Darum will ich ins nächste Frauenkloster gehen und dort bleiben, bis mein Bruder zurückkehrt."

Der vorsichtige Alte mahnte das Fräulein, auf dem festen Schlosse zu bleiben, da er mit seinen tapferen Edelknechten das Ritterhaus gegen den Feind sicher schützen könne. Williswinde aber hörte nicht auf die wohlgemeinten Vorstellungen, und schon nach einer Stunde befand sie sich auf dem Wege zum nahen Frauenkloster. Eine Dienerin und ein Waffenknecht gaben ihr das Geleite.

Der Weg nach dem Kloster führte durch einen einsamen, waldigen Talgrund. Kaum hatten die Flüchtigen in diesen eingelenkt, da stürzte der fremde Ritter aus dem Dickicht, stieß den Knecht vom Rosse, bemächtigte sich des Fräuleins und sprengte mit seiner Beute in wilder Eile davon. Die weinende Magd und der verwundete Knecht aber kehrten traurigen Herzens nach Stolzeneck zurück, um die Schreckensbotschaft zu überbringen. Sogleich durchstreifte Eberhard mit seinen Mannen die Gegend; aber nirgends konnte er eine Spur von dem Räuber entdecken.

Rambald hatte indessen seinen Raub auf verschlungenen Wegen nach einem alten, festen Turme gebracht, der tief im öden Gebirge stand und mit einer eisernen Tür und einem Gitterfenster versehen war. „Nach drei Tagen will ich Antwort holen, ob ihr meinen Wünschen willfahren wollt", sagte der Bösewicht, schloß die Jungfrau in den schauerlichen Kerker und überließ sie der schrecklichen Einsamkeit.

Williswinde warf sich auf die Knie und betete mit Tränen in den Augen: „Guter Gott, dir ist alles möglich, sende deinen Engel und rette mich aus den Händen dieses unbarmherzigen Räubers." Da erblickte sie plötzlich am Gitterfenster ihren treuen Raben, der ihr bis an den Turm gefolgt war. Vergebens suchte das gute Tierlein die rostigen Eisenstäbe zu durchbeißen, um zu seiner gefangenen Herrin zu gelangen.

Das Fräulein empfand Trost bei dem Anblicke des Vogels; denn sie sah ihn als einen Boten des Himmels an. Der Rabe aber flog fort in Wald und Feld, wo er wilde Beeren und Kirschen abriß und sie seiner Herrin durch das Gitter hineinreichte. Das wiederholte er zu jeder Stunde des Tages und erhielt so das Leben seiner gefangenen Herrin.

Am Abend des dritten Tages erschien der grausame Ritter vor dem Turme, um die verlangte Antwort zu empfangen. Die Unglückliche aber sprach: „Ich kann die Eurige nicht werden. Laßt mich frei oder fürchtet die Strafe Gottes!" „Dem Hungertode sollt Ihr preisgegeben werden", schrie der Unhold, schloß zornig die Eisentüre wieder zu und entfernte sich.

Nach einer in Angst und Schrecken verbrachten Nacht stand die Jungfrau am nächsten Tage in aller Frühe am Gitterfenster, wo ihr der Rabe schon den Morgengruß entgegenrief. Freundlich schimmerte die Frühlingssonne durch den weißstämmigen Buchenwald, alles grünte und duftete, und die Vögel sangen ihre herrlichsten Weisen. „O Gott, wie froh ist deine Schöpfung, und ich muß hier so schuldlos schmachten; rette mich!" flehte die Hilflose. Gleich darauf hörte sie Tritte, und hell und deutlich drangen die Töne eines Liedes an ihr Ohr.

Die Stimme des Sängers war nicht die rauhe Stimme ihres Peinigers; darum faßte die Jungfrau Mut und rief laut um Hilfe. Ihr Ruf blieb nicht unbeachtet; denn ein junger Krieger sprengte vor den Turm. „Wer jammert hier so kläglich?" rief er, zum Turme aufblickend. „Ich kenne die Stimme!" rief die Gefangene, „es ist mein Bruder Otmar". „Wer hat dir das zugefügt, meine Schwester?" fragte der Ritter in heftigem Zorne. Mit bebendem Herzen erzählte Williswinde ihr trauriges Schicksal.

In demselben Augenblicke eilte auch Ritter Rambald daher und stürzte mit gezücktem Schwerte auf den heimgekehrten Bruder los. Gewiß wäre Otmar dem tückischen Angriffe seines erbitterten Gegners unterlegen; aber wie ein Sturmwind kam aus den dunkeln Gründen des Waldes ein Heer krächzender Raben herangeflogen, der Liebling des Fräuleins an der Spitze. Gierig fielen die grimmigen Vögel mit ihren scharfen Schnäbeln und Krallen über Rambald her, so daß er sich des ungeheuren Schwarmes kaum erwehren konnte. Ritter Otmar von Stolzeneck benützte diese wunderbare Fügung, zog sein Schwert und durchbohrte den Bösewicht. Die Raben tranken sein Blut, hackten ihm die Augen aus und ließen nicht von ihm ab, bis er leblos am Boden lag. Mit gräßlichem Geschrei folgten die gefiederten Rächer selbst noch der Leiche, bis diese in ungeweihter Erde verscharrt war.

Otmar, der in dem Koller des Raubritters den Schlüssel zum Turme gefunden hatte, befreite seine arme Schwester. Als die erste Freude des Wiedersehens vorüber war, fragte Williswinde: „Aber Otmar, wie kommst du, den ich im fernen Lande glaubte, hierher?" „Es war gewiß Gottes Fügung", versetzte der Bruder, „daß ich vorüberkommen mußte. Die Fehde war vorbei, und ich befand mich mit meinen Leuten auf dem Heimwege. Um dich zu überraschen, habe ich den näheren Fußsteig durch den Forst gewählt, während ich meine Reisigen die Heerstraße ziehen ließ."

Mit innigem Danke gegen Gott begaben sich die beiden Geschwister nach der heimatlichen Burg, wo sie von den harrenden Dienstmannen mit Freude und Jubel empfangen wurden. Der treue Jakob aber stand fortan in großen Ehren bei dem Hause Stolzeneck und wurde geliebt und gepflegt wie ein Kind. Als er endlich den Tod fand, ließ Otmar sein Bild auf einem Bogen des Schloßtores in Stein aushauen, wo es bis in die neueste Zeit noch zu sehen war.

Die Ritter von Hirschhorn und Handschuhsheim

In dem wald- und felsenreichen, vom Neckar durchflossenen Tale, oberhalb Neckarsteinach, erscheint das Städtchen Hirschhorn. Die freundliche Lage des Ortes mit seiner auf der Höhe thronenden, teilweise zerfallenen Burg gewährt einen sehr malerischen Anblick. Schon seit 1232 wohnte hier ein angesehenes ritterliches Geschlecht, das Burg und Stadt von Kurmainz zu Lehen trug.

Im Jahre 1439 erteilte Herzog Otto von Mosbach als Vormund des minderjährigen Kurfürsten Ludwig IV. von der Pfalz dieser Familie das Truchsessenamt, das sie beinahe zwei Jahrhunderte hindurch bekleidete. Durch glückliche Heiratsverbindungen trat sie in innige Beziehungen zu fürstlichen Häusern, besaß einen Lehenshof und sehr großen Reichtum an Geld und liegenden Gütern aller Art. Am stolzesten auf die Würde des Truchsessen war Friedrich von Hirschhorn, der unter dem Kurfürsten Friedrich IV. lebte.

Das uralte Geschlecht der Edlen von Handschuhsheim, deren Stammhaus sich in dem unweit von Heidelberg gelegenen Dorfe gleichen Namens befand, hatte sich immer durch ritterliche Taten bewährt. Johann von Handschuhsheim leistete noch als Edelknecht dem Kurfürsten so treffliche Dienste, daß ihm dieser seine besondere Gunst zuwandte, ihn im Jahre 1600 selbst zum Ritter schlug und ihm Schwert und Wehrgehänge verehrte.

Als Friedrich von Hirschhorn solches vernahm, entbrannte sein unbändiger Stolz, weil er der Meinung war, daß keiner, der sich nicht auf einer so hohen Stelle wie er selbst befand, diese Auszeichnung unmittelbar von dem Landesherrn empfangen könne. Er sandte deshalb dem Ritter von Handschuhsheim ein Schreiben, worin es hieß: „Der Pfalzgraf hat einen Irrtum begangen. Ich bin Erbtruchseß, und nur einem solchen gebührt aus seiner Hand das Schwert und das Wehrgehänge. Bedenke dies, mein Freund, und liefere mir beides aus!"

Johann von Handschuhsheim fand diese Zumutung sehr lächerlich; doch entgegnete er dem Truchseß in bescheidenen Worten: „Das Wehrhaftmachen ist Lohn und Lob für treu und gut erwiesenen Dienst; darum will ich das, was mir geschenkt war, behalten." Auf diese Weigerung hin überstieg der Zorn des von Hirschhorn alle Grenzen; er schickte an Johann einen Fehdebrief und forderte ihn auf Hieb und Stoß zum Kampfe.

Der mutige Jüngling nahm die trotzige Herausforderung bereitwillig an, und die beiden Ritter begaben sich mit ihren Waffenzeugen hinter das Heidelberger Schloß, wo der Kurfürst sein Hoflager hielt. Alsbald begann der Zweikampf. Der Ritter von Hirschhorn focht mit Erbitterung und schwertgeübter Hand, der von Handschuhsheim führte die Klinge ruhiger, aber doch mit Kraft und Geschicklichkeit. Unentschieden war der Kampf, bis im erneuten Gange ein unglücklicher Nachstoß, den der Truchseß führte, die Brust seines edlen Gegners so schwer traf, daß dieser bald darauf, am 31. Dezember 1600, an der tiefen Wunde starb.

Wie der gerechte Pfalzgraf Friedrich, der sich selbst durch Hirschhorns Reden gekränkt fühlen mußte, die Freveltat ahndete, wird nicht gemeldet; doch steht außer allem Zweifel, daß der übermütige Herausforderer nicht ohne Strafe davongekommen sein dürfte. Mit niederschmetternder Wucht aber traf die Kunde vom Tode ihres geliebten Sohnes besonders Johanns verwitwete Mutter, Amalie, aus dem Hause Beußer von Ingelheim. Es war der letzte männliche Zweig seines Namens. „Ich flehe", so rief sie in ihrem Schmerze, „vor Gottes Thron um Rache wider den, der den einzigen Sprößling meiner Familie erschlagen und allen Trost meines Herzens zerstört hat. Wie Trauben von der Rebe, wie Rosenblätter von ihrem Strauche, so mögen auch seine Kinder fallen, und er, der Bösewicht, möge sie alle überleben!"

Friedrich von Hirschhorn war zuerst mit Ursula von Sternenfels vermählt, die ihm mehrere Kinder gebar. Sein zweiter Ehebund mit Agnes Margareta von Helmstett blieb kinderlos. Jedoch sämtliche Kinder erster Ehe starben in der Blüte des Lebens dahin, zuletzt der allein noch übrig gebliebene Sohn Johann Kasimir, der am 3. August 1632 bei Heilbronn durch einen Schuß auf der Jagd getötet wurde.

Von Reue und Gram gebeugt, folgte der schwergeprüfte Vater seinem innigst geliebten Sohne schon am 22. September desselben Jahres nach in die Gefilde des Jenseits, so daß also der flehentliche, aber keineswegs edle Wunsch jener unglücklichen Mutter auf ganz unheimliche Weise in Erfüllung ging. Der Stamm derer von Hirschhorn war damit erloschen. „Ein Beispiel", sagt Freiherr Weipprecht von Gemmingen, der 1661 dieses Ereignis meldete, „woran man sich zu spiegeln hat, und darf man oft nicht fragen, warum die Geschlechter ausgehen."

Das heimliche Gericht

Als der Kurfürst Karl Theodor noch in Mannheim hofhielt, kamen nachts zu dem Scharfrichter in Landau zwei unbekannte Männer und sagten ihm, er könne ein schönes Stück Geld verdienen, wenn er mit ihnen ginge und ein ganz gerechtes Todesurteil vollzöge, ohne jedoch zu wissen, wo und an wem. Der Scharfrichter erklärte sich bereit, ließ sich von den Männern die Augen verbinden und fuhr mit ihnen davon. Während der Fahrt achtete er genau auf deren Dauer, merkte, daß es über eine Brücke und durch ein Festungstor gehe und bald darauf die Kutsche halte. Nachdem man ihn aus dieser gehoben, führte man ihn viele Staffeln hinauf, welche er heimlich zählte, blieb kurz nachher mit ihm stehen und nahm ihm das Tuch von den Augen. Er befand sich in einem von vielen Lichtern erhellten Gemache, worin um einen Tisch eine Anzahl schwarzvermummter Herren saß. Vor dem Tische stand eine Frau, auch mit verhülltem Gesicht, und in ihrer Nähe ein Richtblock. Einer der Herren las nun der Frau ihr Todesurteil vor, worauf sie an dem Block niederkniete und ihren Kopf darauf legte. Ohne Bedenken trat der Scharfrichter hinzu und enthauptete sie. Nach diesem ward er reichlich ausbezahlt und mit verbundenen Augen nach Landau zurückgeführt. Um zu erfahren, wo er gewesen, besuchte er mehrere Schlösser und brachte endlich mit Hilfe dessen, was er sich gemerkt hatte, heraus, daß die Hinrichtung im dritten Stock des Mannheimer Schlosses geschehen sei. Dies war auch der Fall, und die Enthauptete ein Hoffräulein. Der Grund ihrer Hinrichtung ist unbekannt. Gleich nach derselben wurde die Treppe, auf welcher der Scharfrichter aus dem zweiten Stock in das Vorzimmer des Gemachs geführt worden war, oben und unten zugemauert, auch außen an letzterem ein Kreuz aus Erz in die Wand gefügt. In dem Gemache geht das Hoffräulein in weißer Gestalt noch heute um und klagt in wimmernden Tönen.

Der Ritter von Angeloch

Als der heilige Bernhard im Dome zu Speyer das Kreuz predigte, ließen sich viele Edle am Rhein damit bezeichnen und unter ihnen auch der Ritter von Angeloch, dessen Burg einige Stunden von Heidelberg lag. Er hatte eine junge, schöne Gattin und zwei hoffnungsvolle Knaben; aber so sehr auch sein Herz an Weib und Kindern hing, so siegte doch die fromme Schwärmerei jener Zeit über seine zärtlichen Gefühle, und er schloß sich den Zügen der Kreuzfahrer an, nachdem er seine Lieben dem Schutze des Ritters Konrad von Asbach empfohlen, der am Neckar wohnte und zwar ein tapferer, aber auch äußerst habsüchtiger, überdies schnöden Lüsten ergebener Mann war, welche Fehler der Ritter von Angeloch freilich nicht in ihm vermutete.

Ein Jahr war seit des Letzteren Abreise verflossen, als ein Knecht desselben mit der Trauerbotschaft aus Palästina heimkehrte, sein Herr sei in einem Gefechte an seiner Seite gefallen. Als Wahrzeichen übergab er der Frau Irma den Ring, welchen er ihrem sterbenden Gatten vom Finger gezogen.

Die unglückliche Witwe versank in trostlosen Schmerz. Sie hüllte sich in Trauerkleider und ließ viele Messen lesen für die Ruhe des Hingeschiedenen.

So gingen sechs Monate vorüber, während welcher Zeit Frau Irma eingezogen als eine Witwe lebte und sich außer ihren gottesdienstlichen Übungen bloß noch der Erziehung ihrer beiden Knaben widmete. Da besuchte sie eines Tages der Ritter von Asbach auf ihrer Burg und warb um ihre Hand, was sie aber ablehnte. Dies hielt ihn jedoch nicht ab, seine Bewerbungen, und zwar immer zudringlicher, zu wiederholen, bis Frau Irma rund und bestimmt erklärte, sie werde niemals zu einer zweiten Ehe schreiten. Nun warf dieser die heuchlerische Maske ab, die er als Schutzherr der Witwe angenommen und ließ dieselbe wissen, sie habe nun keine andere Wahl mehr, als seine Hand oder seine Feindschaft, die auch ihre Söhne nicht verschonen werde.

Frau Irma wurde von Todesangst ergriffen. Gerne hätte sie das Leben für ihre Kinder hingegeben, allein das Opfer, welches sie bringen sollte, war größer. Nichts aber ist zu schwer für ein Mutterherz. Sie entschloß sich endlich, die Gattin des von ihr verabscheuten Mannes zu werden, nur bat sie, das Trauerjahr als Witwe ganz vollenden zu dürfen, welche Bewilligung sie nur mit Mühe vom Ritter von Asbach erhielt.

Wieder gingen sechs Monate vorüber, und der Tag rückte heran, an welchem Irma ihren Witwenschleier mit dem Brautgewande vertauschen sollte. Je näher aber der gefürchtete Zeitpunkt kam, desto unsäglicher ward ihre Qual. Sie zerfloß in Gebet und Tränen und verließ am letzten Tage vor der Vermählung kaum für Augenblicke die Schloßkapelle. Ihr Beichtvater sprach ihr Trost zu und ermahnte sie zum Vertrauen auf Gott, der ja dem Menschen nicht mehr aufzulegen pflege, als er zu tragen im Stande. Da ihr Leiden ein unverschuldetes sei, bleibe ihr ja der Trost eines reinen Gewissens. – Die Worte des frommen Priesters übten eine wunderbare Wirkung auf die gebeugte Frau, sie fühlte sich im Innersten erleichtert und verließ die Kapelle weit gefaßter, als sie dieselbe betreten hatte.

Noch am Abend des nämlichen Tages kam ein Pilger in das Dorf, welches in geringer Entfernung von Burg Angeloch lag. Der Mann war in einen langen, dunklen Mantel gehüllt; aus der zurückgeschlagenen Kapuze blitzten ein paar kühne Augen; das Haar schien frühzeitig ergraut; die Züge des Antlitzes waren fein, die Wangen von Wind und Wetter gebräunt; um die Lippen lag aber ein Ausdruck von Bitterkeit, der nur zuweilen einem freundlichen, vertraueneinflößenden Lächeln wich.

Auf seinem Gange durch das Dorf schien der Fremde noch unentschlossen, wo er einkehren sollte, bis er endlich den Weg zu der

Schenke einschlug, die das äußerste Haus des Dorfes war. Hier zog er seine Kapuze über den Kopf und trat in die Stube.

„Wollt Ihr einem Pilger eine Nachtherberge geben?" – frug er den Wirt.

„Recht gerne, warum denn nicht?" – erwiderte dieser freundlich und wies dem neuen Gaste einen Platz an dem Tische an, woran bereits der Schmied, der Wagner und der Fleischer des Dorfes bei einigen Kannen Bier saßen. Der Pilgrim zog es jedoch vor, sich an einem Nebentische niederzulassen und schien wenig Lust zu haben, an der Unterhaltung der anderen Teil zu nehmen. Bald aber lenkte ihr Gespräch, welches sich über die morgen stattfindende Vermählung der Edelfrau von Angeloch verbreitete, seine volle Aufmerksamkeit auf sich. Wer ihn in diesem Augenblicke beobachtet hätte, müßte bemerkt haben, daß eine Leichenblässe sein Antlitz überzog und er am ganzen Körper zitterte, wie vom Fieberfroste gerüttelt. – „Die arme gnädige Frau!" – rief der Wirt – „man raunt sich schreckliche Dinge ins Ohr über das Verhältnis des Ritters von Asbach zu ihr." – „Nein, man sagt's ja laut und öffentlich" – fiel der Schmied ein; „der schlimme Ritter hat ihr gedroht, ihre Kinder umbringen zu lassen, wenn sie nicht morgen freiwillig ihm ihre Hand vor dem Altare reiche."

„Weiß man denn so gewiß, daß ihr Gemahl in Palästina den Tod gefunden?" fragte jetzt der Pilger mit bebender Stimme.

Der Wirt erzählte den Bericht des Knechtes, welcher den Ring des Ritters von Angeloch als Wahrzeichen heimgebracht hatte.

„Der Knecht hat nicht gelogen;" – versetzte der Pilger – „dessenungeachtet befindet sich aber der Ritter von Angeloch noch unter den Lebenden."

„Wär's möglich!" – riefen Wirt und Gäste wie aus einem Munde.

„So ist es" – erwiderte der Pilger, – „denn ich habe die Rückreise aus Palästina nach Deutschland an seiner Seite gemacht."

„Seine Wunde war also nicht tödlich?" fragte der Wirt.

„Er lag schwer getroffen von einem Kolbenschlage wie ein Toter unter dem Haufen der Gefallenen; aber glücklicher Weise blieben die Christen zuletzt Herren des Schlachtfeldes, und als man den Ritter von Angeloch mit den übrigen Erschlagenen begraben wollte, ward man noch einige Zeichen des Lebens an ihm gewahr und brachte ihn in ein benachbartes Hospital, wo er, obwohl äußerst langsam, doch endlich ganz von seinen Wunden genas. Ohne Zweifel wird er noch zeitig genug hier eintreffen, um dem Hochzeitsfest auf seiner Burg zuvorzukommen."

„Wollte Gott, dem geschähe so!" riefen die Anwesenden.

„Kann er wohl noch auf seine Untertanen rechnen?" – fragte der Pilger.

„Das will ich meinen!" – schrien der Schmied und der Fleischer, ihre stämmigen Fäuste auf den Tisch schlagend, daß die Flaschen klirrten – „Wir alle geben Gut und Blut für unseren gnädigen Herrn!"

Jetzt schlug der Pilger seine Kappe zurück: „Seht ihn hier vor Euch stehn!" rief er und bot ihnen die Hand, die sie mit Küssen überdeckten.

Nach dem ersten Erguß ihrer Freude über diese unerwartete Heimkehr wurde verabredet, der Schmied, der Wagner und der Fleischer sollten alsbald in Angeloch und in der ganzen Umgegend soviel waffenfähige Mannschaft zusammenbieten als möglich und sie noch im Laufe derselben Nacht heimlich auf die Burg führen; der Wirt aber übernahm es, die Edelfrau auf die Erscheinung ihres Gatten vorzubereiten, damit ihr die Überraschung nicht lebensgefährlich werden möge.

So geschah es auch. Am andern Morgen um die neunte Stunde nahte sich ein großer Zug von Reitern der Burg Angeloch; ihnen voran sprengte der Ritter von Asbach in prächtigem Schmucke, von drei anderen Edelleuten begleitet, die er als Zeugen zu der Trauung eingeladen hatte. In einiger Entfernung folgte ein großer Haufen anderer Bewaffneter. Kaum war aber der rohe Bräutigam mit seinen drei Genossen über die Zugbrücke in den Schloßhof geritten, als jene plötzlich aufgezogen und er somit von seinem übrigen Gefolge abgeschnitten wurde. Wütend schwang er sich vom Pferde und befahl, die Brücke sogleich wieder aufzuziehen, da trat unversehens ein ganz in Stahl gewappneter Ritter mit geschlossenem Visier aus der Burgpforte auf ihn zu, grüßte dessen Begleiter auf sittige Weise und sprach dann mit ernstem Tone: „Edle Männer, was verdient wohl derjenige, welcher das Vertrauten eines Biedermannes, der seinem Schutze sein teuerstes Gut empfohlen, auf das Schändlichste mißbrauchte?"

„Daß man ihm sein Wappenschild und Schwert zerbreche und vor die Füße werfe!" – antwortete der Älteste der Edelleute.

„Wohlan, so soll dir auch geschehen, ehrloser Ritter von Asbach!" – donnerte jetzt der Gewappnete und öffnete sein Visier.

„Ha! der Ritter von Angeloch!" – scholl es aus aller Kehlen, indessen Ritter Konrad zusammenbebte wie ein Verbrecher, dem sein Schuldbrief vorgelesen wird, und außer Stande war, ein Wort zu seiner Verteidigung hervorzubringen.

Der Ritter von Angeloch gab alsbald Befehl, die Zugbrücke für den Elenden niederzulassen, der sich auch eiligst, von den Spottrufen der Burgleute verfolgt, unter vielen Flüchen entfernte. Die Edelleute, welche denselben hieher begleitet hatten, nahmen gern die Einladung des Herrn von Angeloch an, statt einer Hochzeit das Fest seiner glücklichen Heimkehr mit ihm zu feiern, das auch unter überströmendem Jubel seiner Gattin und Kinder begangen wurde.

Der entehrte Ritter von Asbach befehdete zwar kurze Zeit darauf den von Angeloch und fügte ihm großen Schaden bei, aber der Pfalzgraf, als dessen Lehnsherr, zwang jenen nicht nur zum völligen Schadensersatze, sondern ließ auch später die Burg Asbach zerstören, weil deren unverbesserlicher Eigentümer es wiederholt wagte, den Landfrieden zu brechen.

Zwerg Perkeo

Als Kurfürst Karl Philipp einst in Innsbruck weilte, begegnete er einem zwergenhaft kleinen, lustigen Tiroler Knopfmacher, der sich Clemens nannte. Der Kurfürst fand an dem immer gutgelaunten, witzigen Spaßmacher solchen Gefallen, daß er ihn als Hofnarren mit in sein Heidelberger Schloß nahm. Bald erwies sich der Zwerg auch als ein erstaunlich trinkfester Geselle, mit dem es weit und breit kein zweiter aufnahm. Der Kurfürst hatte seine Freude an dem wackeren Zecher, schlug ihm lachend auf die Schulter und sagte: „Du bist ein Prachtskerl, Clementel! Du mußt mein Kellermeister werden! Ich ernenne dich zum Ritter und Kammerherrn des Faßkönigs! Und, hör zu: Ich schließe noch obendrein eine Wette mit dir ab. Du weißt, in meinem Schloßkeller liegt das größte Faß der Welt. Trinkst du es leer, so soll Schloß und Stadt dein eigen sein!" – „Perché no?" entgegnete der Knirps auf Italienisch; „warum auch nicht?" Er sagte das leichthin, als ob es höchstens eine volle Küferkanne zu leeren gelte. „Ich nehme dich beim Wort, Perkeo, – denn so sollst du fortan heißen!" sagte der Pfalzgraf. Sogleich ließ er den Hofschneider rufen, damit er Perkeo in ein Gewand stecke, das ihm, als kurfürstlichem Hofnarren und Kellermeister, wohl anstehe. Der Zwerg bekam eine buntscheckige Uniform, einen funkelnden Orden auf die Brust und statt des Degens einen riesigen Kellerschlüssel an die Seite.

Perkeo, der „lustige Rat", wie er sich von den Hofleuten gerne nennen ließ, versah sein Narren- und Kelleramt lange Jahre und wurde wegen seiner tollen Späße und schlagfertigen Witze der Liebling seines Herrn und der ganzen Heidelberger Bürgerschaft. Da aber der Kurfürst eines Tages mit der Stadt Heidelberg in Streit geriet und nach Mannheim übersiedelte, sei Perkeo nicht mehr dazu gekommen, das große Faß auszutrinken, – so hört man da und dort erzählen. Vielleicht auch habe der Kurfürst den Streit mit seiner Stadt vom Zaun gebrochen, weil er befürchtete, der weinfrohe Zwerg könnte am Ende doch noch Schloß und Stadt gewinnen. – Andere jedoch behaupten, Perkeo habe das riesige Heidelberger Faß bis auf den letzten Tropfen leer getrunken. Wer will es wissen? Die Heidelberger hätten ihn aber später gewiß nicht in Holz schnitzen lassen und für alle Zeiten als Hüter des großen Fasses in den Schloßkeller gestellt, wenn er nicht als echter „Ritter und Kammerherr des Faßkönigs" sein Wort gehalten hätte.

Ritter Landschaden

Zwei Stunden oberhalb Heidelberg, wo das Neckartal einen offenen Halbkreis bildet, spiegelt sich das Städtchen Neckarsteinach am Fuße mächtiger grauer Felsen im Strome, und auf bedeutenden Höhen liegen vier zerfallene Ritterburgen, die Sitze der Landschaden von Steinach, in geringer Entfernung voneinander. Die älteste, mit ihrem Taufnamen Schadeck genannt, heißt im Munde des Volkes das Schwalbennest.

Die Kirche von Neckarsteinach bewahrt viele Grabsteine der Ritter von Landschaden. Der älteste und schönste trägt die einfache Umschrift: 1369 in die Sancti Michael' ob. Ulricus Landschad. Miles. Es ist eine alte Rittergestalt mit vor sich gesenktem Schwert. Zwei Engel halten ihm ein Kissen unter das Haupt; zu seinen Füßen schmiegt sich ein Hund; zur Rechten hat er eine Harfe, zur Linken einen gekrönten Heidenkopf. An diesen Ulrich knüpft sich die Volkssage von der Entstehung der Landschaden. Sein Vater, Bligger von Steinach, war wild wie die Gegend, die er bewohnte, sein Herz so hart, wie das Felsgestein, auf dem er horstete. Kaiser Rudolf von Habsburg hatte verordnet, „daß niemand eine Burg haben solle, es geschehe denn ohne des Landes Schaden". Bligger aber, von Raub und Morde lebend, war der Schrecken der ganzen Gegend, ein wirklicher Landschaden. Vom Kaiser vor Gericht berufen, blieb er auf seiner unzugänglichen Burg, bis Acht und Aberacht über ihn ausgesprochen ward und er keinen Weg mehr sicher betreten konnte. Die Ruhe war dem wilden Raubritter unerträglich, und eines Morgens ward er entseelt im Burghofe liegend gefunden. – Sein Sohn Ulrich Landschade von Steinach hatte den schlimmen Namen seines Vaters, aber nicht sein böses Gemüt geerbt. Dessen Missetaten zu büßen und sich mit Kaiser und Reich zu versöhnen, nahm er das Kreuz und zog gegen die Sarazenen. Er half Smyrna belagern und erobern, vernichtete mit seinem Häuflein eine dreimal stärkere Schar von Feinden, hieb endlich dem Sultan, in dessen Hoflager er sich als Harfner verkleidet eingeschlichen und in dessen Gunst er sich durch sein Saitenspiel eingeschmeichelt hatte, den Kopf ab und brachte die reiche Beute zu seinem jubelnden Heer. Jetzt bestätigte ihm der Kaiser feierlich seine Ritterwürde, verlieh ihm den bisherigen Schimpfnamen, „Landschaden", als ritterlichen und ehrlichen Geschlechtsnamen und gestattete ihm, den Kopf des erlegten Feindes als Helmzierde im Wappen zu führen.

Die schlimme Barbara von Horneck

Am Anfange des 14. Jahrhunderts hauste auf der Burg Dauchstein am Neckar Ritter Wiprecht von Bödigheim, der mit der schönen, tugendhaften Gertrud von Ehrenberg vermählt war. Obgleich die edle Gattin ihrem Eheherrn zwei liebliche Kinder geschenkt hatte, behandelte er sie doch in schnödester Weise. Diese harte Behandlung ging der treuen, tieffühlenden Frau so zu Herzen, daß sie in den schönsten Jahren ihres Lebens dahinwelkte und vor Kummer starb.

Ritter Wiprecht vermählte sich in zweiter Ehe mit Barbara von Horneck. Anfänglich zeigte sich diese Frau still und sanft wie ein Lamm; aber schon acht Tage nach der Hochzeit offenbarte sie eine so böse Gemütsart, daß der Gemahl mit ihr eine wahre Hölle auf Erden hatte. Auch ein Sohn, der aus dieser Ehe hervorging, verriet schon als Kind die schlimmsten Eigenschaften.

Jetzt erst erkannte Ritter Wiprecht zu seinem großen Leidwesen, wie lieblos er gegen seine erste Gemahlin gehandelt hatte. Um so manches ihr zugefügtes Unrecht zu sühnen, zog er in das Heilige Land.

Während der Abwesenheit des Vaters ging es den beiden Sprößlingen aus erster Ehe sehr schlimm. Ja, die böse Stiefmutter wollte sogar die Kinder ihrer Vorgängerin um die schöne Herrschaft Binau bringen und diese ihrem eigenen Sohne zuwenden. Eines Tages hatten sich die beiden Kinder von der unwirtlichen Burg aus in den nahen Wald begeben. Da begegnete ihnen ein Kartäuser Mönch, der noch die Tränen in ihren Augen sah, die sie eben geweint hatten. Freundlich sprach er ihnen Trost zu und beschloß seine Rede mit den Worten: „So uns das Vaterhaus verleugnet, so tröstet und nährt uns der liebe Gott selbst in der Wildnis." Obgleich der siebenjährige Otto diese Rede noch nicht recht verstand, so grübelte er doch in seinem kindlichen Sinne darüber nach.

Als wieder einmal die verwaisten Kleinen gar sehr von der unbarmherzigen Stiefmutter geplagt wurden, sprach Otto traurig: „Lieb Elslein, seit die Mutter tot ist, haben wir keine gute Stunde mehr. Weißt du was, wir wollen in die Wildnis gehen, der liebe Gott wird schon für uns sorgen, wie der fromme Klosterbruder gesagt hat." Dessen war Elsbeth sofort zufrieden. Sie langte ihr Hütlein von der Wand, hing es über den Nacken, nahm in die Linke ihre liebe Ursel – das war ihre kleine Docke -, die Rechte aber gab sie dem Brüderlein und sprach: „Wo du hingehst, da werde auch ich hingehen!"

Die beiden Geschwisterchen liefen nun immer tiefer in den Wald hinein. Als sie Hunger verspürten, suchten sie Waldbeeren aller Art; ihren Durst aber stillten sie an einer frischen Felsenquelle. Sobald aber die dunkle Nacht hereinbrach, wurde es den kleinen Flüchtlingen bange, und sie fingen an zu weinen. Jedoch während des Weinens schliefen sie ein und erwachten erst, als die freundliche Sonne durch die grünen Zweige auf ihre blühenden Gesichtchen herniederlächelte. Frisch gestärkt standen sie auf und gingen immer weiter in das Dickicht, durch das sie sich mühsam hindurchwinden mußten.

Schon waren die Kinder zwei Tage im Walde umhergeirrt, als sie auf einmal fröhlichen Hörnerschall vernahmen. Sie standen still und lauschten, wußten aber nicht, ob sie Furcht oder Freude darüber haben sollten.

Da nahte ein prächtiger Ritter mit stattlichem Jagdgefolge: es war Eitelwolf, der Burgherr von Zwingenberg. Als er die jugendlichen Wanderer so mutterseelenallein erblickte, fragte er sie: „Woher kommt ihr, und wohin wollt ihr, meine lieben Kinder?" Treuherzig erzählte Otto von der bösen Stiefmutter und dem Kartäuser

Mönch, dessen Rede ihn bestimmt habe, mit Elsbeth davonzulaufen und den lieben Gott in der Wildnis aufzusuchen.

Die Verlassenheit der Kleinen und ihr Vertrauen auf Gottes Hilfe rührten den edelgesinnten Ritter und seine Begleiter gar sehr. Eitelwolf aber sprach: „Ihr wisset, liebe Freunde und Nachbarn, daß meine Ehe nicht mit Kindern gesegnet ist. Darum deucht mir, der Herr sendet mir diese, daß von mir und meiner Hausfrau die Trauer und aus meiner Burg die düstere Stille weiche. Gerne will ich mich dieser armen Kleinen erbarmen und Vaterstelle an ihnen vertreten." Mit diesen Worten nahm er selbst die kleine Elsbeth auf sein Roß, sein Knappe aber den Otto, und so eilten alle wohlgemut nach Hause, wo Hildegard, des Ritters sorgliche Hausfrau, ihren Gemahl und die Kinder mit großer Freude empfing. Wie vom Himmel zugeschickte Kleinodien hielt sie von nun an die beiden Waisen in mütterlich wachsamer Obhut.

Als die böse Stiefmutter auf Dauchstein erfuhr, wo die beiden Kinder sich befanden, verlangte sie diese zurück. Aber Ritter Eitelwolf von Zwingenberg verweigerte die Herausgabe und sprach: „Dem Vater, so er wiederkehrt, will ich die Kinder zurückgeben; aber kein anderer soll sie empfangen, und wäre es selbst der Kaiser." Frau Barbara klagte nun den Ritter an, wo sie konnte. Dieser aber wehrte sich mit aller Macht gegen das ränkevolle Weib. Waren doch die Kinder ihm und seiner Hausfrau mit jedem Tage lieber geworden, und war von niemand ein Spruch gefällt worden, wonach er seine Pfleglinge ausliefern sollte!

Bereits waren drei Jahre vergangen. Otto hatte sich in der Ritterkunst geübt, und Elsbeth war fleißig bei Spindel und Webstuhl. Da kam aus dem Heiligen Lande ein Pilger, der die Nachricht brachte, Ritter Wiprecht sei gestorben und habe vor seinem Ende noch verordnet, seinen Leichnam auf heimatlicher Erde, in der Gruft seiner Väter, beizusetzen. Nachdem Frau Barbara den letzten Willen ihres Gemahls erfüllt hatte, erhob sie aufs neue Klage gegen Ritter Eitelwolf. Aber dieser beharrte auch jetzt auf seiner Weigerung; um so mehr, als aus dem Stiefbruder der beiden Kinder ein böser, leichtfertiger Geselle geworden war, in dessen Umgebung für Otto und

Elsbeth nur Schlimmes zu befürchten gewesen wäre. Als alle Mittel der boshaften Stiefmutter erfolglos blieben, versuchte sie sogar, mit bewaffneter Hand die Kinder zu rauben, und als ihr auch dieses mißlang, wandte sie sich an Kaiser Sigismund, der damals gerade in Heidelberg weilte, und bat ihn um Hilfe. Der Kaiser, der sich über die Sache genau unterrichten ließ, bestimmte, daß Eitelwolf von Zwingenberg die Kinder behalten dürfe und daß ihm, als ihrem Vormund, deren Erbe unter „Landesbürgschaft und Kaisers Schutz" sofort zu übergeben sei.

So wurde durch den Schiedsspruch des Kaisers der Streit um die Kinder erledigt und der schwarze Plan der bösen Stiefmutter vereitelt.

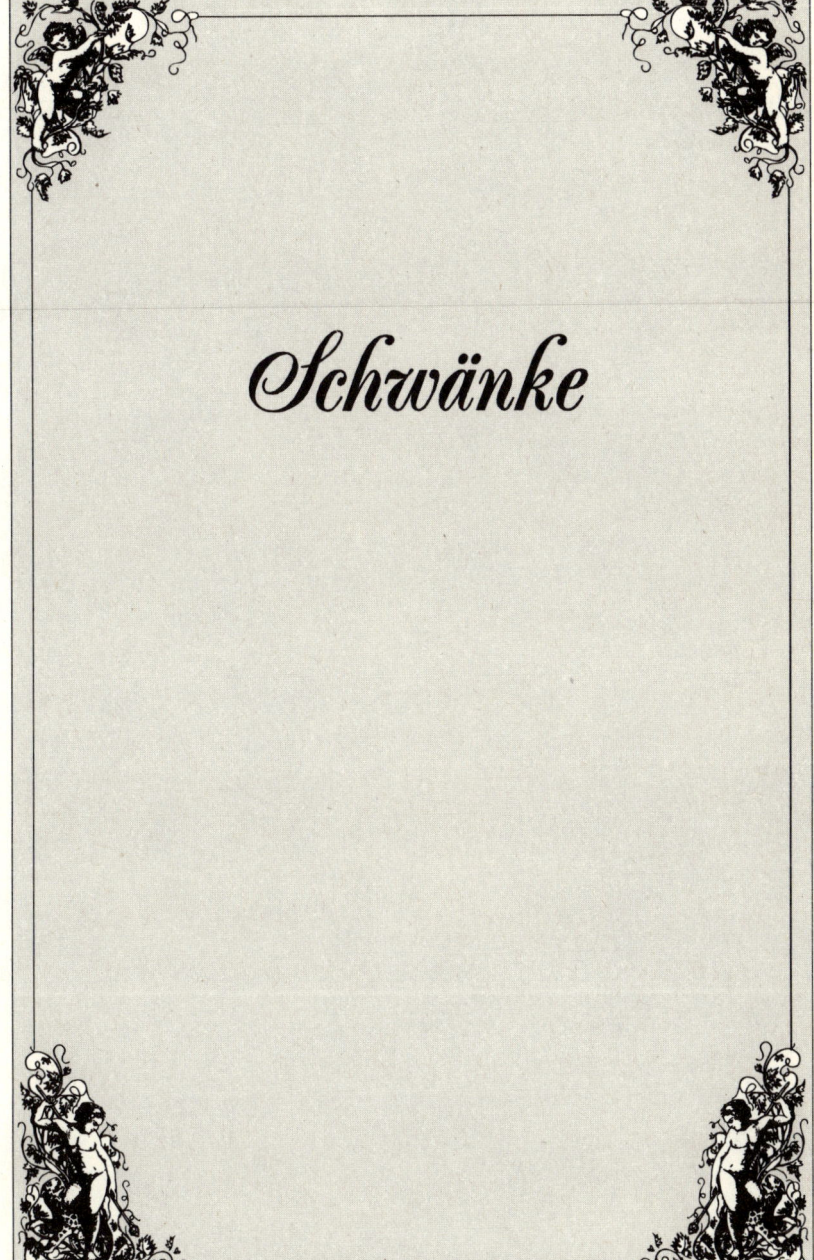

Schwänke

Der Schwabe von Bretten

Eine tapfere Tat verübten einst die Brettener im Jahre 1504, als der Herzog Ulrich von Württemberg mit 20 000 Mann in der Pfalz eingefallen war und dabei auch Bretten belagerte. Die Belagerer lagen nachts im besten Schlaf, wurden aber sehr unhöflich geweckt, denn die Brettener machten einen Ausfall und kamen ihnen so derb über den Hals, daß sie Geschütz und Munition im Stiche ließen und schleunigst Reißaus nahmen. Bei dieser Gelegenheit hielt ein Schwabe seinen Finger gerade in dem Augenblick vor die Mündung einer Feldschlange, als man sie losbrannte. Der Finger flog mit der Kugel weg, und der Schwabe schrie:

„Au wai, au wai,
No Bretta, glaubet's nau,
Komm i jo nimmi mai!"

Diese Geschichte war früher einmal auf die Wand des alten Rathauses gemalt.

Von einem Pfarrer, der allzu kräftig predigte

Es war einmal ein Bauer, der war so dumm, daß er sein eigenes Haus im Orte nur daran kannte, daß ein Kirschbaum vor der Tür stand. Jeden Morgen, wenn er aufs Feld zur Arbeit ging, gab seine Frau ihm ein Stück Brot, damit mußte er umspringen bis zum Abend. Kam einmal ein armer Handwerksbursche daher und bat ihn um ein Almosen: „Ich habe nur ein Stück Brot, da ist es", sprach der Bauer, „aber im Orte steht ein Haus und davor ein Kirschbaum, da wohne ich; gehe dahin und laß dir mehr geben, meine Frau ist zu Hause". Der Handwerksbursche, welcher ein Schneider seines Zeichens war, ging in das Dorf, suchte das Haus und sagte der Frau, ihr Mann habe ihn zu ihr geschickt, und sie solle ihm etwas geben. Da gab sie ihm vollauf, denn er war ein schöner Mensch und gefiel ihr. Sie klagte ihm, wie sie mit ihrem dummen Manne so übel dran sei und von Herzen wünsche, von ihm erlöst zu werden. „Ei, das ist nichts leichter", sprach der Schneider, „wenn du mich heiraten willst, will ich alles übrige schon in Ordnung machen". Das garstige Weib freute sich zu sehr, als es das hörte, fiel dem Schneider um den Hals und rief ein über das andere Mal: „Ach, was bin ich für eine glückliche Frau!" „Gib mir vor allem die Säge", sprach der Schneider, „und geh mit vor die Haustür". Das geschah, und da sägten sie den Kirschbaum unten an der Wurzel ab und schleiften ihn in die Scheune. „Jetzt sind wir geborgen", sprach der Schneider, „nun laß uns lustig leben". Da hausten die beiden mit des Bauern sauer verdientem Geld, daß es eine Schande war; Wein und Braten konnte nicht alle werden.

Als der Bauer auf dem Felde mit seiner Arbeit fertig war, trieb er mit seinen Kühen nach dem Dorfe zurück. Da suchte er die Straße hinauf, die Straße hinab nach dem Haus mit dem Kirschbaum davor, aber er fand es nicht und fand es nicht. Die beiden standen am Fenster, sahen, wie der arme Bauer suchte, und lachten. Endlich sprach der Schneider, der doch kein so ganz verdorbenes Herz hatte wie das Weib: „Wir wollen ihn doch die Nacht noch einmal bei uns logieren lassen. Morgen mag er sehn, wie er sich forthilft." Er trat an die Tür, und als der Bauer wieder vorbeikam und ein recht betrübtes Gesicht machte, rief er ihm zu und sprach: „Was fehlt euch denn?" „Ach, ich suche mein Haus, davor ein Kirschbaum steht, und kann es nicht finden und habe doch die letzte Nacht darin geschlafen. Sagt mir doch, wo ich mein Haus mit dem Kirschbaum finde", bat der Bauer, und der Schneider sprach: „Lieber Freund, ich bin in dem Ort geboren und erzogen, aber ein Haus mit einem Kirschbaum habe ich nie hier geseh'n. Ihr müßt in einem andern Ort zu Hause sein. Da es aber schon spät ist, so geht mit mir und übernachtet bei mir." „Gott lohn's euch!" sagte der Bauer und bot ihm treuherzig die Hand, dann trieb er seine Kühe durch das Hoftor in den Stall, und der Schneider ging mit. Im Stalle schaute der Bauer sich um und sprach: „Wenn der Stall nicht euch gehörte, weiß der Himmel, ich möchte drauf schwören, es sei mein Stall." „Was sind das für Redensarten?" frug der Schneider. „Bewahre, bewahre, lieber Freund", antwortete der Bauer. „Ein Stall kann ja aber dem andern gleichen." Nachdem die Tiere versorgt waren, sagte der Schneider: „Nun kommt herein und eßt mit uns zu Nacht." „Von Herzen gern, ich habe großen Hunger", sprach der Bauer und folgte dem Schneider. Als sie in die Stube kamen, saß das Weib da und strickte. Der Bauer schaute sich um, guckte das Weib an und sprach: „Wie es einem doch so kurios gehen kann! Wenn ich nicht wüßte, daß ich in eurem Hause bin, wollte ich drauf schwören, das sei meine Stube und dort sitze meine Frau." „Was muß ich da hören?" rief der Schneider. „Zuvor sagtet ihr, daß es euch scheine, mein Stall sei euer, und jetzt wollt ihr gar behaupten, mein Haus und meine Frau seien euer." „Bewahre, lieber Freund", sprach der Bauer, „aber ein Haus und eine Frau können einander gleichen. Es schien mir nur so." Sie setzten sich jetzt zu Tisch und aßen, dann legten sie sich alle schlafen. Da beriet der Schneider mit dem Weibe, was sie jetzt weiter machen sollten. „Halt, ich hab's!" rief er endlich. „Ich sah in deinem Kleiderschrank vorhin ein schwarzes Kleid hängen, darauf mache ich ihm einen Pfarrersrock und ein Pfarrerkäppchen. Für das übrige laß mich nur sorgen." Sie holte rasch das Kleid und Zwirn, Nadel und Schere dazu, mein Schneider sprang auf den Tisch und nähte tapfer drauf los, so daß er vor Tagesanbruch mit dem Anzuge fertig war; den legte er dem Bauern vor sein Bett.

Als der Bauer morgens erwachte und sich anziehen wollte und den Pfarrersrock mit dem Pfarrerkäppchen sah, war er gar verdutzt und sprach zu sich selber: „Hab ich doch gemeint, ich sei ein Bauer und bin doch ein Pfarrer. Was man sich nicht alles einbilden kann!" Er zog sich an und ging in die große Stube, da stand der Schneider und das Weib ehrerbietig auf und grüßten ihn: „Guten Morgen, lieber Herr Pfarrer." Der Bauer schüttelte den Kopf und fragte sich selber aufs Gewissen noch einmal: „Bin ich's oder bin ich's nicht?" Da sprach der Schneider: „Wollen Sie denn so früh schon weiter ziehen, Herr Pfarrer?" und das Weib: „Ich will Ihnen vorher noch einen guten Kaffee kochen, Herr Pfarrer." „Ich bin's nicht, ich bin der Pfarrer", sagte jetzt der Bauer zu sich selbst, denn so große Falschheit hielt er in seiner Treuherzigkeit nicht für möglich. „Ich nehme den Kaffee mit Dank an", antwortete er alsdann, trank und aß und reiste weiter, während der Schneider und das Weib ins Fäustchen lachten.

Gegen Mittag kam er an ein Dorf, da war der Pfarrer gestorben, und die Bauern suchten einen neuen Pfarrer. Da kam ihnen der Bauer gerade recht, und er wurde sogleich ins Pfarrhaus geführt, und am folgenden Tage, der ein Sonntag war, sollte er zuerst predigen. „Wem Gott ein Amt gibt, dem gibt er auch Verstand", dachte der Bauer und ging nachmittags aus, um einen Text zu seiner Predigt zu suchen. Da kam er an ein Wasser, worauf ein Korb schwamm, und er sprach: „Halt, da habe ich schon eins, das ist Corpum." Dann kam er an eine Wiese, worauf eine Kuh Klee fraß. „Es geht gut", sprach er, „das ist also Corpum Kuhkleeum". Dann kam er auf den Weg, wo eine alte Frau saß. „Jetzt habe ich den Text", sprach er; „Corpum Kuhkleeum diealta Mameum." Ging nach Hause zurück, ließ vier Zimmerleute kommen, die mußten den andern Morgen vor der Predigt auf den Boden gehn jeder mit einer Axt. Was sie da zu tun hatten, sagte er ihnen ins Ohr.

Morgens, als die Gemeinde in der Kirche saß, bestieg er die Kanzel und sprach: „Meine lieben Zuhörer, jetzt fange ich meine Predigt an, deren Text ist schon so kräftig, daß Holz und Stein in der Kirche sich darüber erbarmen und krachen und jammern, als wenn das jüngste Gericht anbräche." „Ah, das ist einmal ein Prediger für uns", sagten die Bauern einer zum andern, als sie husteten und sich schneuzten. „Der versteht's." Jetzt fuhr der Pfarrer fort: „Mein Text lautet aber also: Corpum Kuhkleeum." Da schlugen zwei Zimmerleute mit ihren Äxten wider die Decke, daß es Kalk und Lehm regnete. „Die alta Mameum!" schrie der Pfarrer weiter, und da handhabten sie die Äxte alle vier, so daß große Stücke von der Decke herniederfielen und die Bauern alle aus der Kirche flohen, denn sie glaubten nicht anders, als sie stürze ein. Er aber ging zufrieden nach Hause.

Da kam der Bürgermeister mit dem Gemeinderat zu ihm und sprach: „Lieber Herr Pfarrer, unsere Kirche ist nicht für so kräftige Predigten gebaut. Da wir aber einen Mann wie euch um alles in der Welt als Pfarrer behalten wollen, so bitten wir euch um Erlaubnis, euch noch einen Pfarrgehilfen geben zu dürfen." „Daran tut, wie euch gefällt, liebe Pfarrkinder", sprach der Pfarrer. Er bekam jetzt einen Gehilfen, brauchte nicht mehr zu predigen und hatte gute Tage bis an sein Ende.

Wie der Teufel auf der Flöte blies

Dem Teufel fiel einmal in der Hölle die Zeit lang, und er wollte eine Lustfahrt auf die Erde machen. Damit er aber nicht allein sei (denn das ist seine Leidenschaft nicht, er liebt die Gesellschaft sehr), nahm er sein jüngstes Söhnchen mit, ein kleines, schwarzes, neugieriges Nestquackelchen. Sie fuhren durch eine Felsenhöhle heraus und kamen in einen Wald. Da gefiel es dem kleinen Teufelchen gar nicht übel, es sprang herum, kletterte auf die Bäume, hing sich an sein Schwänzchen, wie die Meerkatzen tun, und trieb allerlei närrisches Zeug. Sie kamen unter eine große Eiche, wo ein Mann in grünem Rock und grüner Mütze lag und schlief; neben ihm hing eine Tasche am Baum, daraus guckten allerlei Getier, Hasen, Schnepfen und wilde Enten, und neben der Tasche stand ein Gewehr. Das Teufelchen lief hinzu und beschaute alles recht genau, nahm das Gewehr und frug seinen Vater, was das für ein Ding sei. Der alte Teufel legte die Stirn in Falten und sprach: „Das ist eine Flöte, mein Sohn, wenn die Menschen darauf spielen, dann läuft das wilde Getier zu ihnen, und sie brauchen es nur zu fangen." „Das muß ich sehen", rief das Teufelchen, „und du sollst mir eins aufspielen." „Dazu gehören ihrer zwei, mein Sohn, einer, der bläst, und der andre, der singt." „Dann blase du und ich will singen", sprach der Nestquackel, und der Alte mußte das Rohr an den Mund legen, er mochte wollen oder nicht, denn er hatte den kleinen Kerl sehr verzogen. Der Alte blies, und der Nestquackel fingerte und fingerte, aber es wollte kein Ton kommen. „Du mußt auf die Klappen drücken, dummer Junge", rief der Alte. Das Teufelchen drückte auf den Hahn, da tat es einen Schlag, daß der Alte zu Boden stürzte, denn die ganze Ladung Schrot war ihm in den Hals gefahren; der junge aber lief weg vor Schrecken. Der Alte erholte sich bald wieder und lief seinem Buben nach, denn der Mann war erwacht von dem Knall des Gewehres. „Das war kein schöner Ton", sprach der Nestquackel. „Du hast auf die unrechte Klappe gedrückt", sagte der Alte, „und die Flöte war staubig, da ist mir all der Staub in den Hals gefahren."

Das Unglaubliche

Es war ein Edelmann, der fuhr nicht anders als mit vier Pferden aus und tat dabei so stolz, als ob er der König oder gar der Kaiser von Deutschland wäre. Das ärgerte einen Bauern, welcher neben dem Edelhof wohnte, und sechs Pferde hatte. Als der Edelmann es ihm zu bunt machte, spannte er seine Sechs an seinen großen Heuwagen und fuhr stets hinter dem Edelmann drein, zwei Knechte vorn, er in der Mitte und vier Knechte hinter ihm. Das erste Mal tat der Edelmann, als bemerke er das nicht, das zweite Mal rief er, wenn das noch einmal geschehe, dann... Was er weiter sagte, konnte kein Mensch versteh'n, denn sobald der Edelmann anfing zu sprechen, gab der Bauer den Knechten ein Zeichen, und sie knallten mit ihren Peitschen, als ob das wilde Heer heranführe. Am folgenden Morgen verklagte der Edelmann ihn beim Richter. Der setzte seine Brille auf und schlug alle seine Bücher auf, aber ein solcher Fall stand nicht darin. Endlich entschied er also: „Wer von euch beiden eine Lüge erfindet, die so groß ist, daß der andre sie nicht glauben kann, der darf mit allen seinen Pferden ausfahren, der andere muß zu Hause bleiben." Da rieb sich der Edelmann die Hände und dachte, jetzt sei der Bauer verloren, denn der sei keinesfalls so pfiffig wie er. Er zog ein Restchen Brot aus seiner Jagdtasche, hub an zu lügen und sprach: „Gestern haben meine Tagelöhner bis neun Uhr abends Korn gedroschen, das habe ich säen lassen; es war um elf Uhr reif, um zwei Uhr gemahlen, und hier ist das Brot davon." „Das glaube ich gern", sprach der Bauer. „Ich habe gestern abend Eicheln gelesen und gesäet, die hatten heute morgen schon gekeimt; da habe ich mir aus ihrem Holz eine Leiter gemacht, die legte ich an den Himmel an und stieg hinauf. Der erste, dem ich da begegnete, denkt Herr Edelmann, das war euer Großvater, der saß als Säuhirt hinter der Tür." „Das ist gelogen", schrie der Edelmann zornig; der Richter aber sprach: „Und darum sollt ihr mit euren Pferden daheim bleiben, der Bauer aber darf mit Sechsen ausfahren."

I. Märchen

Die Mandelkörbchen
Johann Wilhelm Wolf: Deutsche Hausmärchen 1851
Von der schönen Schwanenjungfer
Johann Wilhelm Wolf: Deutsche Hausmärchen 1851
Hanns Dudeldee
Albert Ludwig Grimm: Kindermärchen 1809
Der wunderliche Spielmann
Brüder Grimm: Kinder- und Hausmärchen, Ausgabe letzter Hand, 1857
Das Schneiderlein und die drei Hunde
Johann Wilhelm Wolf: Deutsche Hausmärchen 1851
Die drei Königssöhne
Albert Ludwig Grimm: Kindermärchen 1809
Von den achtzehn Soldaten
Johann Wilhelm Wolf: Deutsche Hausmärchen 1851
Die drei Musikanten
Ludwig Bechstein: Deutsches Märchenbuch, 1857
Grünus Kravalle
Johann Wilhelm Wolf: Deutsche Hausmärchen 1851
Das Schloß des Todes
Johann Wilhelm Wolf: Deutsche Hausmärchen 1851
Von treuer Freundschaft
Albert Ludwig Grimm: Kindermärchen 1809
Der beherzte Flötenspieler
Ludwig Bechstein: Deutsches Märchenbuch, 1857
Der graue Wackenstein
Johann Wilhelm Wolf: Deutsche Hausmärchen 1851
Des kleinen Hirten Glückstraum
Ludwig Bechstein: Deutsches Märchenbuch, 1857

II. Sagen

Geheimnisvolle Brunnen, Seen und ihre Geister

Die Wassermädchen von Höhefeld
Karl Hofmann: Die Sagen des badischen Frankenlandes, 1911
Die Wasserfräulein vom Eselsbrunnen
Franz Döhner: Heckenrosen – Bauernhumor aus dem badischen Frankenland, O. J.
Die Wasserfrau im Pfaffenbrunnen
Karl Hofmann: Die Sagen des badischen Frankenlandes, 1911
Die Wasserfräulein vom Königshöfer Wehr
Tauber Rundschau
Die Wasserfräulein
Bernhard Baader: Neugesammelte Sagen aus dem Lande Baden und den angrenzenden Gegenden Band II, 1859
Die Holderbrunnenfräulein
Bernhard Baader: Volkssagen aus dem Lande Baden und den angrenzenden Gegenden Band I, 1851
Der Marsbrunnen und die Meerweiblein
August Schnezler: Badisches Sagenbuch, Band II, 1846
Die Wasserfräuleins von Aglasterhausen
Johannes Künzig: Badische Sagen, 1923

Sage vom alten See
August Schnezler: Badisches Sagenbuch, Band II, 1846
Tiefenau
August Schnezler: Badisches Sagenbuch, Band II, 1846
Das Wasserweible und die Bären
Anton Birlinger: Volkstümliches aus Schwaben, 1861
Der Wolfsbrunnen
August Schnezler: Badisches Sagenbuch, Band II, 1846
Die Sage von den Meerwiesen
Bernhard Baader: Volkssagen aus dem Lande Baden und den angrenzenden Gegenden Band I, 1851
Der wohltätige Wassermann im Neckar bei Binau
Johann Schmitt: Sagen und Geschichten aus dem lieben Badnerlande, o. J.
Der Wassermann vom Königshöfer Wehr
Tauber Rundschau
Der Wassermann unter der Gamburger Brücke
Bernhard Baader: Neugesammelte Sagen aus dem Lande Baden und den angrenzenden Gegenden Band II, 1859
Das Mädchen auf der Eulschirbenmühle
Karl Hofmann: Die Sagen des badischen Frankenlandes, 1911

Von Hexen, Zauberern und Teufeln

Die schöne Witwe von Königshofen
Tauber Rundschau
Das behexte Kind in Nußloch
Mones Anzeiger für Kunde der deutschen Vorzeit, 1838
Hexentritt
Bernhard Baader: Neugesammelte Sagen aus dem Lande Baden und den angrenzenden Gegenden Band II, 1859
Hexe in der Wagenspeiche
Johannes Künzig: Badische Sagen, 1923
Die übel belohnte Hexe
Mones Anzeiger für Kunde der deutschen Vorzeit, 1838
Der Metzger bei der Hexenversammlung
Mones Anzeiger für Kunde der deutschen Vorzeit, 1838
Die Teufelskutsche
August Schnezler: Badisches Sagenbuch, Band II, 1846
Der Teufelsbeschwörer
Mones Anzeiger für Kunde der deutschen Vorzeit, 1838
Die Hexe und der Mühlknecht
Mones Anzeiger für Kunde der deutschen Vorzeit, 1839
Der dreifüßige Hase
Mones Anzeiger für Kunde der deutschen Vorzeit, 1838
Der Hexenturm in Weinheim
August Schnezler: Badisches Sagenbuch, Band II, 1846
Der Freijäger
Bernhard Baader: Volkssagen aus dem Lande Baden und den angrenzenden Gegenden Band I, 1851
Doktor Faust
Ernst Meier: Deutsche Sagen, Sitten und Gebräuche aus Schwaben, 1852
Der grüne Jäger
Anton Birlinger: Volkstümliches aus Schwaben, 1861

Doktor Faust auf dem Boxberg
Bernhard Baader: Volkssagen aus dem Lande Baden und den angrenzenden Gegenden Band I, 1851

Der Zauberschuster
Bernhard Baader: Volkssagen aus dem Lande Baden und den angrenzenden Gegenden Band I, 1851

Der Doktor mit den Böcken
Karl Hofmann: Die Sagen des badischen Frankenlandes, 1911

Unheimliche Gestalten und Geschehen

Der entführte Schneider
Mones Anzeiger für Kunde der deutschen Vorzeit, 1839

Ein Gespenst pflügt
Mones Anzeiger für Kunde der deutschen Vorzeit, 1838

Gespenst ins Haus gebracht
Mones Anzeiger für Kunde der deutschen Vorzeit, 1838

Wandelndes Feuer
Bernhard Baader: Neugesammelte Sagen aus dem Lande Baden und den angrenzenden Gegenden Band II, 1859

Feuriger Mann hilft
Johannes Künzig: Badische Sagen, 1923

Das helfende Flämmchen
Bernhard Baader: Volkssagen aus dem Lande Baden und den angrenzenden Gegenden Band I, 1851

Arbeit in der andern Welt
Mones Anzeiger für Kunde der deutschen Vorzeit, 1838

Die zwölf silbernen Apostel
Ernst Meier: Deutsche Sagen, Sitten und Gebräuche aus Schwaben, 1852

Das Teufelsloch
August Schnezler: Badisches Sagenbuch, Band II, 1846

Der gespenstische Reiter im Rotloch
Karl Wolber: Mein Heimatland, 17. Jahrgang, 1930

Der Spuk im Mannheimer Schloß
Bernhard Baader: Volkssagen aus dem Lande Baden und den angrenzenden Gegenden Band I, 1851

Der feurige Mann von Dörlesberg
Karl Hofmann: Die Sagen des badischen Frankenlandes, 1911

Der wilde Jäger von Schlossau
Bernhard Baader: Neugesammelte Sagen aus dem Lande Baden und den angrenzenden Gegenden Band II, 1859

Gespenstischer Hund
Bernhard Baader: Volkssagen aus dem Lande Baden und den angrenzenden Gegenden Band I, 1851

Der Pudel im Tannenwald
Johannes Künzig: Badische Sagen, 1923

Der schwarze Hund am Karfreitag
Johannes Künzig: Badische Sagen, 1923

Die feurige Kutsche
Bernhard Baader: Neugesammelte Sagen aus dem Lande Baden und den angrenzenden Gegenden Band II, 1859

Die wilde Frau im Knollenberg
Karl Hofmann: Die Sagen des badischen Frankenlandes, 1911

Der schwarze Pudel
Anton Birlinger: Aus Schwaben, Sagen, Legenden, Aberglaube, Band I, 1874

Das wilde Heer in Königshofen
Fränkische Nachrichten

Die Sage von den Mördergruben
Anton Sack: Königshofen, 1925

Der Fuhrknecht mit dem Fahrsamen
Bernhard Baader: Neugesammelte Sagen aus dem Lande Baden und den angrenzenden Gegenden Band II, 1859

Bestrafter Frevel

Der Grenzsteingeist
Bernhard Baader: Volkssagen aus dem Lande Baden und den angrenzenden Gegenden Band I, 1851

Der Feldschieder im Wiesenbach
Johannes Künzig: Badische Sagen, 1923

Der Kornwucherer
Bernhard Baader: Volkssagen aus dem Lande Baden und den angrenzenden Gegenden Band I, 1851

Das Badersmännle
Johannes Künzig: Badische Sagen, 1923

Das Villingertalfräule
Anton Birlinger: Volkstümliches aus Schwaben, 1861

Ein zweiter Geßler
August Schnezler: Badisches Sagenbuch, Band II, 1846

Der Rentamtmann von Messelhausen
Johann Schmitt: Sagen und Geschichten aus dem lieben Badnerlande, o. J.

Der Küfer von Waldenhausen
Johann Schmitt: Sagen und Geschichten aus dem lieben Badnerlande, o. J.

Das wilde Leben im „Hohen Haus"
Fränkische Nachrichten

Die meineidige Hochzeit
August Schnezler: Badisches Sagenbuch, Band II, 1846

Der Sichelsacker
August Schnezler: Badisches Sagenbuch, Band II, 1846

Der Bronnbacher Klosterschatz
Franz Döhner: Heckenrosen – Bauernhumor aus dem badischen Frankenland, o. J.

Von verwünschten und vergrabenen Schätzen

Der Schatzgeist von Wiesloch
Bernhard Baader: Volkssagen aus dem Lande Baden und den angrenzenden Gegenden Band I, 1851

Vergiß das Beste nicht!
Ernst Meier: Deutsche Sagen, Sitten und Gebräuche aus Schwaben, 1852

Das Vogelnest
Bernhard Baader: Volkssagen aus dem Lande Baden und den angrenzenden Gegenden Band I, 1851

Die Stiftung von Heiligkreuz
August Schnezler: Badisches Sagenbuch, Band II, 1846

Schatzhöhle bei Waldangelloch
Bernhard Baader: Neugesammelte Sagen aus dem Lande Baden und den angrenzenden Gegenden Band II, 1859

Schatz in Flehingen
Mones Anzeiger für Kunde der deutschen Vorzeit, 1838

Das mildtätige Männlein
Mones Anzeiger für Kunde der deutschen Vorzeit, 1838

Der Schatz auf dem Gamburger Feld
Bernhard Baader: Neugesammelte Sagen aus dem Lande Baden und den angrenzenden Gegenden Band II, 1859

Von der Burg im Schönert und dem Schatze daselbst
Andreas Fries: Frankenwarte, 1903

Der Schatz beim Bildstock vor Gamburg
Karl Hofmann: Die Sagen des badischen Frankenlandes, 1911

Der Schatz in Handschuhsheim
Anton Birlinger: Volkstümliches aus Schwaben, Band I, 1861

Der goldene Flachs
Bernhard Baader: Volkssagen aus dem Lande Baden und den angrenzenden Gegenden Band I, 1851

Der Schatz bei Sinsheim
Bernhard Baader: Volkssagen aus dem Lande Baden und den angrenzenden Gegenden Band I, 1851

Die weiße Frau
August Schnezler: Badisches Sagenbuch, Band II, 1846

Der Schatz im Heiligenberg
Bernhard Baader: Volkssagen aus dem Lande Baden und den angrenzenden Gegenden Band I, 1851

Von Wallfahrten, Heiligen und Wundern

Nachgeholte Wallfahrt
Bernhard Baader: Neugesammelte Sagen aus dem Lande Baden und den angrenzenden Gegenden Band II, 1859

Protestanten geloben Marienwallfahrt
Alexander Schöppner: Sagenbuch der Bayrischen Lande, 1852-1874

Die heilige Hildegunde zu Schönau
Albert Ludwig Grimm: Die malerischen und romantischen Stellen des Odenwaldes in ihrer Vorzeit und Gegenwart, 1843

Die Sage vom Ottilienberg
Bernhard Baader: Volkssagen aus dem Lande Baden und den angrenzenden Gegenden Band I, 1851

Die Eppinger Glocke
Bernhard Baader: Volkssagen aus dem Lande Baden und den angrenzenden Gegenden Band I, 1851

Das Gnadenbild zu Waghäusel
Mones Anzeiger für Kunde der deutschen Vorzeit, 1839

Der entheiligte Gürtel
Mones Anzeiger für Kunde der deutschen Vorzeit, 1839

Die Kapelle zu Waghäusel
Mones Anzeiger für Kunde der deutschen Vorzeit, 1835

Die Gründung der Abtei Bronnbach
Johann Schmitt: Sagen und Geschichten aus dem lieben Badnerlande, o. J.

Die Frau von Rosenberg
August Schnezler: Badisches Sagenbuch, Band II, 1846

Die Zerstörung des Klosters auf dem Gotthardsberg
Bernhard Baader: Volkssagen aus dem Lande Baden und den angrenzenden Gegenden Band I, 1851
Die Kölner Wallfahrt nach Walldürn
Bernhard Baader: Volkssagen aus dem Lande Baden und den angrenzenden Gegenden Band I, 1851
Ursprung der Schneeberger Wallfahrt
Bernhard Baader: Volkssagen aus dem Lande Baden und den angrenzenden Gegenden Band I, 1851
Die schöne Buche
Badische Wochenschrift, 1807
Das Opfer
Bernhard Baader: Volkssagen aus dem Lande Baden und den angrenzenden Gegenden Band I, 1851
Notburga
Brüder Grimm: Deutsche Sagen 1818

Von Städten und Dörfern

Der Mannheimer Rosengarten
August Schnezler: Badisches Sagenbuch, Band II, 1846
Wie Bruchsal den Eichelberg verlor
Bernhard Baader: Neugesammelte Sagen aus dem Lande Baden und den angrenzenden Gegenden Band II, 1859
Das Hündchen von Bretten
Bernhard Baader: Neugesammelte Sagen aus dem Lande Baden und den angrenzenden Gegenden Band II, 1859
Ein Kind rettet Ladenburg
Bernhard Baader: Volkssagen aus dem Lande Baden und den angrenzenden Gegenden Band I, 1851
Die kleine Fürstengruft
Bernhard Baader: Neugesammelte Sagen aus dem Lande Baden und den angrenzenden Gegenden Band II, 1859
Das Schulzenkreuz
Bernhard Baader: Volkssagen aus dem Lande Baden und den angrenzenden Gegenden Band I, 1851
Die schlauen Bauern von Dilsberg
August Schnezler: Badisches Sagenbuch, Band II, 1846
Wölchingen
Karl Hofmann: Die Sagen des badischen Frankenlandes, 1911
Schweigern
Karl Hofmann: Die Sagen des badischen Frankenlandes, 1911
Windischbuch
Karl Hofmann: Die Sagen des badischen Frankenlandes, 1911
Der Schwedenhut
Johann Schmitt: Sagen und Geschichten aus dem lieben Badnerlande, o. J.
Die Schlacht bei Seckenheim
Johann Schmitt: Sagen und Geschichten aus dem lieben Badnerlande, o. J.

Burgen, Schlösser und ihre Herren

Die Wettenburg
Bernhard Baader: Volkssagen aus dem Lande Baden und den angrenzenden Gegenden Band I, 1851

Die weiße Frau zu Guttenberg
Mones Anzeiger für Kunde der deutschen Vorzeit, 1834

Belagerung von Burg und Stadt Boxberg
Bernhard Baader: Volkssagen aus dem Lande Baden und den angrenzenden Gegenden Band I, 1851

Das Täubchen von Sachsenflur
Karl Hofmann: Die Sagen des badischen Frankenlandes, 1911

Punker von Rohrbach
August Schnezler: Badisches Sagenbuch, Band II, 1846

Der Geist des Burgkochs auf Windeck
August Schnezler: Badisches Sagenbuch, Band II, 1846

Zwingenberg
Johann Schmitt: Sagen und Geschichten aus dem lieben Badnerlande, o. J.

Die zwei letzten Burgherren
J. Baader: Sagen der Bergstraße und des Odenwaldes, o. J.

Sage vom Minneberg
Badische Wochenschrift, 1807

Das Heidenloch
Ernst Meier: Deutsche Sagen, Sitten und Gebräuche aus Schwaben, 1852

Das Wertheimer Bergschloß
Bernhard Baader: Volkssagen aus dem Lande Baden und den angrenzenden Gegenden Band I, 1851

Das Fräulein auf Stolzeneck
Johann Schmitt: Sagen und Geschichten aus dem lieben Badnerlande, o. J.

Die Ritter von Hirschhorn und Handschuhsheim
Johann Schmitt: Sagen und Geschichten aus dem lieben Badnerlande, o. J.

Das heimliche Gericht
Bernhard Baader: Volkssagen aus dem Lande Baden und den angrenzenden Gegenden Band I, 1851

Der Ritter von Angeloch
Alois Schreiber: Sagen aus den Rheingegenden und dem Schwarzwalde, 1829

Zwerg Perkeo
Reinhard Hoppe: Heimat um Heidelberg, 1963

Ritter Landschaden
Gustav Schwab: Wanderungen durch Schwaben, o. J.

Die schlimme Barbara von Horneck
Johann Schmitt: Sagen und Geschichten aus dem lieben Badnerlande, o. J.

Schwänke

Der Schwabe von Bretten
August Schnezler: Badisches Sagenbuch, Band II, 1846

Von einem Pfarrer, der allzu kräftig predigte
Johann Wilhelm Wolf: Deutsche Hausmärchen 1851

Wie der Teufel auf der Flöte blies
Johann Wilhelm Wolf: Deutsche Hausmärchen 1851

Das Unglaubliche
Johann Wilhelm Wolf: Deutsche Hausmärchen 1851